Joseph H. Kaiser

Das Recht des Presse-Grosso

Nomos Verlagsgesellschaft
Baden-Baden

CIP-Kurztitelaufnahme der Deutschen Bibliothek

Kaiser, Joseph H.:
Das Recht des Presse-Grosso / Joseph H. Kaiser. – 1. Aufl. – Baden-Baden: Nomos Verlagsgesellschaft, 1979.
ISBN 3-7890-0438-3

1. Auflage 1979

Satz: Klaus H. Löffel, Köln. Druck: Nomos Verlagsgesellschaft, Baden-Baden. Buchbinderische Verarbeitung: Josef Spinner, Ottersweier.

Vorwort

In der Flut juristischer und rechtspolitischer Literatur über die Presse ist der *Pressevertrieb* noch immer fast eine terra incognita. Das gilt besonders für den Großhandel mit Zeitungen und Zeitschriften – Presse-Grosso –. Seine rechtlichen Besonderheiten haben wiederholt zu Auseinandersetzungen vor Zivilgerichten und vor dem Bundeskartellamt geführt, und das Prozeßmaterial dieser Verfahren ist in die vorliegende Studie eingearbeitet; die Eigenarten des Presse-Grosso sind bisher aber noch in keiner dem Grosso gewidmeten Darstellung systematisch gewürdigt worden.
Diese Schrift ist aus der mehrjährigen Beratung des Verbandes Deutscher Buch-, Zeitungs- und Zeitschriften-Grossisten e.V. hervorgegangen und wurde durch den Verband gefördert. Für die Erfassung und Auswertung einschlägigen Materials ist Herrn Referendar Stephan K. Birkenmayer zu danken. Ein *Schrifttumsverzeichnis* vermittelt eine Übersicht über die einschlägige Literatur, die zum Teil weit verstreut und nicht immer leicht auffindbar ist. Darin wurden auch Titel aufgenommen, die nicht überwiegend Fragen des Presse-Grosso, sondern auch des rechtlichen, politischen und (betriebs-)wirtschaftlichen Umfeldes behandeln. Die allgemeine presse- und wettbewerbsrechtliche Literatur wurde nicht aufgenommen. Ein *Sachverzeichnis* erleichtert die Auffindung der unter verschiedenen Gliederungspunkten behandelten Materien. Gelegentliche Wiederholungen waren bei dem Versuch einer systematischen Darbietung des Stoffes nicht zu vermeiden. Die Arbeit wurde im November 1978 abgeschlossen.

Freiburg, den 15. November 1978

J. H. Kaiser

Teil C

Teil D

Teil A

I. Einleitung: Das Presse-Grosso und alternative Vertriebswege

Etwa die Hälfte der verkauften Auflage aller Objekte der Publikumspresse wird durch das Presse-Grosso vertrieben[1]. Dieser Anteil hat steigende Tendenz im Vergleich zu den anderen Absatzwegen: Bahnhofsbuchhandel, werbender Buch- und Zeitschriftenhandel, verlagseigenes Abonnement und Lesezirkel.

1 Im April 1978 wurden die ersten und bislang einzigen Erhebungen der amtlichen *Pressestatistik* (aufgrund des Gesetzes über eine Pressestatistik vom 1. April 1975 [BGBl I, S. 777] veröffentlicht. Danach lassen sich die Anteile der verschiedenen Absatzwege am Gesamtvertrieb im Erhebungszeitraum (4. Quartal 1975) für die Publikumspresse wie folgt zusammenfassen:
Innerhalb der Objektgruppe Zeitungen überwog bei den *Abonnementzeitungen* naturgemäß der Absatz in den diversen Formen des Abonnements (eigenes Vertriebssystem der Verlage, Postabonnement, Vertrieb über den werbenden Buch- und Zeitschriftenhandel). Er betrug insgesamt 12 924 000 Exemplare. Das Presse-Grosso hat von dieser Objektgruppe in den drei Erhebungsmonaten 970 000 Exemplare vertrieben.
Bei den *Straßenverkaufszeitungen* dagegen stand einem Grosso-Vertrieb von 7 136 000 Exemplaren ein Gesamt-Abonnementvertrieb von nur 129 000 gegenüber.
Bei den *nicht* zur Publikumspresse zählenden Zeitschriftenkategorien, die sich davon in der Regel durch eine besonders ausgeprägte Zielgruppenorientierung unterscheiden (Fachzeitschriften, konfessionelle Zeitschriften, Verbandszeitschriften, Kundenzeitschriften, Anzeigenblätter, amtliche Blätter etc.) überwog erwartungsgemäß – in unterschiedlichem Maße – der Abonnementvertrieb; er betrug bei:

konfessionelle Zeitschriften	7 230 000 (Einzelverkauf: 604 000)
Fachzeitschriften mit überwiegend wissenschaftlichem Inhalt	2 815 000 (Einzelverkauf: 221 000)
andere Fachzeitschriften	8 285 000 (Einzelverkauf: 599 000)
Kundenzeitschriften soweit gegen Entgelt abgegeben	5 814 000 (Einzelverkauf: 339 000)
Zeitschriften der Verbände usw.	15 690 000 (Einzelverkauf: 240 000)
Amtliche Blätter	407 000 (Einzelverkauf: 59 000)
Anzeigenblätter und kommunale Amtsblätter	16 000 (Einzelverkauf: 8 000)
sonstige Zeitschriften	5 864 000 (Einzelverkauf: 1 198 000)

Insgesamt stand innerhalb dieser Objektkategorien einem Abonnementvertrieb von 46 121 000 Exemplaren ein Einzelverkauf von 3 268 000 Exemplaren gegenüber.
Bei den Publikumszeitschriften und den *Wochenblättern* (die die Pressestatistik zu den Zeitschriften zählt) stellt der Einzelverkauf, der größtenteils über das Presse-Grosso stattfindet, den eindeutig wichtigsten Absatzweg dar. So stand bei den Wochenblättern einem Abonnementvertrieb von 803 000 Exemplaren ein Einzelverkauf von 1 014 000 Exemplaren gegenüber; von den verschiedenen Publikumszeitschriften wurden 23 548 000 Exemplare im Abonnement, dagegen 43 123 000 Exemplare – also mehr als das 1,8fache – im Einzelverkauf vertrieben (Veröffentlichungen des Statistischen Bundesamtes, Fachserie 11, Reihe 5 Presse, Stuttgart und Mainz 1978, S. 52 f., S. 61 f.).

1. *Das Presse-Grosso*

In der Bundesrepublik Deutschland verteilen 84 Grosso-Unternehmen jährlich 4,4 Mrd. Zeitungen und Zeitschriften an knapp 84000 Einzelhändler. Das gesamte Grosso erwartet 1978 mit dem Einzelhandel einen Umsatz von rund 2,75 Mrd. DM. Das ergibt einen durchschnittlichen Jahresumsatz von ca. 30 Mio. DM des einzelnen Unternehmens; nur relativ wenige Unternehmen weichen von diesem Durchschnitt ab, das heißt es handelt sich durchweg um typische Mittelbetriebe mit durchschnittlich etwa 100 Beschäftigten[2].
Es werden überwiegend Erzeugnisse zu sehr *kleinen Preisen* abgesetzt: pro Exemplar beträgt der durchschnittliche Ladenverkaufspreis nur etwa 0,75 DM! Sämtliche Grosso-Auslieferungsfahrzeuge legen pro Tag rund 300000 km zurück. Wegen der großen Menge kurzfristig zu verarbeitender Daten sind alle Grossisten schon früh zum Einsatz der EDV übergegangen.
Von den 84 Grossisten sind 5 verlagsabhängig[3]. 78 der 79 verlagsunabhängigen Grossisten gehören dem *Verband Deutscher Buch-, Zeitungs- und Zeitschriften-Grossisten* an[4]. Kennzeichnend für den Verband ist eine kollegiale und effiziente Leitung, die außerordentlich hohe Mitarbeit der Mitglieder in den Organen des Verbandes[5], die Förderung eines sehr hohen Rationalisierungsgrades und einer EDV-Ausstattung und -Leistung bei allen Mitgliedern auf annähernd gleichem Niveau[6], die Stimulierung von Innovationen und die Pflege

2 Hans *Mende,* Presse-Grosso, Skizze eines unbekannten Marktes, merkur texte 6, Frankfurt 1978, S. 9, gibt die Gesamtzahl deutscher Grossisten noch mit 86 an. Inzwischen hat sich die Zahl um zwei vermindert als Folge einer inzwischen durchgeführten Fusion und weil ein bislang als Grossist angesehenes Unternehmen (Saarbach in Köln) heute den Nationalen Distributoren, d.h. überregional tätig werdenden Händlern zwischen Verlagen und Grossisten, zugerechnet wird; es hat seine Mitgliedschaft im Verband Presse-Grosso aufgegeben.
Bei den Grossisten handelt es sich mit Ausnahme von fünf Unternehmen, an denen die Großverlage Heinrich Bauer, Burda, Gruner + Jahr und Axel Springer kapitalmäßig beteiligt sind, um mittelständische Betriebe, die rechtlich selbständig sind, vgl. *Bundeskartellamt,* Bußgeldbescheid gegen 17 Betroffene des Presse-Grosso vom 21. Juni 1977 – B 4 – 745200 – A 195/75 –, S. 11.

3 Davon zwei Grosso-Unternehmen in Berlin, zwei in Hamburg und eines in Saarbrücken, die ganz oder zu wesentlichen Teilen im Eigentum von Großverlagen stehen und von ihnen beherrscht werden.

4 Voraussetzung für die Aufnahme in den Verband ist, daß Großhandelsunternehmen »weder direkt noch über eine Teilhaberschaft mit Verlagen oder Lieferanten verbunden sind« (Satzung vom 23. September 1971, § 3 Abs. 2).

5 U. a. Betriebswirtschafts-Kommission, EDV-Kommission, Arbeitskreis »Marketing-orientierte Bezugsregulierung« in der EDV-Kommission, Projektgruppe »Angebotsoptimierung im Einzelhandel«.

6 Es ist leicht zu ermessen, daß dieses eine unabdingbare Voraussetzung ist für eine gleichmäßige Versorgung der Bevölkerung in allen Teilen der Bundesrepublik und ebenso für eine chancengleiche Verteilung der miteinander konkurrierenden Zeitungen und Zeitschriften.

eines branchenspezifischen Berufsethos[7].

Dieses ist die organisatorische Basis und gleichzeitig die in kritischen Fällen unkonventionell eingreifende Instanz, deren es zur Gewährleistung der *Neutralität* des Grosso bedarf: sie gilt es gegenüber Verlagen und Objekten außerordentlich unterschiedlicher Größe zu wahren; und ähnliches gilt für die Beziehung zu den Einzelhändlern (EH).

Insgesamt werden etwa 800 bis 1 500 Titel je Grosso-Unternehmen vertrieben[8], wobei heute durchschnittlich ein Sortiment von etwa 1 250 Pressetiteln erreicht wird. Davon erbringen nur 60 Titel der hochauflagigen Massenpresse 80 % des Umsatzes, nur 20 % entfallen auf alle übrigen Titel[9]. Dabei steigt offenbar noch

7 Ihm kommt im Hinblick auf den beschränkten Wettbewerb eine besondere, disziplinierende Funktion zu. Sie hat beispielsweise ihren Niederschlag gefunden in einem »Leistungsangebot« der Mitglieder des Verbandes an die deutschen Zeitungs- und Zeitschriftenverlage (Geschäftsbericht des Verbandes Presse-Grosso 1972, S. 25 ff.). Die Festlegung in Wettbewerbsregeln gem. § 28 GWB (»Codex«) wird in Betracht gezogen.

8 Ernst-Joachim *Mestmäcker,* Medienkonzentration und Meinungsvielfalt, Eine vergleichende wirtschaftliche Untersuchung im Auftrage des Bundesministers des Innern, Baden-Baden 1978, S. 180 unter Bezugnahme auf FAZ vom 23.10.1976; ebenso *Bundeskartellamt,* Bußgeldbescheid a.a.O., S. 11.

9 Höhere Auflagen führen natürlich zu einer bemerkenswerten Degression der Bearbeitungskosten, namentlich in den Bereichen Buchhaltung, Disposition, Lieferschein- und Rechnungserstellung, Abrechnung mit Verlagen und Transport (Geschäftsbericht des Verbandes Presse-Grosso 1975, S. 68).

Ungleich höher ist bei den kleinauflagigen Titeln auch die Belastung durch die Kosten der *Remission:* Bei den 60 auflagenstärksten Titeln beträgt die Remissionsquote ca. 20 %, bei den übrigen Objekten ca. 50 %. Die Hälfte aller Remissionskosten beim Grosso und beim EH sind den kleinauflagigen Titeln zuzurechnen, die nur 20 % des Umsatzes bringen (a.a.O., S. 68 f).

In Anbetracht der überaus hohen Remissionskosten – einem Absatz in Höhe von 2,6 Mrd. DM steht eine Remission von 1,4 Mrd. DM gegenüber; Ware in diesem Umfang muß zweimal bewegt werden: auf dem Wege zum EH und vom EH zurück (Hans *Mende,* a.a.O., S. 9) – ist es wirtschaftlich zwingend, daß für große und kleine Presseprodukte zunächst *unterschiedliche Remissionstechniken* entwickelt wurden. Darin liegt deshalb keine Diskriminierung kleinerer Verlage, wie Gerhard *Sondermann* anzunehmen scheint (Der Pressevertrieb im Rahmen der medienpolitischen Diskussion in der Bundesrepublik Deutschland, Gutachten im Auftrag der Bundesregierung, S. 333).

Das gilt vor allem auch mit Rücksicht auf den hohen technischen Stand der Remissionstechnik, deren Entwicklung trotz der hohen Kosten der Innovationen gegenwärtig weniger durch das »Eigeninteresse der Grossisten« (*G. Sondermann*) sondern durch den Stand der Technik der »Körperlosen Remission« (Abrechnung per EDV statt körperlicher Rücksendung der Titelseiten oder ganzer Stücke) bestimmt wird. Die unterschiedlichen Remissionstechniken (auf einem Schein A eine nummernmäßige Einholung der Remission, auf einem Schein B eine preisgruppenmäßige Behandlung der kleineren Titel, Romane, Rätselhefte etc.), sind zunächst auch darin begründet, daß es hinsichtlich des Umfangs des Remissionsscheines beim Einzelhandel eine Art Leistungsgrenze gibt, die erfahrungsgemäß heute bei ca. 120 namentlich aufzurufenden Titeln liegt. Hier liegt auch die Grenze seiner Fähigkeit, fortlaufend nummernmäßig jedes Objekt pro Einzelhandelstelle ständig zu überwachen.

Andererseits erhöht sich von Jahr zu Jahr die Zahl der überwachten Titel, und die Erfassung wird 100%ig sein, wenn es in einigen Jahren zur Anwendung der Codierung und zur Einführung automatischer Remissionsverarbeitungs-Verfahren kommt.

der Anteil der hochauflagigen Massenpresse wie Bild, Stern und Hör Zu[10]. Eine nur wirtschaftliche Betrachtungsweise würde zur Konzentration des Grosso auf die Massenpresse führen. Die sorgfältige Pflege auch aller übrigen, mehr als 1 100 Titel ist allein aus betriebswirtschaftlichen Gesichtspunkten nicht zu rechtfertigen.

Dennoch eröffnet und erleichtert das Presse-Grosso allen Verlagen und prinzipiell allen Objekten[11] den Zugang zum Markt. Für Zeitungen und Publikumszeitschriften hat sich der Vertrieb durch das Grosso als besonders geeignet erwiesen[12].

Die *Lieferantenstruktur* ist gekennzeichnet durch die dominierende Position der vier Großverlage *Springer, Bauer, Gruner + Jahr* und *Burda,* die mit ihren hochauflagigen Objekten insgesamt einen Marktanteil von 70 % erreichen. In den restlichen, tendenziell unter 30 % liegenden Umsatzanteil von insgesamt 800 bis 1 500 Titeln je nach Grosso-Vertriebsgebiet teilen sich etwa 120 Lieferanten je entfallend auf die einzelnen Grosso-Unternehmen; im gesamten Bundesgebiet sind es etwa 300 Lieferanten[13].

Nicht nur Verlage zählen zu den Lieferanten des Grosso, sondern auch sieben nationale Vertriebsgesellschaften, sog. *Nationale Distributoren*[14], die für etwa 70 kleinere Verlage den Vertrieb übernommen haben und dem Grosso als eine Art »Zwischengroßhändler« gegenüberstehen. Ohne die wichtigsten Vertriebsentscheidungen (Auflagenhöhe, Preis, Höhe der Handelsspanne) aus der Hand zu geben, haben vorwiegend kleine Verlage ihre Vertriebsabwicklung auf solche Vertriebsgesellschaften delegiert. Diese tragen wie das Grosso kein Verkaufsrisiko, da sie wie dieses remissionsberechtigt sind. Die Abhängigkeit solcher Nationalen Distributoren von Großverlagen[15] hat in der Praxis bisher nicht zu einer Diskriminierung kleinerer Verlage geführt, obwohl deren Objekte im Vertrieb (für den pro ausgeliefertem oder verkauftem Exemplar ein Leistungs-

10 80 % des Gesamtumsatzes werden schon heute nur 6 % der Objekte zugerechnet; vgl. Hans *Mende,* a.a.O., S. 11.
Die im Herbst 1978 sechs auflagenstärksten Zeitschriften im Grosso-Markt sind Hör Zu, TV Hören und Sehen, Fernsehwoche, Funkuhr, Tina und Neue Post. Die beiden auflagenstärksten Zeitungen sind Bild und Bild am Sonntag.

11 Auf gesetzliche Beschränkungen aus Gründen wie Jugendschutz wird noch einzugehen sein: s. unten C V.

12 Für Fachzeitschriften und für konfessionelle Zeitschriften ist dieser Vertriebsweg nicht ebenso gut geeignet, weil solche Titel nicht »straßengängig« sind und deshalb traditionell im Abonnement liegen.

13 Geschäftsbericht 1975, S. 70. Die Zahl der Lieferanten wird gelegentlich auch höher angegeben. Hinter solchen Zahlen stehen etwa 300 Verlage, von denen ein Teil die Lieferfunktion delegiert hat auf Nationale Distributoren; dahinter stehen auch Regionalzeitungen, die nur mit den Grossisten, die ihren Sitz im Kernverbreitungsgebiet haben, zusammenarbeiten.

14 In den USA haben die National Distributors größere Bedeutung als in der Bundesrepublik.

15 Die Vertriebsfirma *Verlags-Union* ist abhängig vom Heinrich Bauer Verlag, ein anderer Nationaler Distributor, der *Inland-Pressevertrieb,* wird von Gruner + Jahr beherrscht.

entgelt zu entrichten ist) neben den relativ problemlosen und ertragsstarken Titeln der Muttergesellschaft vergleichsweise lästig sein können. Es erscheint aber wenig gerechtfertigt, aus dem Vertriebsservice dieser Unternehmen ein normatives Modell für die Übernahme des Vertriebs der kleineren Verlage zu entwickeln und dessen Einführung zu fordern, weil deren Belange in den Händen des Presse-Grosso nicht hinreichend gut aufgehoben seien, wie Gerhard *Sondermann* es unternimmt[16]. Weder das Motiv noch die durch das Modell aufgeworfenen Probleme (Wettbewerb unter Nationalen Distributoren, Kontrahierungszwang etc.?) vermögen dieses Vertriebsmodell als eine überzeugende Alternative zu der unmittelbaren Liefer- und Rechtsbeziehung zwischen kleineren Verlagen und Presse-Grosso auszuweisen.

Die *Kundenstruktur* ist geprägt durch 84000 stationäre Einzelhändler[17]. Das Presse-Grosso beliefert in den dünn besiedelten Gebieten der Bundesrepublik einen höheren Anteil von Einzelhändlern als in den Ballungsgebieten[18]. Überall

16 A.a.O., S. 332 – 337.
Die Sympathie des Gutachters für nationale Vertriebswege kommt auch an anderer Stelle zum Ausdruck: im Zusammenhang mit der Verlags-Union (Tochter des Heinrich Bauer Verlags): Die Vertriebsmöglichkeiten über diesen Absatzweg seien noch nicht voll ausgenutzt (a.a.O., S. 210).

17 Davon sind

Zeitungs und Zeitschriftengeschäfte	4,62 %
Buchhandlungen	2,55 %
Schreib- und Papierwarengeschäfte	10,76 %
Tabakwarengeschäfte	7,80 %
Gaststätten	3,98 %
Gemischtwarengeschäfte	11,10 %
Lebensmittelgeschäfte mit weniger als 200 qm	25,80 %
Lebensmittelgeschäfte mit 200 bis 400 qm	4,44 %
Supermärkte mit mehr als 400 qm	2,64 %
Diskount- und Verbrauchermärkte	1,18 %
Trinkhallen	9,09 %
Tankstellen	3,77 %
Sonstige	12,27 %

Quelle: EHASTRA-Daten 1977/78, abgedr. in Geschäftsbericht 1978 des Verbandes Presse-Grosso, S. 102.

18 Auf die einzelnen Ortsgrößenklassen verteilen sich die EH wie folgt:

Gemeinden mit Einwohner	Anteil der Einzelhändler	Anteil der Wohnbevölkerung
bis 10000	32,31 %	26,8 %
10000 – 20000	12,70 %	13,4 %
20000 – 50000	13,96 %	15,9 %
50000 – 100000	8,78 %	9,2 %
100000 – 200000	7,00 %	7,6 %
200000 – 500000	8,85 %	9,6 %
mehr als 500000	16,40 %	17,5 %

Quelle: EHASTRA-Daten 1977/78, abgedr. in Geschäftsbericht 1978 des Verbandes Presse-Grosso, S. 100; Statistisches Jahrbuch für die Bundesrepublik Deutschland 1978, S. 58. Im Vergleich mit älteren statistischen Angaben über die Größen der Gemeinden hat sich eine Verschiebung des Anteils der Wohnbevölkerung zu größeren kommunalen Einheiten ergeben aufgrund der kommunalen Gebietsreform (unterschiedlich in den einzelnen Ländern), durch die seit 1969 die

wird frei Haus geliefert. Die Branche kennt keine Transportkostenbeiträge oder Mindermengenzuschläge. Unverhältnismäßig hohe Transportkosten können wegen der Preisbindung auch nicht auf den Einstandspreis des Handels abgewälzt werden. Dies veranschaulicht die unbestrittene Tatsache, daß in den häufigen Fällen eines Mißverhältnisses zwischen Klein-Umsatz und den anteilig zuzurechnenden Kosten eine *Alimentierung* von EH-Angebotsträgern vorliegt[19].
Das Presse-Grosso hat sich mit seiner *Einzelhandelsstrukturanalyse* (EHA, STRA) eine unvergleichliche Kenntnis der Marktgegenseite und damit in dem sonst wenig übersichtlichen Bereich des Einzelhandels eine Markttransparenz geschaffen, die im Vergleich mit ähnlichen Bemühungen anderer Großhandels-Branchen einzigartig ist[20]. Mit einem am Gesamtumsatz der Branche bemerkenswerten Aufwand hat sich das Grosso damit eine wesentliche, periodisch angepaßte Voraussetzung für die Ausübung seiner kennzeichnenden Funktionen wie *Dispositionsrecht* und *Marketing-orientierte Bezugsregulierung* (MBR) geschaffen, und sie ist im übrigen ein Instrument zur rationellen Versorgung von 84000 EH durch insgesamt 84 Grossisten.
Zu erwähnen bleibt noch der Vertrieb von *Nonpress-Artikeln* durch das Grosso, weil diese Geschäftstätigkeit die Vorzüge der Struktur des Presse-Grosso belegt und sich daraus auch die gegenständliche Abgrenzung des Grosso als eine der Presse zuzurechnende und demgemäß unter das Regime von Art. 5 GG – Pressefreiheit – fallende Branche ergibt. Der Service-Charakter des Grosso mit seiner täglichen Anlieferung auch in tendenziell unterversorgten Gebieten, eine Serviceleistung, die es heute nur noch im Presse-Bereich gibt, macht die Branche auch als Träger anderer Dienstleistungen attraktiv: Private Spediteure, namentlich Paketdienste, haben den Wunsch geäußert, das Grosso möge die Zustellung in Landgebieten übernehmen; Lotto-Toto-Gesellschaften möchten ihre Kundenzeitung und die Gewinnlisten durch das Grosso zustellen lassen, und aus Landgebieten ist ähnlich auch die Belieferung mit Nonpress-Erzeugnissen gewünscht worden. Dem kommt der Wunsch von Grossisten nach

Zahl der Gemeinden von 23040 auf 10003 reduziert wurde (vgl. Statistisches Jahrbuch für die Bundesrepublik Deutschland 1970, S. 23 und 1978, S. 48).
Dünn besiedelte Gebiete finden sich seitdem viel mehr als früher auch unter Gemeinden mit mehr als 10000 Einwohner.

19 Hans *Mende* beziffert die Zahl der Händler, die *unterdurchschnittliche* Umsätze bringen, mit 64 %, solche die durchschnittliche und *kostendeckende* Umsätze bringen, mit 8 %, jene die *überdurchschnittliche* Umsätze bringen mit 28 % (a.a.O., S. 17).

20 1970 wurden dafür ca. 1,2 Mio. DM, 1973 knapp 2 Mio. DM aufgewandt. Die Bundesregierung hat sich, als sie erstmals über den Presse-Vertrieb ausführlich berichtete – Bericht der Bundesregierung über die Lage von Presse und Rundfunk in der Bundesrepublik Deutschland, 1974, BT-Drucks. 7/2104, S. 38 – u.a. auch auf die aus der EHASTRA gewonnenen Erkenntnisse gestützt (so bezeugt Peter *Menke-Glückert,* Der Medienmarkt im Umbruch, Ein aktueller Leitfaden, Frankfurt 1978, S. 105).

Diversifikation entgegen mit der jedem Unternehmer geläufigen Zielsetzung, Wachstum, Rentabilität und Risikoabsicherung zu gewährleisten.
Eine natürliche, insbesondere vom Einzelhändler in ländlichen Gebieten begrüßte Ergänzung des Presse-Sortiments sind beispielsweise Schallplatten und Taschenbücher. Diese erscheinen zum Teil ja auch in Zeitschriften-Verlagen. Sonstige Nonpress-Artikel, etwa im Schreibwarenbereich, bieten sich an, oft auch im Hinblick auf die gegebene EH-Struktur. Nonpress-Artikel fordern natürlich eine andere Disposition als Presseerzeugnisse, die Remission fehlt, die handelsüblichen Konditionen unterscheiden sich vom Pressebereich. Sie partizipieren nicht an dem privilegierenden Regime des Art. 5 GG[21], und ihre geringere Umschlaghäufigkeit läßt oft eine wöchentliche oder auch 14tägige Lieferung als ausreichend erscheinen. Der Anteil des Nonpress-Geschäfts übersteigt, von wenigen Ausnahmefällen abgesehen, kaum einmal mehr als 2–3 % des Gesamtumsatzes eines Grosso-Unternehmens.
Die außerordentliche, nur mit dem pharmazeutischen Großhandel vergleichbare Leistungsbereitschaft des Presse-Grosso resultiert natürlich aus der Eigenart der Presse[22]. Sie ist freilich auch von drei Voraussetzungen abhängig, ohne die sie nicht bestehen kann: die *Allein-Auslieferung* in einem festgelegten Vertriebsraum, das *Remissionsrecht* und die *Preisbindung* durch die Verlage[23].
»*Alleingrossist*« oder »*Wettbewerbsgrossist*« sind Schlagworte, die die gegenwärtige Diskussion über die Struktur des Grosso in der Bundesrepublik beherrschen. Das Bundeskartellamt beabsichtigt nicht, »das gegenwärtige Vertriebssystem aus den Angeln zu heben«, aber es sieht die Möglichkeit, daß »Anstöße dazu von Außenseitern oder Newcomern ausgehen«[24], und würde solche Versuche offenbar nicht ohne Sympathie ansehen.

21 Geschäftsbericht 1973, S. 44 f.

22 Immer schon wurde Ungewöhnliches unternommen, um das Gebot der Schnelligkeit und der Qualität der Leistung zu erfüllen. Als ein Beispiel dafür liest man gespannt die Erinnerung von Herbert *Weichmann,* Korrespondent bei Ullstein, in: Hundert Jahre Ullstein, Bd. 1, Berlin 1977, S. 325 ff.;
vgl. auch Fritz *Wentzel,* Schnelligkeit ist immer Trumpf, a.a.O., Bd. 3, S. 43 ff.

23 Zur Begründung dieser drei Essentials vgl. Dieter *Thorhauer,* Das System des Presse-Großhandels und sein Beitrag zur freien Meinungsbildung, Frankfurt 1976, S. 12 ff.

24 Wolfgang *Kartte,* Kartellrecht und Presse, in: Media Perspektiven, 1976, S. 524.

153 Bahnhofsbuchhandlungen, die auf etwa 140 Bahnhöfen knapp 1000 Verkaufsstellen unterhalten[25], erzielten 1977 in der Bundesrepublik einschließlich West-Berlin einen Umsatz von 274 Mio. DM (ohne MwSt). In den letzten zehn Jahren hat sich der Umsatz verdoppelt[26].
Der Bahnhofsbuchhandel ist *Einzelhandel* auf dem Gelände öffentlicher Verkehrsträger und dadurch privilegiert. Rechtsgrundlage der auf dem Gelände der Deutschen Bundesbahn eingerichteten Bahnhofsbuchhandlungen ist § 41 Bundesbahngesetz[27], da es sich bei den Bahnhofsbuchhandlungen um »*Nebenbetriebe*« handelt. An Stelle dieses Terminus lanciert die Deutsche Bundesbahn gegenwärtig die bessere Bezeichnung »*Service-Unternehmen*«. Der mit der Direktbelieferung dieser Einzelhändler durch die Verlage verbundene höhere Rabatt erklärt sich nicht aus einer gelegentlich behaupteten vergleichsweise höheren Pachtbelastung der Bahnhofsbuchhandlungen durch die Deutsche Bundesbahn[28]. Die Bahnhofsbuchhandlungen und die übrigen Service-Unternehmen sind durch § 41 Abs. 1 Bundesbahngesetz von den einschlägigen Bestimmungen der Gewerbeordnung (ebenso wie des Gaststättengesetzes) freigestellt. Öffnungszeiten von mehr als 12 Stunden[29] werden mit der Versorgung der Reisenden begründet. Sortimentsauflagen durch die Bundesbahn bzw. andere Verkehrsträger sind denkbar und in Grenzen zulässig, sowohl hinsichtlich einer gewissen Vollständigkeit wie auch zur Vermeidung von Ärgernis u.U. negative Sortimentsauflagen. Solche Rücksichten rechtfertigen sich aus der Tatsache, daß die Bahnhofsbuchhandlungen im Blickfeld der Reisenden liegen.

25 Die meisten Unternehmen besitzen mehrere Verkaufsstellen. So ist beispielsweise die über hundertjährige Stilke Kiosk- und Laden-GmbH, Berlin, auf den Bahnhöfen in Süd- und Norddeutschland ebenso vertreten wie auf den Flughäfen Tempelhof, Tegel, Hamburg und München. Über Zentralen in Berlin, Hamburg, Köln und München versorgte dieses Unternehmen im Jahre 1972 rd. 450 Buchhandlungen und Kioske im Bundesgebiet und Berlin mit in- und ausländischen Presseerzeugnissen und erwirtschaftete mit insgesamt 1 600 Angestellten einen Jahresumsatz von über 100 Mio. DM. Der Begründer des Familienunternehmens hatte 1872 in Berlin die erste Bahnhofsbuchhandlung eröffnet und gilt als Entdecker dieses Absatzweges, vgl. Die Welt Nr. 7 vom 10.1.1972, S. 12.

26 ZV+ZV 1978. 1791.

27 BundesbahnG vom 13.12.1951 (BGBl I, S. 955; BGBl III, 931–1), zuletzt geändert durch das Vierte Gesetz zur Änderung des Gesetzes über das BVerfG vom 21.12.1970 (BGBl I, S. 1765).

28 Die Berechnung der Pachten durch die Deutsche Bundesbahn knüpfte früher an den Rohüberschuß der Bahnhofsbuchhandlungen an. Da dessen Ermittlung jedoch durch die »Produktion« von Kosten beeinflußt werden konnte, wurde das Entgeltsystem abgelöst durch die Festlegung eines Grundbetrages der Pacht, dem ein sich aus dem Umsatz ergebender Betrag – insofern Umsatzpacht – hinzugerechnet wird; vgl. ZV+ZV 1978, 1791 f.

29 Gerhard *Sondermann,* a.a.O., S. 31/29.

Die hohen Besuchsfrequenzen machen die Bahnhofsbuchhandlungen zu besonders umsatzstarken Einzelhändlern.
Daneben hat der Bahnhofsbuchhandel bisher gewisse Funktionen des Grosso im unmittelbaren Verkehr mit den Verlagen übernommen. Die exemplaranteiligen Kosten bei der Belieferung des Bahnhofsbuchhandels sind deutlich höher als bei der Belieferung des Grosso. Der wirtschaftlichere Vertriebsweg ist also der des Grosso[30].

3. *Der werbende Zeitschriftenhandel*

Zeitschriften und Wochenzeitschriften eignen sich besonders für diesen Abonnements-Vertriebsweg. Darum ist der Zeitschriftenbereich des werbenden Buch- und Zeitschriftenhandels die stärkste Säule dieser Branche, während der Buchvertrieb und das ebenfalls gepflegte Versicherungsgeschäft weniger ins Gewicht fallen und in dem hier gegebenen Zusammenhang weiterhin unberücksichtigt bleiben können. Etwa 600 kleine und große Unternehmen sind in dieser Branche tätig. Nach einer langen Geschichte läßt der Zeitschriftenbereich immer noch ein (vergleichsweise schwaches) Wachstum erkennen. Der werbende Buch- und Zeitschriftenhandel (WBZ) vertreibt von 247 Zeitschriftentiteln 38 bedeutsame Titel als eigentliche Hauptobjekte. Die Auflagenentwicklung bei diesen 38 Objekten stieg von 3261098 (1968) auf 3313914 (1969)[31].
Im Vergleich zum Presse-Grosso ist für den WBZ kennzeichnend die Konzentration auf vergleichsweise wenige Titel und auf einen relativ geringen Anteil an der Gesamtauflage des Abonnements[32]. Den Schwerpunkt des WBZ-Vertriebs bildet die Gruppe der Programm-Zeitschriften: hier ist der Anteil an der Gesamtauflage des Abonnements mit 50,5 % beachtlich. Mit rund 2 Mio. Exemplaren stellte Ende 1977 die Gruppe der Programm-Zeitschriften auch über 54 % der Gesamtauflage der WBZ-Abonnenten. Das ist eine für den WBZ

30 Eine deutliche Abgrenzung zwischen Presse-Grosso und Bahnhofsbuchhandel hat sich im Fall Montanus ergeben: Dieses ursprünglich als Bahnhofsbuchhandlung betriebene, heute mit einer Reihe von EH-Auslieferungen geführte Unternehmen wurde in einem Verfahren vor dem Bundeskartellamt der Kategorie des Einzelhandels zugerechnet, vgl. unten C IV 2.

31 Geschäftsbericht 1977 des Bundesverbandes des Werbenden Buch- und Zeitschriftenhandels e.V., Köln, S. 11.

32 Die 38 WBZ-Hauptobjekte hatten eine Gesamtauflage von vierteljährlich 36,4 Mio. Heften; hiervon lagen rund 10,9 Mio. oder 27,2 % im Abonnement. Der WBZ hielt »mit 3,8 Mio. per Ende 1977 einen Vertriebsanteil von 35 % mit steigender Tendenz« (WBZ-Geschäftsbericht 1977, S. 7).

typische, innerhalb der großen Zahl der Titel jedoch vergleichsweise schmale Ausrichtung.

4. *Das verlagseigene Abonnement*

Während im Zeitungsbereich insgesamt das Grosso etwa die Hälfte der Auflage hält, ist für den überwiegenden Teil der regionalen Tageszeitungen das Abonnement der dominierende Absatzweg. Die Zustellung erfolgt großenteils durch Zusteller der Verlage; 30 % der Abonnenten der beiden überregionalen Zeitungen FAZ und Die Welt erhalten ihr Exemplar durch Postzustellung (Briefbote oder Postfach). Weniger als 4 % aller deutschen Tageszeitungen sind Straßenverkaufszeitungen.
Die im Abonnement vertriebenen Tageszeitungen werden meist durch verlagseigene Vertriebssysteme zugestellt. Bei den Wochenblättern erreicht der Abonnementvertrieb nicht das Volumen des Einzelverkaufs, hier überwiegt im Bereich des Abonnements die Postzustellung. Von den Publikumszeitschriften wird etwas über ein Drittel im Abonnement abgesetzt, der größte Teil davon durch Postzustellung. Dominierend ist das Abonnement bei den übrigen Zeitschriftenarten, z. B. Fachzeitschriften, Kundenzeitschriften, Verbandszeitschriften; auch bei diesen Objekten wird der weitaus größte Teil durch die Post zugestellt[33].

5. *Der Lesezirkel*

Dieser Absatzweg ist für die Bundesrepublik kennzeichnend; im Ausland ist er fast bedeutungslos. 600 Lesezirkel bringen über 180 000 Erstmappen in den Verleih[34]. Die Tendenz ist rückläufig. Die Zahl der Erstmappen ist seit Jahren etwa konstant, während die Zahl der Folgemappen (Zweit-, Dritt- usw.-bezieher) deutlich zurückgeht.
Ein besonderes Interesse der Verlage an diesem Absatzweg ist in der größeren Anzeigenreichweite begründet und äußert sich in einem wesentlich niedrigeren

33 Vgl. zum Ganzen oben Anm. 1 und die dort angef. Pressestatistik für 1975; vgl. auch Bericht der Bundesregierung über die Lage von Presse und Rundfunk in der Bundesrepublik Deutschland (1974), BT-Drucks. 7/2104, S. 38 f.; Gerhard *Sondermann,* aaO., S. 123–164.

34 o.V., Presse und Presse-Vertrieb in der Bundesrepublik, in: dnv 1964, S. 296 f.

Verkaufspreis an die Lesezirkel. Damit geht eine strikte Verwendungsbindung durch die Verlage einher.

6. *Der Postzeitungsdienst der Deutschen Bundespost*

Der Postzeitungsdienst, eine der Abonnementschienen, sei hier besonders erwähnt. Er umfaßt vor allem den Transport, aber auch die Vermittlung der Bestellung von Zeitungen und Zeitschriften und außerdem einige besondere Dienste.
Eine gesetzliche Normierung des Vertriebswegs findet sich schon im Preußischen Postgesetz von 1852, das eine Vertriebspflicht der Post begründete und den Postzwang für Zeitungen festlegte.
Die geltende Regelung findet sich in der Postzeitungsordnung von 1970, die durch Rechtsverordnung des Bundesministers für das Post- und Fernmeldewesen erlassen wurde[35]. Die Voraussetzungen für die Zulassung zum Postzeitungsdienst sind in § 2 normiert: Danach können die Leistungen des Postzeitungsdienstes nur für die Zeitungen beansprucht werden, die durch das zuständige Verlagspostamt schriftlich zugelassen sind (§ 2 Abs. 1, § 10). Die Zulassung setzt voraus, daß die Zeitungen im Geltungsbereich dieser Verordnung verlegt werden und in der inneren und äußeren Gestaltung den Vorschriften dieser Verordnung entsprechen (§ 2 Abs. 2).
Es handelt sich hier um einen mit dem Presse-Grosso konkurrierenden Vertriebsweg, für den bemerkenswert ist, daß die Post dafür nur ermäßigte Gebühren, unter Selbstkosten, berechnet. Die Kostenunterdeckung wird mit 600 Mio. DM angegeben[36].
Die verschiedenen Vertriebswege, der Einzelverkauf über Presse-Grosso und Einzelhandel, daneben der Bahnhofsbuchhandel und schließlich die übrigen Absatzformen – vor allem der Abonnementvertrieb – stehen in ständigem und intensivem Wettbewerb miteinander. Die Verlage entscheiden, über welchen Vertriebsweg sie ihre Presseerzeugnisse absetzen wollen[37]. Presse-Grosso und

35 Vgl. Postzeitungsordnung vom 10. Juli 1970 (BGBl. I, S. 1068; BGBl. III 901-1-12), geändert durch die Änderungsverordnung vom 26. Februar 1974 (BGBl. I, S. 436).

36 Hans-Wilhelm *Busch* in: Peter *Schiwy* und Walter J. *Schütz* (Hrsg.), Medienrecht, 1977, Stichwort: Postzeitungsdienst, S. 129 f.

37 Als Beispiel für gezielte Verlagsbemühungen um die Intensivierung des Abonnementvertriebs sei hier nur hingewiesen auf die 1977 begonnene Anbahnung einer Zusammenarbeit zwischen dem Druck- und Verlagshaus Gruner + Jahr & Co und der Division Neodata der international in der Marktforschung und im Abonnenten-Verwaltungsgeschäft führenden amerikanischen Gesellschaft Arthur C. Nielsen, vgl. FAZ v. 14.11.1977 (Nr. 265) S. 16; FAZ v. 22.11.1977 (Nr. 271), S. 16.

Einzelhandel befinden sich in einem Umfeld, in dem die verschiedenen Vertriebswege miteinander konkurrieren und das insofern durch Wettbewerb geprägt ist. Das äußert sich beispielsweise in der auch in Einzelverkaufsobjekten häufig anzutreffenden Verlagswerbung für den Abonnementbezug, ein Faktum, das den am Einzelverkauf Beteiligten immer wieder vor Augen führt, daß sie ein *Vertriebsmonopol* in den Märkten der verschiedenen Presseerzeugnisse (in denen sehr verschiedene Anteile auf die einzelnen Vertriebswege entfallen) nicht besitzen.

II. Die sich aus Geschichte und Funktion ergebende Struktur

1. *Die Entwicklung des Presse-Grosso in der Bundesrepublik Deutschland*

a) *Ansätze und Erfahrungen aus der Zeit zwischen den Weltkriegen*

Die Entwicklung ging von den großen Städten, in Deutschland von Berlin aus. Die Presse mußte hier schließlich »zwangsläufig gemeinsame Organe entwikkeln«[1]. Bevor es dazu kam, schuf sich der Verlag Ullstein ein eigenes Absatzsystem über »rund 100 Grossisten im Reich, die wiederum die Unterverteilung an die Einzelhändler in einem begrenzten Gebiet vornahmen«. Grosso-Firmen spielten »die Hauptrolle beim Vertrieb der Zeitschriften . . . in dem ihnen zugeteilten Bezirk«[2]. In Verträgen, die Ullstein mit Grossisten abschloß, wurde deren Tätigkeitsgebiet genau umschrieben[3]. Eine Interessengemeinschaft der Verlage Scherl, Münchner Illustrierte, Frankfurter Illustrierte und anderer betraute ebenfalls eigene Grossisten mit der Alleinauslieferung. Nach einigen Konkursen erwies sich aber »die angestrebte, objektbezogene Alleinauslieferung ohne ausreichende wirtschaftliche Basis«[4].

Parallel entwickelte sich die Vertriebsform des *Zeitschriften-Buchhandels.* Er war ein Vorläufer des heutigen werbenden Buch- und Zeitschriftenhandels.

Die *Leipziger Kommissionäre* belieferten im Wochenpaket die Buchhandlungen. Auch in Stuttgart gab es Kommissionäre (darunter die Firma Umbreit & Co.).

Ein flächenabdeckendes Grosso-System heutiger Prägung vermochte man of-

1 Peter de *Mendelssohn,* Zeitungsstadt Berlin, Berlin 1959, Vorwort (S. 8).

2 Fritz *Wentzel,* Schnelligkeit ist immer Trumpf, Der Vertrieb im Hause Ullstein-Axel Springer, in: Hundert Jahre Ullstein, Bd. 3, Berlin 1977, S. 55, 73.

3 Z. B. in einem in Kopie vorliegenden Vertrag vom 24.8.1928 mit der Firma Ferd. Kaschewitz in Buer. »Eine Ausdehnung Ihrer Tätigkeit auf andere Gebiete kann nur im Einvernehmen mit uns erfolgen« (Ziff. 1 des Vertrages).

4 Karl-Heinz *Salzmann* in einer Aufzeichnung vom Dezember 1977. Die Aufteilung »in feste Auslieferungsgebiete« berichtet auch Hans *Mehlhorn,* »Aus der Geschichte des Grosso-Verbandes«, in: dnv 1976, S. 6 ff, über das Vertriebsgebiet von Rheinland und Westfalen. Vgl. zum Folgenden auch Ernst Herbert *Lehmann,* Einführung in die Zeitschriftenkunde, Leipzig 1936, S. 132–143.

fenbar jedoch noch nicht einzurichten; das Alimentierungsproblem der Landverkaufsstellen war unlösbar[5].

b) *Die Nachkriegsentwicklung*

aa) *Funktionserfüllung durch bestehende und durch spontan neu gegründete Grosso-Unternehmen*

Zeitungen und Zeitschriften der Militärregierungen und die von ihnen lizenzierten Blätter wurden Grossisten in Objektalleinauslieferung übertragen. Papierknappheit und Lesehunger ergaben einen Verkäufermarkt. Das Remissionsrisiko spielte nur eine sehr geringe Rolle.
Der so beschaffene Markt mit vielversprechenden Perspektiven und die wiederhergestellte Gewerbefreiheit waren die Auspizien, unter denen es zu einer Fülle von Neugründungen von ZZ-Großhandelsunternehmen ebenso wie von Verlagen kam. Allein in Nordrhein-Westfalen gab es mehr als 350 Grosso-Unternehmen[6]. Auch in anderen Teilen der Bundesrepublik gab es eine Vielzahl von Grossisten, darunter natürlich auch solche mit Erfahrungen aus der Zwischenkriegszeit, die in neuen oder in gewachsenen Formen grossierten.
Nach der Währungsreform wandelte sich der Markt schnell zum Käufermarkt, und die nach einer Schätzung etwa 500 Grossisten in der Bundesrepublik, von denen die Mehrzahl nur ein schmales Sortiment hatte und keine nennenswerte Organisation und Geschäftsführung entwickeln konnte[7], lieferten sich einen ruinösen Wettbewerb mit entsprechender Selektion. Grosso-Konkurse führten zu Zahlungsausfällen bei Verlagen.

bb) *Maßgeblicher Einfluß der Großverlage auf die Herausbildung des deutschen Grosso-Typs und auf die Gebietsabgrenzungen*

Das Recht des Presse-Grosso kann nicht gedacht werden, ohne daß die *Abhängigkeit der Rechts- und Wirtschaftsstellung der Grossisten von den Verlagen* in ihrer ganzen Tragweite in Betracht gezogen wird. Hier gilt es, diese Kom-

5 Grossisten in reinen Landgebieten erhielten jedoch teilweise höhere Rabatte. Das war ein erster Schritt zur Alimentierung.
In dem Handbuch für den werbenden Zeitschriftenhandel, 1938, verzeichnet Elsner für 1938 im heutigen Bundesgebiet 50 Betriebe (östlich der Elbe 176 Betriebe), die ihre überwiegende Tätigkeit als Großhandel einstuften.

6 Hans *Mehlhorn,* angef. in: Presse und Presse-Vertrieb in der Bundesrepublik, dnv 1964, S. 290.

7 Enno *Dreppenstedt,* Der Zeitungs- und Zeitschriftenmarkt, Schriften zur Buchmarkt-Forschung 15, Hamburg 1969, S. 226.

ponente des Grossisten-Status in ihrer historischen Perspektive aufzuweisen. Großverlage haben ursprünglich die Leistungsmaßstäbe gesetzt und die Vertriebsgebiete bestimmt. Bis 1933 waren Ullstein und die Scherl-Gruppe dominierend. In Berlin schuf Ullstein einen verlagseigenen Vertrieb ganz eigener Prägung. Das war kein direkt übertragbares Modell für die Versorgung der Provinz. Hier wurden vertrauenswürdige Kioskbesitzer und größere Detaillisten eingeschaltet, denen die Versorgung anderer Einzelhändler übertragen wurde, womit jenen Firmen neben ihrem Einzelhandel eine Grosso-Funktion übertragen wurde. Der Vertrieb über Grossisten erwies sich als wirtschaftlicher als durch eigene Filialen. Die ursprünglich angestrebte *objektbezogene Alleinauslieferung* ergab schon damals keine ausreichende wirtschaftliche Basis. Es ist jedoch kennzeichnend für die Branche, »daß jeder Verleger danach strebt, von der Herstellung bis zur Verbreitung möglichst viel zu kontrollieren oder in eigener Regie durchzuführen« (Karl-Heinz *Salzmann*).
In der Konsolidierungsphase nach der Währungsreform 1948 kumulierten sich bei den leistungsfähigsten Grossisten zunehmend »objektbezogene Alleinvertriebsrechte«. Ausgangspunkt und Katalysatoren dieser Entwicklung waren auch hier die Großverlage. Ein erstes Zeichen hatte bereits in der unmittelbaren Nachkriegszeit das amerikanische Blatt DIE NEUE ZEITUNG mit der Vergabe von Alleinauslieferungsrechten gesetzt. Mitte der Fünfziger Jahre begannen dann auch die wichtigsten deutschen Verlage konsequent zum Alleinauslieferungssystem überzugehen, z. B. der Hammerich & Lesser Verlag mit Hör ZU, der Axel Springer Verlag mit Bild, der Martens Verlag mit Quick, der Jahreszeiten-Verlag mit Für Sie. Die gegenüber ihren damaligen Wettbewerbern größere Leistungsfähigkeit einzelner Grossisten bewirkte dabei bereits, daß sich Alleinvertriebsrechte bei diesen konzentrierten.
Entscheidend bestimmt wurde diese Entwicklung schließlich durch die intensive und expansive Vertriebspolitik der Bild-Zeitung und von Hör Zu. Vom Axel Springer Verlag extra für diesen Einsatz gebildete Spezial-Außendienste gingen neben dem Außendienst des Großhandels systematisch an die Erschließung neuer Verkaufsstellen insbesondere auch auf dem Land. Diese Aktivitäten hatten als betriebswirtschaftliches Motiv nicht nur eine Steigerung des Vertriebserlöses und die Erlangung von Marktvorsprüngen vor anderen Zeitungen und Programmzeitschriften, sondern auch die Intensivierung des Anzeigen-Geschäfts durch Erreichung maximaler Liefer- und Verkaufsdichte. Sogenannte Leerort-Aktionen dienten dazu, systematisch jeden Ort mit wenigstens einer Einzelhandelsverkaufsstelle zu erschließen.
Anfänglich hatte der Axel Springer Verlag gehofft, für diese mit immensem Personal- und Kostenaufwand erschlossenen Verkaufsstellen über die von ihm eingesetzten Grossisten eine Art Exklusiv-Belieferung aufrechterhalten zu

können. Das jedoch schnell einsetzende Drängen von Konkurrenzobjekten in diese Verkaufsstellen wurde von den Grossisten begrüßt und unterstützt. Deren Kosten für die Betreuung dieser Verkaufsstellen waren sehr hoch, auch wenn z.B. in reinen Landgebieten der Verlag selbst die Belieferung per Post übernahm; der Grossist hatte dann immer noch die Remission einzuholen und die Abrechnung vorzunehmen. Erweiterungen des Liefersortiments boten die Möglichkeit, die bei der Belieferung dieser Verkaufsstellen entstehenden Fixkosten zu verteilen und ihren Anteil am Umsatz zu senken. Die in die neuen Verkaufsstellen drängenden Objekte wurden von den Verlagen quasi zwangsläufig an diejenigen Grossisten zur Alleinauslieferung vergeben, die bereits die Springer-Objekte vertrieben. Dies war für die Verlage nicht nur naheliegend, die Einzelhändler wären in Anbetracht der noch relativ geringen Umsätze mit Bild und Hör Zu auch nicht bereit gewesen, andere Objekte über andere Grossisten zu beziehen, denn dies hätte Abrechnung mit mehreren Grossisten, damit höheren Aufwand und höhere Kosten bedeutet. Die Zeitschriften-Verleger ihrerseits sahen in der Vergabe ihrer Objekte an die vom Axel Springer Verlag belieferten Grossisten auch eine Gewähr, daß ihre Objekte von leistungsfähigen Grossisten betreut wurden, denn die Anforderungen des Springer Verlages an die seine Objekte vertreibenden Grossisten, z. B. was die sog. Richtremissionswerte anbetraf, waren als ausgesprochen hoch bekannt. Bei Bild betrugen die vom Axel Springer Verlag gesetzten Remissionsvorgaben 9 bis 12 Prozent. Bei Hör Zu lag aufgrund der hohen Auflage und des damals niedrigen Verkaufspreises von DM –,60 die Remission sogar bei 5–6 %. Die Vertriebsleistung der Grossisten wurde in den 50iger und 60iger Jahren fast ausschließlich an der systematischen Erfassung der Gebiete mit Verkaufsstellen und der schnellen Belieferung sowie an der Einhaltung jener Remissionsvorgaben (die jährlich neu überprüft wurden) gemessen. Auch diese Erscheinung hatte Pilotwirkung auf andere Verlage, die die Leistungsfähigkeit der Springer-Grossisten erkannten und diesen zutrauten, auch andere Objekte mit einer optimal niedrigen Remission zu fahren.
Schließlich bot sich den Verlegern auf diese Weise die Chance, mit ihren Objekten in praktisch allen Verkaufsstellen präsent zu sein, in denen die damals am weitesten verbreitete deutsche Zeitschrift, Hör Zu, vertreten war.
Die Einhaltung der von den Großverlagen auf diese Weise vorgezeichneten Alleinvertriebsgebiete auch beim Vertrieb kleiner Objekte war dann lediglich noch betriebswirtschaftliche Konsequenz. Ein Alleinvertrieb kleiner Objekte war betriebswirtschaftlich uninteressant. Möglich war allein deren Mitnahme auf der Schleppe der hochauflagigen Titel, für die die Großverlage Vertriebsgebiete festgelegt hatten. Ein Überschreiten dieser Auslieferungsgebiete beim Vertrieb kleiner Objekte war natürlich rechtlich erlaubt, wäre aber betriebs-

wirtschaftlich geradezu töricht gewesen (Hans *Ziebolz*). Ein Vertrieb der kleinen Objekte außerhalb der jeweils mit den Objekten der Großverlage belieferten Gebiete hätte zusätzliche Kosten vor allem beim Transport verursacht, die mit den relativ geringen zusätzlichen Umsätzen nie hätten erwirtschaftet werden können.
Es sind also unbestreitbar legitime, betriebswirtschaftliche Motive, die das Verharren der Grossisten innerhalb der durch die Großverlage bestimmten Grenzen der Vertriebsgebiete erklären. Es bedurfte dazu nicht einer Vertriebsbindung durch sämtliche Verlage, die nach § 34 GWB in vollem Umfang schriftlich abgefaßt sein muß[8]; solcher Vertriebsbindungen durch sämtliche Verlage der ausgelieferten Objekte bedurfte es dazu weder faktisch noch rechtlich; insofern sind die Alleinvertriebsgebiete *gewachsen.*
Das Bundeskartellamt hat die tatsächlichen Vorgänge bei der Herausbildung der Gebietsmonopole bei jenen 17 Grosso-Unternehmen untersucht, die hauptbetroffene Adressaten des Bußgeldbescheids vom 21. Juni 1977 sind. »Der Grundstein für das heutige Pressevertriebssystem wurde in Südwestdeutschland in den Jahren 1957/58 gelegt« (S. 12). Natürlich war es das gemeinsame Interesse der Verlage, namentlich der Großverlage, eine Gebietsbereinigung durchzuführen, um das »Durcheinanderliefern zahlreicher Grossisten« einzuschränken. Nachdem aber »die Verleger auf einer Besprechung am 26. Juni 1958 festgestellt hatten, daß Vereinbarungen zwischen den Verlagen einen Verstoß gegen das Kartellgesetz darstellen würden, beschlossen sie, unabhängig voneinander, mit den einzelnen Grossisten eine Neuaufteilung der Gebiete vorzunehmen« (S. 13). Die Verlage Axel Springer und Martens[9] haben als erste die Vertriebsgebiete für ihre Objekte einseitig festgelegt. »Andere Verlage bestimmten Ende des Jahres 1958 gleichfalls jeweils nur einen Grossisten für ihre Objekte in einem bestimmten Gebiet« (S. 13). Die Darstellung des BKartA ergibt ein plausibles Modell des maßgeblichen Verlagseinflusses auf

8 Sie muß von dem bindenden und von dem gebundenen Unternehmen unterzeichnet sein. Keine Anwendung findet § 34 GWB auf Ausschließlichkeitsbindungen, die vor dem Inkrafttreten des GWB am 1.1.1958 wirksam vereinbart wurden (OLG Stuttgart, 24.3.1972 »Getränkegroßhändler«, WuW/E OLG 1302 [1304]).
Vertriebsbindungen kommen in nahezu allen Bereichen der Konsumgüterwirtschaft vor. Sie dienen der Sicherung eines optimalen Absatzes der Waren, wobei die Durchsetzung eines Marketing-Konzepts, aber auch die *»Förderung des Absatzinteresses bei den in den Vertrieb eingeschalteten Händlern«* im Vordergrund stehen (vgl. Werner *Benisch,* Kooperationsfibel, 4. Aufl., Bergisch-Gladbach 1973, S. 392).
Die *Belange des Grossisten,* deren Wahrung im natürlichen Interesse der Verlage liegt, sind also eine zulässige Rechtfertigung für die durch Vertriebsbindungen konstituierten Gebietsmonopole der Grossisten.
Vertriebsbindungen unterliegen der Mißbrauchsaufsicht nach § 18 GWB. Bisher haben diese jedoch so gut wie keinen Anlaß zu einem behördlichen Einschreiten gegeben (Benisch a.a.O.).
9 Der Martens-Verlag hat sich 1971 in die Firma Heinrich Bauer Verlag umgewandelt.

die Entstehung der Gebietsmonopole[10]; ihr wird jedoch von seiten des Grosso entgegengehalten, daß die Alleinauslieferungsrechte durchweg schon vorher vergeben waren, jene Gebietsneuordnung also nicht die Einführung der Alleinauslieferung, sondern nur die Abrundung der Auslieferungsgebiete der einzelnen Grossisten zum Ziel gehabt habe; daneben auch die Ersetzung der kundenbezogenen durch eine ausschließlich gebietsbezogene Alleinauslieferung, soweit jene noch bestanden habe. Rationalisierungs- und Effektivitätsgesichtspunkte seien dafür maßgeblich gewesen.
Ob zu Beginn des Jahres 1959, wie das BKartA meint, oder früher: das so etablierte Vertriebssystem ist jedenfalls dadurch gekennzeichnet, daß zunächst »die Objekte der größeren Verlage in der Regel nur noch von einem Grossisten in einem bestimmten Gebiet geliefert wurden« (S. 14). Wenn das BKartA freilich daraus folgert, daß für eine Reihe »freier Objekte«, deren Verlage dafür keine Vertriebsgebiete abgegrenzt hatten, noch Wettbewerb bestanden habe, dann ist das eine den Tatsachen ferne logische Schlußfolgerung, die vor allem jene betriebswirtschaftlichen Zwänge verkennt, die dem Grossisten den Vertrieb kleiner Objekte außerhalb des für die großauflagigen Titel festgelegten Auslieferungsgebiets verwehrte.
Die Grossisten erwarben durch die verlagsseitige Festlegung der Vertriebsgebiete keinen vertraglichen Ausschließlichkeitsanspruch. Das BKartA führt ein Schreiben des Martens-Verlages vom 24. März 1959 an, in dem dieser seinerzeit bedeutende Verlag klarstellt, daß er die Alleinauslieferung seiner Objekte keinem Grossisten anvertraue, »ohne darauf zu achten, daß die Grossisten die Kunden so bedienen, wie dies vielen anderen Grossisten möglich . . . ist« (S. 14). Diese Äußerung zeigt deutlich, daß die Grossisten infolge der von den Verlagen konstituierten Gebietsmonopole nicht der *Leistungsanreize* enthoben wurden, die sonst vom Wettbewerb ausgehen. Von den Verlagen geht ein keineswegs geringerer Leistungsdruck aus. Darüber gab es bereits im Zeitpunkt des Entstehens der Alleinauslieferungsgebiete keinen Zweifel[11]. Das gilt seitdem in noch wachsendem Maße. Die ungewöhnliche Datentransparenz im Verhältnis des Grosso zu den Verlagen läßt Leistungsvergleiche sehr exakter Art zu; Leistungsschwäche führte stets zum Entzug der Auslieferung[12].

10 Das Bundeskartellamt wirft den Grossisten vor, »gewisse Feinabstimmungen der Vertriebsgrenzen durch Vereinbarung untereinander« vorgenommen zu haben.
Der Bußgeldbescheid ist noch nicht rechtskräftig.

11 Darauf wird später zurückzukommen sein.

12 Im Fall einer gegebenen, etwa durch Erbfall begründeten Leistungsschwäche eines einzelnen Grosso-Unternehmens haben Verlage auch schon ihren Einfluß auf die Bestellung der Unternehmensführung geltend gemacht; Grossisten sind auch schon solidarisch durch die Delegation eines die Materie beherrschenden, zuverlässigen Kenners der Branche eingesprungen, um eine schwache Stelle im System zu eleminieren und dessen untadeliges Funktionieren auch in dem durch temporäres unternehmerisches Versagen gefährdeten Vertriebsgebiet zu gewährleisten.

Auf der Suche nach dem optimalen Vertriebssystem haben Verlage verschiedene Varianten erprobt: die *Direktbelieferung* des EH, den Aufbau *verlagseigener Grosso-Betriebe,* und auch das Modell der Objekttrennung. Sie haben solche Versuche nicht fortgesetzt, nachdem sich die überlegene Wirtschaftlichkeit und Effizienz des Systems der gebietsbezogenen Alleinauslieferung bewährt hatte.
Hinsichtlich der Durchsetzung und Aufrechterhaltung dieses bewährten Systems hat stets »Interessenidentität zwischen Grossisten und Großverlagen« bestanden[13].
Die Großverlage haben bei der Entscheidung für das bestehende System und bei dessen Durchsetzung eine *»leadership«-Rolle* übernommen, wie sie sonst, namentlich bei der Preisbildung, häufig und bekannt ist. Bei der Durchsetzung der regionalen Alleinauslieferung hat sich die leadership nur auf einen anderen Handlungsparameter als etwa den Preis erstreckt: nämlich auf das Gebiet. Dem Kartellrechtler ist die rechtliche Beurteilung von Preisleadership wohl vertraut: Diese Rolle ist zu einer juristischen Denkfigur entwickelt, um die damit bezeichneten Vorgänge zu erklären und wettbewerbsrechtlich zu rechtfertigen. Die daraus gewonnenen Erkenntnisse sind analog auch zur Erklärung und kartellrechtlichen Beurteilung sowohl der von den Großverlagen ausgehenden Initiativen wie auch des Verhaltens der betroffenen Grossisten heranzuziehen.

cc) Modernisierungs- und Anpassungsphase

Ihr Beginn wird mit etwa 1971 angesetzt. Das Presse-Grosso erfuhr zu Beginn dieser Phase im Verhältnis zu den Verlagen eine faktische Verbesserung seines Status und eine vergleichsweise längerfristige Sicherung seiner Existenz. Dazu trug das sowohl im Vergleich zu anderen Branchen wie auch im internationalen Vergleich außerordentlich hohe Leistungsniveau des Grosso bei, das zu erreichen auch dank eines effizient geführten und nicht nur solidarisches Verhalten sondern auch die Gleichmäßigkeit der Leistung fördernden *Verbandes* gelungen war.
Im übrigen erwies sich sowohl prinzipiell wie auch in den einzelnen Fällen zum Teil scharfer Konflikte zwischen einem Verlag und einem Grossisten das *Recht* als der Schutz des Schwächeren. Die Bestimmungen des GWB einschließlich der Pressefusionskontrolle[14] erlaubten es den Verlagen nicht mehr, Alleinauslieferungsrechte kurzfristig und ohne schwerwiegende Begründung aufzuheben. Dadurch wurde eine größere *Unabhängigkeit* des Presse-Grosso gegenüber der nichtsdestoweniger fortbestehenden Übermacht der Großverlage gefördert.

13 Bußgeldbescheid des BKartA vom 21.6.1977, S. 15.
14 Die III. GWB-Novelle hat 1976 das Wettbewerbsrecht um pressespezifische Vorschriften ergänzt.

Die *relativ einheitliche Normleistung* des Grosso auf sehr hohem Stand hat ihre selbständige Bedeutung und ihr eigenes Gewicht auch im *Bewußtsein* der beiden Partner im Markt, Verlage und Einzelhändler, erlangt. Die Verlage sind viel mehr als früher bereit, sich mit dem bestehenden System zu identifizieren. Gleiches gilt auch für jene Einzelhändler, die früher gelegentlich die Landeskartellbehörden mit Beschwerden über Grossisten befaßt hatten. Die gegenwärtige Phase ist gekennzeichnet durch eine partnerschaftliche Verantwortung der drei Marktseiten für das bestehende Grosso-System. Sie hat ihre Ursache in dem hohen Grad der Rationalisierung des Presse-Grosso, der die Branche in dieser Hinsicht »in die Spitzengruppe des Großhandels« plaziert[15], gleichzeitig bereitet sie den Weg zu weiteren Leistungsverbesserungen durch die Nutzung technischer Innovationen; daran sind Grossisten und Verlage gleichermaßen beteiligt und diese und der Einzelhandel gleichermaßen interessiert. Für den technischen Stand kennzeichnend, aber auch für die rechtliche Beurteilung der Organisations- und Handlungsformen des Grosso unabdingbar wesentlich sind die Körperlose Remission (KR), die Marketing-orientierte Bezugsregulierung (MBR) und die Einzelhandels-Strukturanalyse (EHA STRA).

Die *Körperlose Remission (KR)* »ist ein Instrumentarium zur lückenlosen Abrechnung von unverkauften und zurückgegebenen (remittierten) Zeitschriftenexemplaren zwischen Zeitschriften-Großhandel und den Verlagen. Das KR-Verfahren wurde mit dem Ziel entwickelt, die kostenaufwendige Rückversendung von remittierten Zeitschriften an den Verlag überflüssig zu machen und die Verlage von der körperlichen Kontrolle und Bearbeitung sowie der Vernichtung der Restexemplare zu befreien.

Die exakte EDV-mäßige Erfassung der Anzahlen der im Einzelhandel jeweils nicht verkauften Zeitungen und Zeitschriften ermöglicht den Verlagen und dem Großhandel eine schnelle und präzise Überwachung und *Steuerung der Auflagen der Zeitschriften.* Hierzu ist das wöchentlich erstellte Protokoll besonders wertvoll, das Titel für Titel aufzeigt, wie sich Verkauf und Remission in den jeweils letzten 13 Wochen entwickelt haben«. Die EDV-gestützte KR reduziert wesentlich die Kosten sowohl auf seiten der Verlage wie auch des Grosso.

»Den Verlagen wird durch eine hochaktuelle Verkaufszahlenaufstellung eine adaptive *Auflagensteuerung* ermöglicht, die einerseits die gegebenen Verkaufschancen zu nutzen gestattet und andererseits zu hohe Auflagen vermeidet. Im Großhandel werden durch die KR Rationalisierungen erreicht, die zu einer

15 »Abgesehen vom pharmazeutischen Großhandel, der als Musterbeispiel für rationelle Arbeitsmethoden angesehen werden kann, weist keine andere Branche. . . « eine so hohe Ausschöpfung ihrer Leistungsreserven auf (aufgrund von Betriebsvergleichen für rd. 100 Wirtschaftsbereiche erstattete gutachtliche Äußerung des Instituts für Handelsforschung an der Universität Köln vom 2. Juli 1976).

nennenswerten *Begrenzung der Vertriebskosten* und damit der *Großhandelsspanne* beiträgt«. In den Systemablauf ist ein Kontrollverfahren mit turnusmäßigen Kontrollbesuchen von Verlagsvertretern im Großhandel eingebaut. Es bietet »alle Voraussetzungen für das notwendige Vertrauen der Verlage in das KR-Verfahren«[16].

Die *Marketing-orientierte Bezugsregulierung (MBR)* ist eine Gemeinschaftsentwicklung von Mitgliedsfirmen des Grosso-Verbandes[17]. Sie ist ein »auf EDV-Anlagen implementiertes Instrumentarium zur optimalen Steuerung des Zeitschriftenvertriebs«. Dem System liegen mathematische Modelle zur Bedarfsprognose zugrunde. Ziel des Systems ist die Nutzung möglichst aller Verkaufschancen und ebenso die Minimierung überschüssiger Auslieferungen mit der Folge von Remissionen. Für Objekte mit kleiner Auflage und sehr kleinen Verkaufszahlen pro EH war die MBR bisher weniger geeignet[18]. Der Großhandel hatte dabei eine gewisse Überforderung des Einzelhandels zu berücksichtigen. In jüngster Zeit wurden auch für kleinere Zeitungen und Zeitschriften verfeinerte Verfahren der Bezugsregulierung entwickelt (BKO-Verfahren), die mehr und mehr dazu beitragen, auch die Lieferungen, Remissionen und Verkäufe kleiner Objekte pro Verkaufsstelle und Nummer zu erfassen und damit für den Einzelhandel bedarfsgerecht zu steuern.

Von diesen Verfahren profitieren also nicht nur die großen, lukrativen Objekte. Der Arbeitskreis MBR des Presse-Grosso hat 1978 zusammen mit einem Arbeitskreis des VDZ eine zusammenfassende Darstellung von besonders geeigneten Bezugsregulierungs-Verfahren für kleine Objekte (BKO) ausgearbeitet. Darin dokumentiert sich die fortlaufende Verfeinerung der Regulierungsverfahren[19].

Die *Einzelhandels-Strukturanalyse (EHASTRA)* ist ein ebenfalls auf EDV-Anlagen implementiertes System; auch dieses wurde vom Presse-Grosso konzipiert und entwickelt. Es dient der permanenten Analyse der Verkaufsstruktur des Einzelhandels. Die ermittelten Daten dienen zur Beratung und Unterstützung von Einzelhändlern, Planung und Detailbestimmung von Marketingmaßnahmen des Zeitschriften-Großhandels zur Umsatzausweitung, Unterstützung der Verlage bei der Einführung neuer Zeitschriften.

16 Gutachten der Diebold Deutschland GmbH, einer internationalen Gesellschaft für Forschung und Beratung auf dem Gebiet der automatisierten Datenverarbeitung, Frankfurt, vom 5. Oktober 1976. Hervorhebungen nicht im Original.

17 »Im Jahre 1971 befaßten sich bereits 66 Mitgliedsfirmen mit der Lösung der mit MBR abgedeckten Probleme« (*Diebold,* a.a.O., S. 6).

18 *Diebold,* a.a.O., S. 7.

19 Vgl. auch Geschäftsbericht 1976 des Verbandes Presse-Grosso, S. 55; sowie die ausführliche Veröffentlichung des Arbeitskreises MBR des Verbandes »Marketing-orientierte Bezugsregulierung 1973«.

Hinzu kommen als weitere Systeme die *kurzfristige Übermittlung von Verkaufsergebnissen über Datentelegramm an Verlage* und ein Informationssystem – Standard Code Translation (SCT) – zwischen Grosso und Verlagen: verschlüsselte Übermittlung von Daten über Fernschreiber an Verlage, wobei der vom Fernschreiber des Verlags ausgegebene Lochstreifen sogleich durch Computer verarbeitet werden kann[20]. Das System enthält außerordentliche, vielleicht noch nicht voll ausgeschöpfte Nutzungsmöglichkeiten und schafft die Voraussetzungen für strukturanalytisch fundierte Vertriebsmaßnahmen. Es dient damit gleichermaßen dem Grosso, den Verlagen und dem EH.
Die Initiativen des Grosso zur Leistungssteigerung in allen Bereichen sind damit noch nicht vollständig aufgezählt. Hingewiesen sei wenigstens auf die Arbeiten der Projektgruppe »Angebotsoptimierung im Einzelhandel«, die sich mit der Präsentation von Presseerzeugnissen in EH-Stellen, Präsentation in Schrägauslage, Belegungsschema etc. im Dienste des EH und zur eigenen Verkaufsförderung befaßt[21].
Der Grosso-Verband prüft gegenwärtig die Möglichkeiten der *Presse-Codierung*; deren Einführung würde u.a. die Remission erleichtern und vor allem dem Einzelhandel und kleinauflagigen Objekten zugute kommen[22].
Innovationen dieser Art sind sinnvoll nur, wenn sich der überwiegende Teil der Grossisten beteiligt. *Einheitliche Normvorstellungen* über Art und Umfang der zu erbringenden Leistung sind eine Voraussetzung für eine gleichmäßige und kostengünstige Versorgung mit Presseerzeugnissen in der ganzen Bundesrepublik.
Bei allem handelt es sich nicht nur um Anpassungen an *neue Technologie,* sondern zunehmend auch an verfassungsrechtliche Prinzipien wie *Pressefreiheit und Pressevielfalt* und – nach Maßgabe der Besonderheiten des Grosso – auch an die Wettbewerbsordnung. Die idealtypischen Vorstellungen des Grosso von der eigenen Aufgabe und den Bedingungen der Aufgabenerfüllung integrieren sich fortlaufend nicht nur in das geltende Verfassungs- und Gesetzesrecht, sondern orientieren sich auch, je länger je mehr, an berufsethischen Maßstäben. Das mindert die Konflikte mit den EH und auch mit Verlagen.
Darin äußert sich ein bemerkenswerter *Reifegrad* des Grosso-Systems. Er zeigt sich auch in der hochentwickelten »System-In-sich-Alimentierung«[23] zugunsten der umsatzschwachen Verkaufsstellen und mehrerer Hundert kleinauflagiger Titel.

20 Darüber wird in anderem Zusammenhang unter B II berichtet.
21 Über Einzelheiten solcher Maßnahmen unterrichten regelmäßig die Geschäftsberichte des Verbandes Presse-Grosso.
22 Das Projekt fordert einen Investitionsaufwand in Höhe von ca. 40 Mio. DM, die vom Großhandel aufgebracht werden müssen.
23 Wortprägung durch Verbandsgeschäftsführer Hans *Ziebolz*.

2. *Die Erfüllung der Großhandelsfunktion im Ausland – charakteristische Systeme –*

a) Frankreich

Die französische Pressevertriebsszene beherrscht der Mediengigant *Hachette.* Mit Abstand größter Pressekonzern Frankreichs[24], ist Hachette außer im Pressevertrieb in einer Reihe weiterer Branchen maßgeblich vertreten[25]. Auf der Presse-Einzelhandelsstufe verfügt der Konzern über die Konzessionen sämtlicher Bahnhofsverkaufsstellen (710) und eines Großteils der Kioske in der Métro (300), auf den Flughäfen (40), in Krankenhäusern (40), Hotels (30), Geschäftszentren (20) und Straßen-Bahnhöfen (40)[26]. Den Grosso-Bereich dominiert Hachette in bezug auf die gesamte Pariser Presse, und damit die großen nationalen Zeitungen und Publikumszeitschriften. Die regionalen Blätter organisieren ihren Vertrieb überwiegend selbst und besitzen in der Regel eigene Verkaufs- und Transporteinrichtungen.
Zwischen den beiden Weltkriegen hatte die Librairie Hachette ein Monopol im Vertrieb der in Paris erscheinenden Presse. Die »loi Bichet« vom 2. April 1947 richtete sich gegen die Wiederkehr dieses nationalen Vertriebsmonopols für die Presse aus Paris, gegen den bewunderten und gefürchteten »trust vert«[27]. Ausdrückliches Ziel und Prinzip des Gesetzes ist die Vertriebsfreiheit, die »liberté de diffusion«. Es gibt jedem Verlag zunächst die Freiheit, den Vertrieb seiner Objekte nach Gutdünken selbst zu organisieren und zu tragen; die Provinzpresse hat von dieser Möglichkeit ausgiebig Gebrauch gemacht. Das Gesetz erlaubt den Verlagen aber auch, den Vertrieb genossenschaftlich durch eine »société coopérative d'éditeurs« betreiben zu lassen, innerhalb derer allerdings jedem Verleger unabhängig von seiner Größe eine Stimme zustehen

24 Neben den Konzernen Prouvost, Amaury, Hersant, Bayard Presse und einigen kleineren Gruppen regionaler Tageszeitungen.

25 So kontrolliert der Konzern 18 % der französischen Buchproduktion, 23 % des Buchvertriebs und 24 % des Buchexports. Im Presseproduktionsbereich beherrscht er über verschiedene Tochtergesellschaften rund 30 Publikationen völlig oder teilweise, darunter z. B. France-Dimanche und Paris-Match. Bedeutende Aktivitäten werden u. a. im audio-visuellen und Druckerei-Sektor, sowie in den Bereichen Fortbildung, Mikrodokumentation und Werbung entfaltet; vgl. im einzelnen und zum Ganzen o. V., Les Groupes de Presse, La Presse Quotidienne Notice V, Supplément aux Cahiers Francais, Nr. 178, Oktober – Dezember 1976; Informationsblätter der Französischen Botschaft, Nr. 10/76, S. 26 f.; o. V., Die Tagespresse in Frankreich, Informationsblätter der Französischen Botschaft, Nr. 174, März 1977, S. 1 (10); zur Geschichte des Konzerns auch Grand Larousse Encyclopédique, Bd. V, Paris 1962, Stichwort Hachette (Librairie).

26 o. V., Les Groupes de Presse, aaO.

27 Emile *Berthon,* La distribution des quotidiens, in: La presse quotidienne, Les cahiers Français, 178/Oktober–Dezember 1976, S. 30 (34).

muß. Die technische Durchführung der Vertriebsaufgaben kann von solchen Kooperativen einem gewerblichen Unternehmen übertragen werden; an diesem muß von den Kooperativen jedoch eine Mehrheitsbeteiligung gehalten werden[28]. Diesen Weg haben die Verleger der Pariser Tageszeitungen gewählt mit der »*Nouvelles Messageries de la Presse Parisienne*« *(N.M.P.P.)*. 51 % der Anteile an dieser société à responsabilité limitée werden von fünf Verlagskooperativen gehalten, deren Mitglieder über 500 Tageszeitungen und Zeitschriften herausgeben. 49 % der Anteile sind dagegen in den Händen einer Filiale der *Librairie Hachette*.

Ganz im Besitz des Hachette-Konzerns befinden sich die 21 »Provinz-Agenturen«: Zwischenhändler, die in größeren Städten der Provinz arbeiten und hinsichtlich ihrer Größe mit deutschen Grossisten in etwa vergleichbar sind[29]. So ist der Riese Hachette aus dem Versuch, ihn niederzuhalten, ungeschwächt wieder erstanden.

Die für die Provinz bestimmten Exemplare der Pariser Presse werden durch Lastwagen, Züge und Sonderflugzeuge zu den »dépositaires centraux« befördert. Von dort aus werden durch Lastwagen, die ausschließlich für die N.M.P.P. arbeiten, oder durch lokale öffentliche Verkehrsmittel die Einzelverkaufsstellen versorgt. Teilweise werden Regionalausgaben Pariser Tageszeitungen allerdings auch schon in den verschiedenen Regionen gedruckt, wobei die Druckunterlagen jeweils von Paris aus an die regionalen Druckereien übersandt werden. Die Verkaufsstellen in Paris und näherer Umgebung werden teils durch die N.M.P.P., teils von den Druckereien direkt beliefert. Die Dichte des Einzelverkaufsstellennetzes ist wesentlich geringer als in Deutschland[30].

Die Abwicklung der *Remission* erfolgt auf einem von der Lieferung getrennten Weg aus der Provinz nach Paris. Die nicht verkauften Exemplare werden bei den Verkaufsstellen durch Speziallastwagen gesammelt und zu ungefähr 20 regionalen Remissionszentren (centres régionaux d'invendus) transportiert, die von der N.M.P.P. eingerichtet wurden. Dort werden sie nach Titeln geordnet und gezählt und je nach Wunsch des Verlegers zum Altpapierpreis verkauft oder per Zug an ein Remissionszentrum in Paris transportiert, von wo sie durch den Verlag wieder übernommen werden[31].

In der Provinz remittiert der Einzelhandel die unverkauften Exemplare regelmäßig nur einmal im Monat; die Erfassung der *Remissionswerte*[32] erfolgt dann für die einzelnen Titel auch nur auf den ganzen Monat bezogen und nicht

28 Vgl. Emile *Berthon,* aaO.; zu weiteren Bestimmungen der »loi Bichet« o. V., Drei Tage Frankreich, in: dnv 9/76, S. 12.
29 o. V., Drei Tage Frankreich, aaO., S. 16.
30 o. V., Drei Tage Frankreich, aaO., S. 16.
31 Emile *Berthon,* aaO., S. 34.
32 Hierzu ebenfalls o. V., Drei Tage Frankreich, aaO., S. 18 f.

– wie bei den deutschen Grossisten – nummernbezogen, d.h. für jede einzelne Ausgabe. Diese Verkaufsberechnungen sind infolgedessen wesentlich weniger aktuell; außerdem liegen die Daten den Verlagen im Ergebnis erst sechs bis acht Wochen nach Verkaufsende vor. Darum sind diese Daten für eine Steuerung der Auflage nicht verwertbar.
In den Genuß schnellerer, nämlich wöchentlicher, Remission und nummernbezogener Remittendenerfassung kommen in der Provinz nur die größten Publikumszeitschriften und Tageszeitungen. Auch für diese werden die Verkaufszahlen jedoch meist nicht nach Einzelhändlern getrennt ermittelt, wie dies in Deutschland geschieht.
Lediglich in der Hauptstadt selbst werden die Remissionswerte sowohl nummern- als auch einzelhandelsbezogen erfaßt; sie stehen den großen Presseobjekten in der Regel effektiv 14 Tage nach Verkaufsschluß der jeweiligen Ausgabe zur Verfügung, von wenigen Ausnahmen abgesehen, in denen dies noch schneller der Fall ist.
Was die *Regulierung der Einzelhändlerbezüge* betrifft, so liegen, außer in Paris, nur bei relativ wenigen Grossisten per EDV gespeicherte Verkaufsergebnisse vor, die eine systematische Anpassung der Belieferung der einzelnen Händler an die jeweiligen Letztverkäufe ermöglichen. Die Zahl dieser Grossisten wurde 1976 in Frankreich mit (maximal) 25 angegeben[33].
Schnelle Remissionserfassung pro Ausgabe und Einzelhändler und systematische Bedarfsberechnung per EDV werden deshalb in Frankreich noch als Zukunftsaufgabe angesehen[34].
Die in diesem Bereich noch bestehenden Insuffizienzen zwingen die Verlage zur Aufrechterhaltung verhältnismäßig großer – und natürlich kostspieliger – Außendienstabteilungen, deren wesentliche Aufgabe im Besuch von Einzelhändlern und der dort vorzunehmenden Bezugsregulierung besteht[35].
Die *Vertriebskosten* der von der N.M.P.P. betreuten Pariser Presse sind vergleichsweise sehr hoch; sie sind dort auch größer als bei den Regionalzeitungen der Provinz, die ihren Vertrieb selbst organisieren. Eingeschlossen die Remissionskosten und die beim Abonnement gewährten Preisnachlässe betragen die Vertriebskosten im Abonnementvertrieb der Regionalpresse 30–40 % des Verkaufspreises und bei der in Paris herausgegebenen Presse 40–50 %. Im

33 o. V., Drei Tage Frankreich, aaO., S. 20.
34 o. V., Drei Tage Frankreich, aaO., S. 20; vgl. auch o.V., Die Tagespresse in Frankreich, aaO., S. 15.
35 o. V., Drei Tage Frankreich, aaO., S. 20.

Nummernvertrieb ist der Anteil noch höher: 40–47 % bei der Regionalpresse und sogar 50–85 % bei der Pariser Presse[36].
Die hohen Distributionskosten, der Zeitaufwand bei der Remission, der hohe Anteil der Transportkosten, die relativ schlechten Auflagen- und Bezugsregulierungsmöglichkeiten und anderes sind ein Preis auch für die Monopolisierung und Zentralisierung des Vertriebs. In dessen Zentrum sitzt hinter der N.M.P.P. Hachette wie die Spinne im Netz, oder, wie in Frankreich auch gesagt wird, als die neu erstandene monströse »Hydra«[37].
Sie nützt ihre Monopolstellung konsequent; mit den Verlagen bestehende Regelungen werden von ihr regelmäßig geändert, wenn sie dies im eigenen Interesse für geboten hält. So haben die Verlage beispielsweise keine Einspruchsmöglichkeit gegen die meist jährlich erfolgenden Erhöhungen der Gebühren der N.M.P.P. für die Remittendenbearbeitung und anderer Nebenkosten.
Hachette beherrscht in Frankreich (durch die N.M.P.P.) auch den ZZ-Import und ist in der Bundesrepublik (durch die W. E. Saarbach GmbH, Köln) und in anderen Staaten, z. B. Belgien, zeitweise auch in Großbritannien, am ZZ-Import beteiligt. Deutsche Verlage sehen sich bei ihren Exporten nach Frankreich mit dem typischen Gebaren eines Monopolisten konfrontiert: Die Statuten der N.M.P.P., die auch für die ausländischen Verlage bindend sind, weichen in wesentlichen Punkten von der Norm der sonst international üblichen Lieferbedingungen zum Nachteil der Verlage ab[38].

36 o. V., Die Tagespresse in Frankreich, aaO., S. 14/15.
Claude *Durieux* von »Le Monde« spricht unter dem Titel »Ist eine kapitalabhängige Presse frei?« ebenfalls von den »außerordentlich hohen Kosten des Zeitungsvertriebs«.
Es besteht offensichtlich ein Zusammenhang zwischen diesen hohen Vertriebskosten der französischen Presse und den vergleichsweise ebenfalls hohen staatlichen Subventionen für die Presse (für rd. 10000 von insgesamt 15000 Publikationen); *Durieux* gibt für 1978 die staatliche Direkthilfe mit 299808000,– fFr. und die indirekte Unterstützung (Einnahmeverluste für den Staat) mit 245000000,– fFr. an (Forum Europarat, hrsgg. v. der Presse- und Informationsabteilung des Europarats, Straßburg, 1–2/1978, S. 36 f.).
Durieux erwartet, daß das Recht auf *Kommunikation,* das mehr sei als Informations- und Meinungsäußerungsfreiheit, zu den großen Errungenschaften des ausgehenden 20. Jahrhunderts gehören werde. Ein *optimaler Vertrieb* ist dazu, gerade im Hinblick auf vorstehende Zahlen, eine unabdingbare Voraussetzung.
37 Emile *Berthon,* aaO., S. 34.
38 Es gibt aber für den Export von Zeitungen nach Frankreich neben dem Monopolisten N.M.P.P. keine Alternative, ausgenommen im Elsaß, wo eine direkte Zusammenarbeit der ausländischen Exporteure mit einer zur Hachette-Gruppe gehörenden Vertriebsfirma stattfindet. Deren Konditionen werden als normal angesehen und der Geschäftsverkehr wird (anders als mit N.M.P.P. in Paris) als reibungslos beschrieben.
Die Geschäftspraktiken des Londoner ZZ-Importeurs Hachette/C.P.D. wurden vor seiner Liquidation wegen großer Fehlbeträge als besonders unelastisch, doktrinär und wenig entgegenkommend bezeichnet (1970).
Der Export der französischen Presse durch Hachette hat zur Gründung von Tochtergesellschaften

Bemerkenswert ist in diesem Zusammenhang das im Jahre 1978 vom Bundeskartellamt zum Stillstand gebrachte Vorhaben von Hachette, einen Anteil ihrer Tochter W.E. Saarbach GmbH an die Bertelsmann-Tochter Gruner + Jahr AG zu verkaufen. Hachette beabsichtigte damit, über eine Kooperation im Bereich des deutschen ZZ-Imports (Gruner + Jahr ist 100%ige Mutter des Hamburger Presse-Importeurs IPV) Zutritt zu dem Inlandsvertriebsnetz von Bertelsmann zu erlangen; Bertelsmann seinerseits erhoffte sich mit diesem Schritt Zugang zu dem internationalen Vertriebsnetz von Hachette. Das BKartA hat Bertelsmann mitgeteilt, daß es den Erwerb einer Minderheitsbeteiligung an der W.E. Saarbach GmbH untersagen werde, weil dadurch eine überragende Marktstellung der beiden Unternehmen auf den relevanten Märkten spürbar verstärkt würde[39]. Bertelsmann hat daraufhin sein Vorhaben aufgegeben. Die instrumentale Bedeutung des GWB für die Aufrechterhaltung einer ausgewogenen Struktur des Presse-Großhandels ist damit deutlich erwiesen.

b) *Großbritannien*

Nahezu alle Objekte gelangen über 380 Grossisten an mehr als 33000 Einzelhandelsgeschäfte. Postabonnements haben bei den Massenobjekten nur einen Anteil von ca. 5 %.

Drei bedeutende Pressegroßhandelsunternehmen – W.H. Smith, John Menzies und Surridge Dawson – verfügen zusammen über einen Marktanteil von 62 %[39a]. Nach Feststellung der staatlichen Monopolkommission bilden sie deshalb ein Monopol. Dieses ist aber »nicht gegen das öfffentliche Interesse gerichtet«. Die Kommission stellte fest, daß die Tätigkeit dieser Unternehmen sogar im öffentlichen Interesse liege. Denn könne jedermann nach eigenem Gutdünken Presseerzeugnisse anbieten und verkaufen, so würde der Berufshandel schwer getroffen und das Überleben vieler Publikationen wäre gefährdet. Die Kommission billigte sogar die zwischen den Großhändlern getroffenen »Rationalisierungsabmachungen«, in denen die *Marktgebiete aufgeteilt* worden waren.

In Großbritannien gibt es noch nicht einmal die Hälfte von Einzelhandlungen pro Kopf der Bevölkerung verglichen mit der Bundesrepublik. Das Bild ändert sich jedoch, wenn man eine britische Besonderheit, die home delivery, in Betracht zieht. Sie besteht darin, daß die meisten Verkaufsstellen an sieben Tagen in der Woche einen Hauszustellungsdienst in ihrer Nachbarschaft be-

in Europa und in Übersee geführt, die sich nicht auf den Vertrieb der französischen Presse beschränken, sondern (wie die W.E. Saarbach GmbH in Köln) das Importgeschäft auch anderer Auslandspresse weitgehend beherrschen.

39 Blick durch die Wirtschaft vom 5. April 1978, S. 1.

39a ZV + ZV Nr. 37/78.

treiben. Die Kunden bezahlen in der Regel wöchentlich an der Verkaufsstelle. Auffällig ist, daß ein *Remissionsrecht* fehlt[40]. Es wird, wie das Zugeständnis variabler Bezüge, nur ausnahmsweise gewährt, namentlich bei der Einführung neuer Titel.
Im Vergleich mit anderen europäischen Vertriebssystemen erscheint das Fehlen des Remissionsrechts als Anzeichen geringerer Flexibilität. Es scheint sich beispielsweise auszuwirken in dem Versuch, die stark gesunkene Zahl von Angebotsstellen in den Verkehrsstraßen mit einem Presseangebot in Supermärkten zu kompensieren. Hier wirkt sich außerdem aus, daß das *Dispositionsrecht* anders als in der Bundesrepublik nicht beim Grossisten sondern beim EH liegt; von den Supermärkten kann eine angemessene Disposition der Einzelverkäufe nicht erwartet werden; der Facheinzelhändler ist dazu unter den besonderen britischen Bedingungen eher imstande; namentlich wegen der sich in der home delivery äußernden weitaus größeren Stabilität im ZZ-Verkauf, als wir ihr irgendwo sonst auf dem Kontinent begegnen.
Man wird in diesen Besonderheiten des Vertriebs auch eine indirekte Auswirkung des Umstandes sehen müssen, daß die ZZ-Verlage wegen eines im Vergleich zu deutschen Verlagen geringeren Anzeigenaufkommens (eine Folge des sehr weit verbreiteten kommerziellen Fernsehens) anders zu kalkulieren gewohnt sind – von weiteren britischen Besonderheiten ganz zu schweigen.

c) USA

Die dominierende Position der amerikanischen Presse auf dem kanadischen Markt hat zu einer so weit integrierten Vertriebsstruktur geführt, daß sie als Ganzes dargestellt zu werden pflegt. Kennzeichnend ist, daß in die Grosso-Funktion europäischen Verständnisses sich zwei Handelsstufen teilen: *Grosso-Betriebe,* deren Zahl für USA und Kanada mit 400–450 angegeben wird, und (zwischen diesen und den Verlagen) »*National Distributors*« (N.D.), deren Zahl für beide Länder mit 10–12 angegeben wird[41].

40 Es wurde zu Beginn des Krieges abgeschafft. Als Grund wird berichtet, die Regierung habe verlangt, Papier zu sparen.

41 Vom Verband Deutscher Buch-, Zeitungs- und Zeitschriften-Grossisten nach Kontakten mit dem amerikanischen Grossisten-Verband zur Verfügung gestellte Daten auf dem Stand von April 1978. Danach ist die Zahl von Grosso-Betrieben im amerikanischen Raum nach dem Zweiten Weltkrieg – wie in der Bundesrepublik Deutschland – erheblich zurückgegangen. 1948 existierten in den USA ca. 1 000 Betriebe im Presse-Großhandel. Im Jahre 1971 wurde die Zahl nordamerikanischer und kanadischer Grosso-Betriebe noch mit ca. 570, und diejenige der N.D. mit 15–18 angegeben, vgl. Eberhard *Nolte,* Amerikanische Vertriebsuhren gehen anders, dnv 1971, S. 534; Manfred *Keppel,* Unsere Studienreise in die USA, dnv 1971, S. 831.

Lediglich eine Zeitschrift wird vom Verlag unter Ausschluß der N. D. direkt an die Grosso-Betriebe ausgeliefert. Die Zahl der Eigentümer-Familien von Grosso-Betrieben beläuft sich derzeit, mit rückläufiger Tendenz, auf 302; in der Regel besitzt eine Eigentümer-Familie nur einen Grosso-Betrieb, es existieren jedoch auch zwei Eigentümer-Familien, von denen die eine ca. 20, die andere 10 Grosso-Betriebe führt. Insgesamt ist die Zahl kleiner Unternehmen allerdings signifikant größer als in der Bundesrepublik Deutschland[42].

Im Jahre 1977 haben mehrere größere Konkurse von Grosso-Unternehmen zum Rückgang der Gesamtzahl beigetragen. Die N.D.-Vertriebsgesellschaften sind bis auf eine Ausnahme verlagsabhängig[43].

Von dem einzigen freien N.D. werden hauptsächlich kleine und mittlere Objekte vertrieben.

Abgesehen von dem im amerikanischen Raum traditionell starken Abonnementvertrieb verfügen die Verlage in der Regel über keinen eigenen Vertriebsapparat; bei dem N.D. liegt darum die Auflagendisposition, die Disposition der Grosso-Bezüge, die Verkaufssteuerung beim Einzelhandel, allgemeine Sortimentspflege usw. Die Grossisten haben eine reine Verteilerfunktion; die darüber hinausgehenden Aufgaben der Grossisten in Europa sind Sache der N.D.[44].

Alleinvertriebs-Verträge zwischen Verlagen und Presse-Großhandel sind in Amerika bislang an den dort bestehenden kartellrechtlichen Hindernissen gescheitert. Derzeit gibt es allerdings Anzeichen dafür, daß in anderen Wirtschaftsbereichen, z.B. Coca-Cola und anderen großen Markenartikel-Herstellern, die Vergabe von Alleinvertriebsrechten in geographisch abgegrenzten Vertriebsgebieten genehmigt werden wird. Verlage und N.D., die an einer Straffung und Rationalisierung des Vertriebs durch Alleinvertriebsrechte sehr interessiert sind, würden sich einem solchen Trend sofort anschließen. Ohnehin wird von Branchenmitgliedern der z.B. in New Orleans bestehende Wettbewerb im Presse-Großhandel als Ursache von Konkursfällen angesehen[45].

42 Angaben des amerikanischen Grossisten-Verbandes. Das US-amerikanische Fusionskontrollgesetz macht es den amerikanischen Presse-Großhändlern in den meisten Fällen unmöglich, weitere Grosso-Betriebe zu kaufen oder Beteiligungen zu übernehmen.

43 An dem N.D. »Select Magazines«, New York, z. B. sind die Verlage Reader's Digest, Mc Call, Marydid, New York Times und Golf Digest zu je 20 % beteiligt. Außer ihren eigenen Objekten werden auch noch Fremdobjekte betreut.

44 Ob es mit diesem funktionellen Primat der N.D. in Zusammenhang zu bringen ist, daß deren Einfluß auf die Grosso-Unternehmen als sehr hoch bezeichnet wird, entzieht sich einer Prüfung an dieser Stelle. Jedenfalls sind einige amerikanische Grossisten nach Berichten des Verbandes Deutscher Buch-, Zeitungs- und Zeitschriften-Grossisten der Auffassung, Grosso-Unternehmen in schwierigen finanziellen Verhältnissen wären auch bereit, den N.D. Bilanzen und Einkommensteuererklärung offenzulegen.

45 So wurde dem Verband Deutscher Buch-, Zeitungs- und Zeitschriften-Grossisten berichtet.

Über den *Einzelhandel* liegen keine Strukturdaten vor, die auch nur entfernt vergleichbar wären mit den durch die deutsche EHASTRA periodisch ermittelten Sachverhalten. Ihre Zahl wird heute auf 160–180000 gegenüber 120–135000 im Jahre 1971 geschätzt. Darunter dominieren die Supermärkte: ca. 35000 setzten 1971 etwa 80 % der Einzelverkaufsauflagen ab. Diese starke Position wird von ihnen ausgespielt. »Die meisten großen Ketten führen ... Listen, welche Objekte sie verkaufen wollen und welche nicht«[46].
Bemühungen um Erweiterung des Sortiments stießen hier wiederholt auf Skepsis[47].
Auch auf der Zwischenhandelsstufe versteht sich die Einführung und Pflege neuer Objekte keineswegs von selbst. Der N.D. entscheidet frei darüber, ob er ein Objekt aufnimmt oder nicht. Waren Ablehnungen jedenfalls in der Vergangenheit häufig vor allem dann, wenn gleichartige Objekte bereits geführt wurden[48], so wird heute gern betont, kleinauflagige Titel würden über das System der N.D. gefördert, welche neue Titel vorfinanzierten und an einer guten Einführung besonders interessiert seien. Die Zahl der neuen Titel erscheint manchem horrend: Sie wird mit 1500 – 2000 jährlich angegeben, allein im Monat Januar 1978 kamen 137 neue Titel auf den Markt[49].
Entsprechend dem größeren Presse-Angebot ist die Zahl der vertriebenen Titel höher als in der Bundesrepublik Deutschland; bei der Bewertung dieses Faktums darf selbstverständlich nicht übersehen werden, daß die Quantität des amerikanisch-kanadischen Presseangebots in Zusammenhang steht nicht nur mit der geographischen Dimension dieses Kontinents und der sich daraus ergebenden Vielzahl regional orientierter Pressemärkte, sondern auch mit Faktoren wie der größeren Zahl verschiedener ethnischer Gruppen und der bei der Gesamtbevölkerungszahl eher bestehenden Möglichkeit, auch für anteilmäßig kleinere Zielgruppen rentable Zielgruppenobjekte herauszugeben[50].
Ein Großteil der »Titelflut« geht im übrigen auf das Konto der überaus zahlreich erscheinenden Sonderhefte. Ein durchschnittlich großer Betrieb in Florida z.B. führt ca. 2000 Titel, davon maximal 20 fremdsprachige[51].
Von allen Grossisten werden Zeitschriften, Taschenbücher, Comics und comicähnliche Objekte geführt. Tageszeitungen (insbesondere Sonntagszeitungen)

46 M. *Keppel,* aaO., S. 134.
47 E. *Nolte,* aaO., S. 586.
48 M. *Keppel,* aaO., S. 834.
49 S. oben Fn. 45.
50 Welche Größenordnungen Auflagen im amerikanischen Raum dank der Bevölkerungszahlen zu erreichen vermögen, zeigt das Beispiel des Programm-Magazins TV-Guide mit einer wöchentlichen Auflage von inzwischen 28 Mio. (Stand April 1978).
51 Die Zahl der von einem N.D. durchschnittlich betreuten Titel hat in den letzten Jahren offenbar stark zugenommen, im Jahre 1971 wurde sie noch mit 40–160 angegeben, vgl. M. *Keppel,* aaO., S. 834.

betreuen nur einige; dies ist u.a. eine Folge davon, daß eine gemeinsame Zustellung von Zeitungen und Zeitschriften – in der Bundesrepublik Deutschland üblich – wegen der unterschiedlichen Andruckzeiten und der großen Entfernungen, sowie der damit verbundenen Zeitverschiebung zwischen Ost und West meist nicht möglich ist. Taschenbücher werden in der Remission regelmäßig wie Zeitschriften bearbeitet. Andere Produkte werden im Gegensatz zur Bundesrepublik Deutschland nicht im Sortiment gehalten.

Eine in der Praxis lückenlose Preisbindung für alle Presseerzeugnisse existiert auf dem amerikanischen Kontinent nicht. Die Preise der meisten Magazine sind gebunden; die dem Handel gewährten Rabatte sind den deutschen vergleichbar. Bei Zeitungen jedoch erfolgt eine Preisbindung regelmäßig nur für das eigentliche, typische Verbreitungsgebiet des Objektes, z. B. bei New Yorker Zeitungen für den District New York. In diesen Gebieten entsprechen die dem Handel gewährten Rabattsätze ebenfalls in etwa den deutschen. Außerhalb dieser Gebiete nimmt der Handel Preisaufschläge vor, die von den Flugtransportkosten abhängen. Auf diese Weise besitzt der Pressehandel bei Zeitungen die Möglichkeit, besonders gewichtige Kostenfaktoren jedenfalls teilweise abzuwälzen. New Yorker Zeitungen kosten z. B. in Florida in der Regel das Doppelte wie in New York.

Der Einsatz von EDV in den Großhandels-Unternehmen hat sich in den letzten Jahren stark entwickelt, heute arbeiten ca. 80 % der Grossisten damit[52].

Das Verfahren der Körperlosen Remission (KR) wird derzeit etwa von der guten Hälfte der Grossisten genutzt.

Die *Remission* liegt wertbezogen durchschnittlich bei 40 %, daneben sind allerdings auch Objekte mit signifikant niedrigerer Remission auf dem Markt, wie die Frauenzeitschrift »Cosmopolitan« mit einer derzeitigen durchschnittlichen Remission von ca. 5–7 %, was häufig zu Lieferbeschränkungen des Verlages führt[53]. Überhaupt werden die großauflagigen Objekte generell knapp disponiert, mit kleinen und mittleren Titeln wird der Großhandel in der Regel überbeliefert.

Die amerikanischen und kanadischen Grossisten sind mit Hilfe ihrer in den allermeisten Fällen über EDV ablaufenden Remissionserfassungstechnik nach einem gewissen Zeitraum in der Lage, die Verkaufsdaten aller von ihnen geführten Titel nach Einzelhändler, Bezug, Remission etc. darzustellen. Die

52 S. oben Fn. 45; im Jahre 1971 verfügten nur etwa 10 % der Grosso-Betriebe über EDV, vgl. M. *Keppel*, aaO., S. 831; im Gegensatz zum deutschen Presse-Grosso arbeiten die amerikanischen Grossisten im Bereich der Software stark mit Servicebüros zusammen. Eigene Programme oder Programme von lokalen Servicebüros werden von rund einem Drittel der Unternehmen eingesetzt, die übrigen bedienen sich überlokaler Servicebüros.

53 Der Verlag Cosmopolitan ist jedoch nicht bereit, die Auflage unter Aufrechterhaltung des Remissionsrechts des Großhandels zu erhöhen.

Speicherung der entsprechenden Daten erfolgt bei Wochenobjekten über sieben Wochen und bei Monatsobjekten über sieben Monate. Die Verkaufsdaten stehen jedoch nur für relativ wenige Objekte ausreichend schnell zur Verfügung, und dies auch nur aufgrund eines bei diesen Objekten durchgeführten speziellen Verfahrens. Dabei werden die Remittenden einer ausgewählten Händlergruppe noch am Tage ihrer Einholung bearbeitet, hochgerechnet und dem Verlag gemeldet. Abgesehen von den Fehlermargen, die das Hochrechnungsverfahren beinhaltet, ist die Genauigkeit dieser Remissionsdaten auch deshalb geringer als in der Bundesrepublik Deutschland, weil in bestimmten Gebieten der Einzelhandel häufig erst verspätet remittiert. In der Regel liegen die Effektiv-Remissionszahlen bei Wochenobjekten erst nach 60 Tagen, bei Monatsobjekten erst nach 90 Tagen vor. So spät verfügbare Remissionsergebnisse können natürlich nicht zu einer kurzfristigen, direkten Auflagensteuerung dienen, wie sie der Pressemarkt erfordert. Dazu und zur Festsetzung der Grosso-Bezüge werden Verkaufstests durchgeführt[54].
Imposant ist das Umsatzvolumen: Täglich werden 63 Mio. Zeitungen und Zeitschriften ausgeliefert. 80000 Fahrzeuge sind dazu Tag für Tag unterwegs. Dies darf indes nicht übersehen lassen, daß die Auslieferungsleistung in einem wesentlichen Punkt hinter derjenigen des deutschen Presse-Grosso zurückbleibt. Während in der Bundesrepublik Deutschland der Einzelhandel regelmäßig täglich beliefert wird, liefert der amerikanische und kanadische Grossist meist nur zweimal wöchentlich aus. Die insbesondere bei kurzperiodisch erscheinenden Objekten wichtige Möglichkeit von Nachbezügen des Handels ist damit im amerikanischen Raum weniger gegeben, eventuell bestehende Verkaufschancen können nach Ausverkäufen u.U. nicht mehr wahrgenommen werden, insofern bleibt die Befriedigung des Informations- und Unterhaltungsbedürfnisses der Bevölkerung hinter dem deutschen Standard zurück.
Die amerikanische Großhandelsszene ist allerdings vor dem Hintergrund des dort immer noch wichtigeren Abonnements zu sehen. 80 % der New York Times wird im Abonnement abgesetzt. Auch die großen regionalen Blätter haben ihr Schwergewicht im Abonnement. Das gilt auch für die meisten führenden Zeitschriften. Es ist nicht vorauszusehen, daß der zunehmende Kostendruck, vor allem infolge Erhöhung der Postgebühren, daran etwas ändern wird.

d) Ergebnisse

Die kennzeichnenden Merkmale der drei ausländischen Systeme sind im Vergleich mit dem deutschen Presse-Grosso an sich hinreichend aussagekräftig;

54 M. *Keppel,* aaO., S. 834.

nichtsdestoweniger seien hier noch einige Ergebnisse des Vergleichs zusammengefaßt:
Auffallend sind die historischen Bedingtheiten und die Schwierigkeiten, überkommene Strukturen zu ändern. Dieses war die Absicht des *französischen* Gesetzgebers, aber der Systembruch zwischen dem Vertrieb der Pariser Presse durch N.M.P.P. und der ihren Vertrieb selbst organisierenden regionalen Presse steht in Frankreich einem einheitlichen, für alle Objekte in allen Richtungen gleichermaßen zugänglichen Verteilungsapparat (wie ihn das deutsche Presse-Grosso durchgängig und gleichartig anbietet) entgegen. Der von der Pariser Presse beschrittene Weg des knapp mehrheitlich von Verlagskooperativen gehaltenen gewerblichen Unternehmens N.M.P.P. hat nicht zu verhindern vermocht, daß der Vertrieb ähnlich wie früher von dem an N.M.P.P. beteiligten Medien-Mammut *Hachette* beherrscht wird. Vergleichsweise sehr hohe Remissionsquoten und Vertriebskosten sind die Folge davon, daß es an einer aktuellen und präzisen Bedarfsberechnung fehlt, wofür die träge Remissionseinholung eine der Ursachen ist.
In *Großbritannien* wird ein großer Teil der *konstanten* Informations- und Unterhaltungsbedürfnisse der Bevölkerung durch die home delivery befriedigt. Die vergleichsweise geringe Dichte von Einzelhandelsstellen hat jedoch zur Folge, daß neue Titel auf dem Markt nur relativ schwer bekanntwerden können. Die zum Vergleich einladende Präsenz des gesamten Presse-Angebots vor den Augen des Presse-Publikums ist vergleichsweise geringer und infolgedessen der Meinungs- und Informationsmarkt entsprechend weniger offen. Das erklärt sich auch aus dem Fehlen eines Remissionsrechts, wie wir es kennen, woraus wiederum folgt, daß es den Verlagen an Verkaufs- und Auflagensteuerungsdaten vergleichbarer Aktualität und Verläßlichkeit fehlt.
Mit dem Vertrieb eines so hoch technisierten und marketingerfahrenen Landes wie USA braucht das deutsche Presse-Grosso einen Vergleich nicht zu scheuen. Hier liegen die Remissionsdaten wesentlich schneller vor als in USA. Dort ist eine unmittelbar an den Markt gekoppelte Auflagensteuerung der Verlage daher nur in sehr viel beschränkterem Maße möglich.
Ausländische Erfahrungen können gelegentlich erhobene Forderungen nach einer prinzipiellen Änderung oder Beseitigung des bestehenden deutschen Grosso-Systems nicht stützen. Das Ergebnis empirischer Befundnahmen dieser Art steht solchen Postulaten vielmehr entgegen.

III. Die sich aus Geschichte und Systemvergleich ergebenden Folgerungen

1. *Merkmale einer optimalen Erfüllung der Grosso-Funktion*

a) *Schnelligkeit*

»Nichts ist älter als die Zeitung von gestern, lautet ein alter Spruch der Zeitungsleute. Zeitungen leben davon, daß sie neu sind«[1]; »l'impérativ de rapidité« beherrscht nicht nur die Produktion, sondern auch den Vertrieb der Zeitungen[2].
Das Bundesverfassungsgericht mißt dem Zeitpunkt des Zugangs einer in der Presse veröffentlichten Nachricht eine so große Bedeutung bei, daß nicht nur die endgültige Vorenthaltung einer Information, sondern auch deren behördlich verursachte Verzögerung einen Eingriff in die Informationsfreiheit (Art. 5 Abs. 1 Satz 1 GG) darstellen kann[3].
Schnelligkeit ist auch ein Postulat für die *Remission*. Das gilt weniger für den wirtschaftlichen Wert der zurückfließenden Ware (Verkauf von Taschenbüchern, Trivialliteratur etc. an anderer Stelle oder der Remittenden als Altpapier) als vielmehr für den *Informationswert*, den sie für die Steuerung der Auflage und für die Ausübung des Dispositionsrechts der Grossisten hat.

b) *Vollsortiment*

Aus Pressefreiheit und Pressevielfalt läßt sich das Postulat eines möglichst breiten Angebots ableiten. Das schließt unter den Verhältnissen der Bundesrepublik ein, daß die Vertriebswege auch offen sind für Objekte die nicht (oder noch nicht) eine Rendite abwerfen. Würden diese nicht auch ausgeliefert, dann würde das Sortiment auf weniger als die Hälfte der heute angebotenen Titel schrumpfen.

1 Walter *Matuschke*, Führend in Deutschland, anerkannt in der Welt, in: Hundert Jahre Ullstein 1877–1977, Bd. 3, 1977, S. 11.
2 Emile *Berthon*, a.a.O., S. 30.
3 BVerfGE 27, 88 (99).

Das Postulat, für sich genommen nicht rentable Objekte »auf der Schleppe« der hochauflagigen Titel mitzunehmen, läßt sich *wirtschaftlich* nicht begründen. Unter ausschließlich betriebswirtschaftlichen Gesichtspunkten ist es in vielen Fällen ein Fehler. Das amerikanische Beispiel – die völlige Freiheit der National Distributors, ein Objekt zu vertreiben oder auch nicht zu vertreiben – lehrt, daß selbst eine so strenge Auffassung der Pressefreiheit, wie sie in der amerikanischen Rechtsprechung und Behördenpraxis Tradition ist, keineswegs ausreicht, um neuen oder kleinen Objekten den Weg auf den Markt zu öffnen.

c) *Vielfalt der Objekte*

Der Zutritt zum Markt läßt sich nur wettbewerbsrechtlich erzwingen. Das hat natürlich zur Voraussetzung, daß ein Sachverhalt besteht, der die Anwendung des Wettbewerbsrechts zuläßt. Sie ist allein in den Fällen tatsächlicher *Wettbewerbsbeschränkung* gegeben. Diese erweist sich darum als die Voraussetzung für die rechtliche Durchsetzung des Marktzutritts solcher Objekte, denen eine Marktchance nicht von vornherein abgesprochen werden kann.
Damit ist auch die Grenze der aus der Wettbewerbsbeschränkung resultierenden Verpflichtung des Presse-Großhandels umschrieben: Sie verpflichtet ihn nicht, sich mit Objekten ohne Marktchancen zu ruinieren oder voraussehbare Einbußen in Kauf zu nehmen.

d) *Neutralität*

Das gegenüber den verschiedensten Objekten ganz neutrale Grosso ist eine unverzichtbare Voraussetzung für die Verwirklichung der Pressefreiheit und -vielfalt. Diese Neutralität gewährleistet allein, daß Publikationen auch extremen Inhalts und relativ kleiner Auflage ihre Leser erreichen. Nur das Gesetz kann dieser Funktion (z.B. aus Gründen des Jugendschutzes) Grenzen setzen. Die verfassungsrechtliche Bedeutung dieser Neutralität hat das Bundesverfassungsgericht in einem den deutschen Zeitungs- und Zeitschriftenhandel betreffenden Fall – Blinkfüer – nachdrücklich hervorgehoben[4].
Nur wenn der Träger der Grosso-Funktion in den Grenzen der Gesetze alle Titel anbietet, ohne sich von subjektiven politischen oder ethischen Motiven bestimmen zu lassen, ist »das für die Meinungsbildung unentbehrliche und für die freiheitlich-demokratische Grundordnung schlechthin konstituierende

4 BVerfGE 25, 256 ff.

Grundrecht der Informationsfreiheit«[5] gewährleistet und kann die Kaufentscheidung der Leser – jenes »plébiscite de tous les jours«[6] – ihre Auswahl- und Marktsteuerungsfunktion tatsächlich erfüllen; nur dann ist der Pressemarkt tatsächlich frei von Einflüssen, die die Nachfrage der Leser als den wesentlichsten Marktfaktor im Bereich der Presse verfälschen können.

e) *Disposition*

Dem Großhandel sind immer schon in seiner Stellung zwischen vorgelagerten und nachgelagerten Wirtschaftsstufen Aufgabe und Möglichkeit eines Mittlers zwischen Angebot und Bedarf zugeschrieben worden; er vermag sich einen besseren Überblick über die Marktverhältnisse zu verschaffen als die eine oder die andere Seite. Er vermag vor allem Daten und Erkenntnisse für die betriebswirtschaftliche Steuerung seiner Partner im Markt anzubieten, die jenen zu beschaffen nicht oder nur mit größerem Aufwand möglich ist.
Für den Bereich der Presse ist diese Funktion des Großhandels nicht zu ersetzen. Die Geschwindigkeit des Umsatzes und der gestiegene Warenwert der in die Produktion eingehenden Stoffe (namentlich Papier) haben die Grosso-Funktion stark aufgewertet. Zur schnellen Anpassung der Auflage an veränderte Marktbedingungen (Nachfrage, saisonale Schwerpunkte in Feriengebieten etc.) sind die durch das Grosso erhobenen Daten durch nichts zu ersetzen. Ihm obliegen Aufgaben dieser Art gegenüber dem Einzelhandel (Dispositionsrecht) und gegenüber der Produktionsstufe (Übermittlung von Daten über den Verkauf, die Remission, die EH-Struktur etc.).
Rationalität, Effizienz und sparsame Mittelverwendung sind in der ganzen Branche davon abhängig.

2. *Modelle des Presse-Großvertriebs*

Geschichte und Systemvergleich liefern Bausteine für Modelle, die analytisch und empirisch auf ihre Leistungsfähigkeit geprüft und daraufhin miteinander verglichen werden können. So wenig hier eine entsprechende umfassende Darstellung ausländischer Vertriebssysteme unternommen werden kann – sie müßte namentlich auch die Vertriebswege in den sozialistischen Staaten einbe-

5 BVerfGE 27, 88 (98)
6 J. H. *Kaiser,* Presseplanung, Planungsstudien 1, Frankfurt 1972, S. 61.

ziehen – so deutlich können doch einige kennzeichnende Modelle konzipiert werden:

a) Der Vertrieb kann *staatlich* sein. Dieses Modell ist unvereinbar mit dem in Art. 5 GG gewährleisteten Grundrecht und Institut einer staatsfreien Presse.

b) Ein privatwirtschaftlicher Presse-Großhandel kann *staatlich beaufsichtigt* sein. Eine solche Aufsicht könnte nach Art der Bankenaufsicht[7] oder der Versicherungsaufsicht[8] ausgestaltet sein, wobei anzumerken ist, daß die deutsche Bankenaufsicht wesentliche ständische Elemente enthält.

c) Grosso-Unternehmen können sich auch einer gewissen, durch ihren *Unternehmensverband* ausgeübten, im Rahmen des Verbandes durch Vereinbarung etablierten Aufsicht unterwerfen, die in jedem Fall wettbewerbsrechtlich problematisch ist. Als Grundlage dafür bieten sich die nach § 28 GWB bei der Kartellbehörde anzumeldenden *Wettbewerbsregeln* an.
Verbandsinterne Vereinbarungen, die sowohl die Normierung von Pflichten wie auch von Selbstbeschränkungen enthalten können, sind auch schon von zuständigen Ministerien angeregt worden und werden von diesen auf ihre Effizienz hin beobachtet[9].

d) Der Vertrieb kann durch die *Verlage* selbst, durch zentrale genossenschaftliche Einrichtungen oder durch verlagsabhängige Grosso-Unternehmen durchgeführt werden.

e) Der Vertrieb kann, wie in der Bundesrepublik, durch selbständige Unternehmen geleistet werden, die hier mittelständischen Zuschnitt haben[10].
Grossisten können, wie es in der Bundesrepublik die Regel ist, als *Alleingrossisten* in einem bestimmten Vertriebsgebiet, als Grossisten mit Objekttrennung (Berlin, Hamburg, Saarbrücken, Dortmund und Darmstadt; dazu unten A IV, 2 und D III, 2) oder als *Wettbewerbsgrossisten* mit Kundentrennung (in der Bundesrepublik unüblich) tätig sein.

7 Gesetz über das Kreditwesen, i.d.F. vom 3.5.1978 (BGBl I, S. 1121).

8 Gesetz über die Beaufsichtigung der privaten Versicherungsunternehmen, vom 6. Juni 1931 (RGBl I, S. 315), zuletzt geändert 20.12.1974 (BGBl I, S. 2693).

9 Hervorragende Beispiele dafür sind die freiwilligen Vereinbarungen der Cigarettenindustrie, durch die sich diese Selbstbeschränkungen in der Werbung unterworfen hat. Das Bundesgesundheitsministerium beobachtet die Befolgung dieser verbandsinternen Vereinbarungen, wirkt gegebenenfalls auf deren strikte Einhaltung hin und würde bei Verstößen die Schiedsgerichtsbarkeit des Verbandes wirksam werden lassen (Staatssekretär *Wolters* am 24.11.77 im Deutschen Bundestag, Plenarprotokoll 8/58).

10 S. o. I, 1 mit den dort genannten, für den Charakter des Systems nicht ins Gewicht fallenden Ausnahmen.

3. *Das Presse-Grosso in der Bundesrepublik unter dem Gesichtspunkt der Voraussetzungen einer optimalen Funktionserfüllung*

a) *Normative Faktoren*

Der deutsche Grossist hat eine *Alleinstellung* in seinem Vertriebsgebiet. Es ist allein dieser Sachverhalt, der ihn zum Adressaten der einschlägigen *wettbewerbsrechtlichen* Normen macht: das strenge Diskriminierungsverbot des § 26 Abs. 2 GWB bindet den Grossisten und gewährleistet dadurch auf der Produktionsstufe den freien Zutritt zum Markt zugunsten neuer Verlage und neuer Objekte sowie auf der Einzelhandelsstufe ebenfalls optimale Markteintrittsbedingungen und damit auch die elastische Anpassung an demographische Veränderungen sowie saisonale Verlagerungen (z. B. schrumpfende bzw. steigende Bedarfsdichte während der Urlaubszeit). Landes- und Bundeskartellbehörden haben Aufsichts- und Untersagungsbefugnisse, wenn Grossisten ihre Marktstellung mißbrauchen (§ 22 GWB). Hier ist sowohl eine bundeseinheitliche wie auch eine dezentralisierte Aufsicht wirksam, die nicht nur praktisch effizient sondern auch stilbildend das Marktverhalten der Grossisten geprägt haben.

Die *Berufsauffassung* des Presse-Großhandels hat sich deutlich von einer vornehmlich betriebswirtschaftlich bezogenen zu einer durch die Verantwortung für *optimale Funktionserfüllung* geprägten Orientierung gewandelt. Kartellbehörden, Verlage, Medienpolitiker, Verfassungsjuristen und der in dem Berufsverband gepflegte Gemeinsinn haben die Entwicklung dieses Unternehmenstyps eigener Art gefördert. Dessen tatsächliches Verhalten im Markt läuft gegenüber den Verlagen fast auf die Anerkennung eines Kontrahierungszwangs hinaus und gegenüber dem Einzelhandel auf die Belieferung einer flächendeckenden und insgesamt außerordentlich dichten EH-Struktur.

Die Mitglieder des Grosso-Verbandes haben sich 1976 durch Beschluß »die neutrale Verteilungs- und Versorgungsfunktion des Großhandels mit Presseerzeugnissen« und ebenso auch die Aufrechterhaltung eines jeweils auf der Höhe der technischen Entwicklung stehenden und ökonomisch rationalen Vertriebs zur Pflicht gemacht:

»Die Pressevielfalt im Einzelhandel gäbe es nicht ohne die neutrale, gemeinwirtschaftliche Verteilungs- und Versorgungsfunktion des Großhandels mit Presseerzeugnissen.

In Übereinstimmung mit seiner Satzung vom 23. September 1971 bekräftigt das Presse-Grosso seine aus Buchstaben und Geist des Art. 5 GG und seinem Berufsethos entspringende Verpflichtung, durch einen jeweils auf der Höhe der

technischen Entwicklung stehenden und ökonomisch rationalen Vertrieb, Pressefreiheit und Pressevielfalt jederzeit und überall zu gewährleisten. Das Presse-Grosso hält dadurch den Zutritt zum Markt offen für alle Verlage ohne Rücksicht auf deren jeweilige stärkere oder schwächere Stellung im Markt, namentlich auch für Newcomer, und schafft damit unabdingbare Voraussetzungen für Wettbewerb auf der Verlagsseite.
Die Mitgliederversammlung beauftragt den Vorstand, eine die Mitglieder bindende Erklärung vorzubereiten, die eine stets wirksame Durchsetzung dieser Ziele sicherstellt und Verstöße ausschließt.«
Durch diesen Beschluß wurde der vom Presse-Grosso bereits vorher im Bewußtsein der Branchenmitglieder verankerte und praktizierte Grundsatz der Neutralität aktualisiert und erneut deklariert. Olaf *Triebenstein* konnte in seinem Gutachten schon 1969 auf entsprechende Stellungnahmen des Grosso-Verbandes verweisen (S. 50). Schon vor jenem Beschluß hat das Presse-Grosso den Grundsatz der Neutralität sich selbst und seinen Geschäftspartnern auf der vor- und nachgelagerten Wirtschaftsstufe, Verlegern und Einzelhändlern, wann immer dazu Anlaß bestand, in Erinnerung gerufen und sein Verhalten danach bestimmt.
Für den gesamten Pressebereich ist die Entwicklung und Konkretisierung einer normativen Berufsauffassung von überragender Bedeutung. Die für Verleger und Redakteure vom Deutschen Presserat erarbeiteten Publizistischen Grundsätze (Pressekodex) und die vom Deutschen Presserat empfohlenen Richtlinien für die redaktionelle Arbeit sind dafür Beispiele[11].
Der Deutsche Presserat als ein Organ der freiwilligen Selbstkontrolle der Presse und seine Aktivitäten[12] lassen die Bedeutung einer Grundsätze erarbeitenden und im Einzelfall anwendenden Instanz, deren Mitglieder von den Berufsverbänden benannt werden, erkennen.
Die mittelständischen Grosso-Unternehmen, Alleinauslieferer in ihrem Gebiet, setzen ähnlich einen Standard, dem sich auch die verlagsabhängigen Grosso-Unternehmen anpassen.

11 Deutscher Presserat, Jahrbuch 1978, S. 67.

12 Zehn Mitglieder des Presserates und ein unabhängiger Vorsitzender bilden den Beschwerdeausschuß, dessen Wirksamkeit durch das Gesetz zur Gewährleistung der Unabhängigkeit des vom Deutschen Presserat eingesetzten Beschwerdeausschusses vom 18.8.1976 (BGBl I, S. 2215) noch wesentlich gesteigert wurde.
Eine ausführliche Dokumentation über Konstitution und Verfahrensregelungen des Deutschen Presserates sowie den von ihm erarbeiteten Pressekodex und die zahlreichen »allgemeingültigen Resolutionen« zu Einzelkomplexen bietet Wolf-Dieter *Ring,* Deutsches Presse- und Rundfunkrecht, Losebl., München, Stand 1.10.1977, B-III.

b) *Die Leistung*

Eine Flut von Neuerscheinungen belegt Jahr für Jahr die Effizienz des Grosso-Systems[13].

	1976	1977
Neuaufnahmen	395	426
Einstellungen	71	88
Sortimentserweiterung	324	338

Ein Unternehmen, das alle neuen Objekte ausnahmslos aufgenommen hätte, würde damit sein Sortiment im Zeitraum von zwei Jahren um 662 Titel verbreitert haben; das wären monatlich 28 Neuobjekte.

Unter dem Gesichtspunkt des dadurch entstehenden Aufwandes für das Grosso ist keine Saldierung von Neu-Erscheinungen und Einstellungen, sondern eine Addition vorzunehmen. Es ergeben sich unter diesem Aspekt 980 Sortimentsveränderungen in zwei Jahren, d.h. monatlich wurden 41 Objekte in Form von Neuanlagen oder Löschungen bearbeitet, die Objekt-Änderungen gar nicht mitgerechnet[14].

Das bestehende Grosso-System ist auch allen Neuerscheinungen zugänglich, hinter denen keine Großverlage stehen. Dafür gibt es jährlich Beispiele[15]. Ein neutral und optimal funktionierendes Grosso hält den Kleinen Chancen auf dem von Großen beherrschten Markt der Publikumszeitschriften offen. Die bedarfsgerechte Festlegung der Liefermengen für Zeitungen und Zeitschriften ist dafür eine Voraussetzung und wäre ohne die von den Grossisten eingerichtete EDV-gesteuerte Verkaufsüberwachung nicht denkbar.

Bemerkenswert ist schließlich, daß sich noch nie ein Verleger vor dem Bun-

13 Quelle der Auswertung ist die Rubrik »up date« in der Fachzeitschrift dnv, 1976 und 1977.

14 Bewertet man den Aufwand im Zusammenhang mit einer Neuaufnahme pro Grosso-Firma mit DM 120,– und den Aufwand in Zusammenhang mit einer Löschung mit DM 60,–, so ergeben sich in den genannten beiden Kalenderjahren folgende Kosten pro Grosso-Firma:

Neuaufnahmen	821 x 120 = DM	98 520,–
Löschungen	159 x 60 = DM	9 540,–
	DM	108 060,–

15 Zwei Beispiele verdeutlichen das: der vom Heinrich-Bauer-Verlag (HBV) »nicht gerade im Frieden geschiedene« ehemalige Redaktionsdirektor Heinz *van Nouhuys* vermochte gegen den von HBV herausgebrachten »Playboy« sein Konkurrenzobjekt »lui« herauszubringen und erreichte damit bei einem Stückpreis von DM 6,00 nach einem Jahr eine Verkaufsauflage von mehr als 200 000 (»Playboy«: 347 500), ohne daß der Großverlag HBV den Vertrieb von »lui« hätte erschweren können.
Die Offenheit des bestehenden Vertriebssystems wird fast noch eindrucksvoller durch den Erfolg eines zunächst noch weniger erfolgsträchtig erscheinenden Newcomer aus kleinem Hause, der von Alice *Schwarzer* und wenigen anderen Frauen herausgegebenen »Emma«, belegt, deren monatliche Verkaufsauflage mit 120 000 – 130 000 Exemplaren angegeben wird (Report vom 2.3.1978, S. 2 f.).

deskartellamt über einen Grossisten wegen Verweigerung des Zutritts zum Markt oder wegen Markteintrittsbarrieren beschwert hat.
Jeder Verlag kann den Erstverkaufstag seiner Objekte bestimmen. Die tägliche Belieferung aller Einzelhändler durch den Grossisten ist dafür eine Voraussetzung und inzwischen bis auf einige wenige strukturell besonders schwierige Landgebiete (in denen der Einzelhandel dreimal wöchentlich beliefert wird) fast überall die Regel. Dic Fahrtleistung des Grosso insgesamt liegt im Tagesdurchschnitt bei 300000 km.
Die Bundesrepublik verfügt über ein Presse-Vertriebssystem, das ungleich dichter ist als das in den meisten westlichen Ländern. Bei 84366 Verkaufsstellen kommt bei einer Wohnbevölkerung von 61396000 in der Bundesrepublik auf 728 Einwohner ein Einzelhändler (Stand 31.6.1977). In der Schweiz beispielsweise kommt eine Verkaufsstelle auf 961 Einwohner. Dieses effiziente Vertriebssystem ist eine Voraussetzung für die Wettbewerbsfähigkeit der Presse gegenüber anderen Medien.
Aufschlußreich ist ein Leistungsvergleich zwischen Presse-Großhandel und *Postzeitungsdienst.* Beiden Systemen ist gemeinsam, daß sie flächendeckend und offen sind für den Marktzutritt solcher Objekte, die den einen oder anderen Vertriebsweg wählen[16].
Die Gegenüberstellung vermittelt eine Vorstellung von der überlegenen Leistung des Grosso[17]:

	Postzeitungsdienst[18]	Grosso
Bearbeitete Exemplare	2 Mrd. p.a.	6 Mrd. p.a.
Beschäftigte	20000	9000
Gebühren/Rohertrag	ca. 300 Mio.	ca. 500 Mio.
Subventionierung	600 Mio.	statt Subventionierung eine *In-sich-Alimentierung*
Auslieferungstage	6 wöchentlich	7 wöchentlich
Titel	7500	2500

Der Großhandel liefert auch *schneller* als die Bundespost. Dieser Vorzug hat im Pressewesen ein besonderes Gewicht, wirtschaftlich sowohl wie verfassungsrechtlich: der schnelle Zugang einer Nachricht, namentlich einer Tageszeitung, ist Bestandteil der Informationsfreiheit[19].

16 Dazu ist anzumerken, daß es vor allem die straßengängigen Titel sind, die auf dem Weg über das Presse-Grosso vertrieben werden.
17 Auch ohne daß man dabei die Aussagefähigkeit der einzelnen Positionen und ihre Vergleichbarkeit strapazieren muß.
18 Die Angaben über den Postzeitungsdienst entstammen dem Artikel von Hans-Wilhelm *Busch* in: (Hrsg.) *Schiwy,* Peter/Walter J. *Schütz,* Medienrecht, Neuwied 1977, Stichwort: Postzeitungsdienst S. 129 f.
19 BVerfGE 27, 88 (99).

IV. Anfechtungen des bestehenden Systems

1. *Die Forderung nach einem öffentlich-rechtlichen Vertriebssystem*

Die *privatwirtschaftliche Struktur der Presse* ist ein im Prinzip unbestrittenes Apriori der Medienpolitik aller im Bundestag vertretenen Parteien. »Die unterschiedliche Organisations- und Finanzierungsform beider Medien muß erhalten bleiben: die privatrechtlich organisierte Presse einerseits und das öffentlich-rechtliche Rundfunkwesen andererseits«[1]. Dieser SPD-Entscheidung lassen sich nicht weniger entschiedene Erklärungen von F.D.P. und CDU/CSU zugunsten der privatwirtschaftlichen Struktur der Presse anführen. »Die privatwirtschaftliche Organisation ist die Voraussetzung jeder freien Presse«[2]. Der Vertrieb ist integrierender Bestandteil der Presse; für ihn darf nichts anderes gelten.

Dennoch lauten einige Erklärungen der Parteien über den *Presse-Vertrieb* weniger dezidiert. »Allen Verlagen ist ein gleichmäßiger Zugang zu den Vertriebswegen zu sichern« ist eine Entschließung des SPD-Parteitags von 1971[3], der niemand widersprechen wird. CDU/CSU lehnen eine Verstaatlichung des Pressevertriebs ausdrücklich ab, sprechen sich jedoch für die Förderung »freiwilliger Zusammenschlüsse« (offenbar von Verlagen) aus[4]. Die F.D.P. geht noch darüber hinaus: Für das Zeitungs- und Zeitschriften-*Abonnement* sollen sich Verlage »auf freiwilliger Basis und in genossenschaftlicher Form . . . an einer eigenen Vertriebsorganisation beteiligen.« Sie soll natürlich jedem Verlag offenstehen; sie »könnte bei nicht vorhandener Kostendeckung im Interesse der Sicherung des Informationsanspruches der Leser *öffentlich gefördert* werden«, und »der Gesetzgeber wird aufgefordert, die Voraussetzungen für ein wirksames Vertriebssystem zu schaffen, falls kein geeignetes Vertriebssystem auf freiwilliger Basis zustande kommt«[5].

Der Presse-Großhandel ist in dieser Erklärung ignoriert. In der medienpolitischen Auseinandersetzung ist er viel weniger präsent, als seiner Verteilungs-

1 Beschlüsse des Parteitags der SPD 1971 in Bonn, in: Die Massenmedien, hrsgg. vom Vorstand der SPD, S. 3.

2 Freiheitliche Medienpolitik, hrsgg. von der CDU-Bundesgeschäftsstelle, 1976, S. 11.

3 AaO., S. 5.

4 Freiheitliche Medienpolitik, aaO., S. 12.

5 Wiesbadener Leitlinien Liberaler Medienpolitik, beschlossen auf dem Bundesparteitag 1973, hrsgg. von der Bundesgeschäftsstelle, S. 30.

und Versorgungsfunktion und seinem Marktanteil entspricht. Man bemerkt mit Erstaunen, wie Konzepte und Auslassungen in den Programmen der einen auf die der anderen abfärben. Das Presse-Grosso wurde durch die Medienpolitik in ein Abseits gewiesen, in dem es sich gut entwickelt hat und im internationalen Vergleich ein Optimum an Leistungsfähigkeit hervorgebracht hat. Aus dieser Situation, zu der natürlich der lange Schatten der Großverlage beigetragen hat, erwachsen ihm gegenwärtig bedrohliche Anfechtungen.

Informierte Medienpolitiker aller Parteien haben in jüngerer Zeit freilich die Auffassung geäußert, das Presse-Grosso funktioniere hervorragend und das gebietsbezogene Alleinvertriebsrecht sei aus medienpolitischen Gründen zu bejahen[6]. Es bedeutet im Prinzip kein Abrücken von dieser Position, wenn für die Presse der Zugang zu neuen elektronischen Verbreitungsformen verlangt wird, soweit diese pressespezifisch genutzt werden können[7]. Größere öffentliche Aufmerksamkeit wecken jedoch die lautstark vorgetragenen Forderungen, die Vertriebswege in *gemeinwirtschaftliche Formen* zu überführen.

Die IG Druck und Papier fordert »ein öffentlich-rechtliches Vertriebssystem, das allen Zeitungen und Zeitschriften offensteht«[8]. Der Relativsatz erweckt den Anschein einer Begründung, indem er suggeriert, daß der gegenwärtige Vertrieb *nicht* allen Zeitungen und Zeitschriften offenstehe. Der so erweckte Anschein hält einer empirischen Befundnahme jedoch nicht stand. Es ist auch nicht zu erkennen, daß ein empirischer Nachweis je versucht wurde: er könnte auch nicht erbracht werden. Im Gegenteil, der Erfolg zahlloser Neuerscheinungen, z. T. aus bescheidensten Anfängen und entgegen manchen Erwartungen, belegt die Tatsache, daß besser als irgendein vergleichbares System im Ausland es gerade die mittelständischen, in ihrer gebietsbezogenen

6 Auf einer Vortragsveranstaltung des »Vorwärts« in Düsseldorf am 4.4.1978 der SPD-Medienpolitiker Staatssekretär Björn *Engholm;* er sei auch von der Neutralität des Grosso und von den Markteintrittsmöglichkeiten aller Objekte überzeugt; dieses sei kürzlich beispielsweise durch »Emma« erwiesen.
In gleichem Sinne äußerte sich der SPD-Medienpolitiker Peter Glotz MdB in seinem Referat auf der Jahreshauptversammlung 1973 des Verbandes Deutscher Buch-, Zeitungs- und Zeitschriften-Grossisten e.V. (abgedruckt in dnv 1974, S. 11 ff.): Der Gebietsschutz müsse ohne den Monopolvorwurf, den er selbst einmal vor einigen Jahren erhoben habe, aufrechterhalten werden; es liege im Interesse der Medienpolitik, einen neutral vermittelnden Zeitungs- und Zeitschriften-Großhandel als Anwalt der Nachfrage zu erhalten; solange die öffentliche Aufgabe des Vertriebs von selbständigen, mittelständischen Unternehmern korrekt wahrgenommen werde, gebe es keinen Grund zu einer Änderung dieses Systems.

7 Gerhart *Baum* (F.D.P.), Zukunft der Zeitung, Hamburger Medientage, Pressedienst der F.D.P. vom 25.5.1977; die Bemerkung freilich, die Presse dürfe nicht dadurch »in eine aussichtslose Position« geraten, »weil ihr neuartige und ihrem Wesen entsprechende Verbreitungstechniken vorenthalten werden«, könnte den kaum zutreffenden Eindruck erwecken, daß die Presse schon gegenwärtig an mangelhaften Vertriebswegen leidet.

8 Anträge zum Elften Ordentlichen Gewerkschaftstag in Augsburg, in: »Druck und Papier«, Nr. 18/1977 vom 29.8.1977, S. 27.

Alleinstellung geschützten Grosso-Unternehmen sind, die den freien Marktzutritt für Newcomer unter Verlagen und Objekten gewährleisten.
Wer solche Forderungen erhebt, schuldet den Lesern und der Öffentlichkeit Aufschluß über Motive und Legitimation, solche dem Grundrecht der Pressefreiheit widerstreitende, durch die mittelständische Wirtschaftsstruktur des Grosso nicht gerechtfertigte Forderungen zu stellen; zudem müßte der *konkrete* Nachweis erbracht werden, daß ein gemeinwirtschaftliches Grosso dem privatwirtschaftlichen in seiner dienenden Funktion überlegen wäre. *Allgemeine* sozialistische Schulweisheiten und ideologische Prämissen können solche Postulate nicht rechtfertigen.
Jede Sortimentsbildung durch ein öffentlich-rechtliches Grosso, die durch andere Kriterien bestimmt würde als durch die potentielle Nachfrage, wäre mit Presse- und Informationsfreiheit unvereinbar. Die mit einem öffentlichrechtlichen Verteilersystem verbundene Bürokratisierung würde die Anpassungsfähigkeit und die Höhe der Auflage mitsteuernde Fähigkeit des Grosso hemmen[9]; das Beispiel des französischen Verteilungsgiganten Nouvelles Messageries de la Presse Parisienne[10] sollte schrecken. Der mit der Vergesellschaftung gegebene Wegfall von Leistungsanreizen würde den heute ohne Subvention arbeitenden Vertrieb mit Sicherheit verteuern; Subventionierung aus öffentlichen Mitteln ist für eine Vertriebsorganisation (für die nach dem F.D.P.-Parteitagsbeschluß von 1973 sogar der Gesetzgeber die Voraussetzungen zu schaffen hätte) konsequent vorgesehen worden[11].
Ein öffentlichrechtliches Vertriebssystem wäre vor allem *verfassungswidrig.* Der Vertrieb als Bestandteil der Presse und ihrer grundrechtlich geschützten Position in vollem Umfang zugehörig[12] darf weder der Konkurrenz eines öffentlichrechtlichen Vertriebs ausgesetzt noch insgesamt dadurch ersetzt werden. Der Presse, die den Pressevertrieb einschließt, ist durch Art. 5 GG ihre prinzipielle *Staatsfreiheit* gewährleistet. Sie gehört »ihrem Wesen nach ganz zum Bereich der nichtformierten, auch nicht in einem weiteren Sinne zum staatlichen Aufbau gehörenden Erscheinung«[13].

9 Ebenso Reinhard *Möstl,* Der Absatz von Zeitungen und Zeitschriften als Kommunikationsmittlerleistung, WiSo Diss. Erlangen–Nürnberg 1974, S. 359 f.

10 S.o. II, 2 a.

11 Wiesbadener Leitlinien liberaler Medienpolitik, aaO., S. 30.

12 Vgl. dazu unten B, III.

13 »Ihr tragendes Prinzip bleibt die Freiheit im Sinne einer nicht von Staatsorganisation und Regierung gelenkten Lebensform« (Ulrich *Scheuner,* Pressefreiheit, VVDStRL 22, 1965, S. 30; vgl. auch S. 93: Die Presse gehört ihrem Wesen und ihren Aufgaben nach »ganz zum Gebiet freier nichtstaatlicher Bildung«; kennzeichnend für sie ist »ihr Gegenüber zu den Einrichtungen des Staates«). Vgl. auch Horst *Ehmke,* Verfassungsrechtliche Fragen einer Reform des Pressewesens, Festschrift für Adolf *Arndt,* Frankfurt 1969, S. 90. In dem durch Art. 5 gewährleisteten Modell sieht *Ehmke* »einen freien Zeitungsmarkt für die Presseunternehmer« ebenso gewährleistet wie »einen freien Arbeitsmarkt für den Journalisten und einen freien Nachrichten- und Meinungsmarkt für die informationshungrigen Bürger«.

Die privatwirtschaftliche Unternehmensform der Presse und damit auch des Pressevertriebs ist in der verfassungsrechtlichen Literatur und in der verfassungspolitischen Auseinandersetzung bisher ganz unbestritten gewesen. Art. 5 Abs. 1 Satz 1 GG gewährleistet »die institutionelle Eigenständigkeit der Presse von der Beschaffung der Information bis zur Verbreitung der Nachricht und der Meinung«[14]. Ein öffentlichrechtliches Vertriebssystem würde die institutionelle Eigenständigkeit der Presse im Vertrieb beseitigen. Die auf einen öffentlichrechtlichen Vertrieb gerichteten Bestrebungen sind darum unvereinbar mit Art. 5 GG.

Im übrigen liegt einem solchen Postulat anscheinend die irrige Annahme zugrunde, öffentlichrechtliche Einrichtungen würden ihrer Natur nach öffentliche Bedürfnisse eher befriedigen als private Unternehmen. Die Wirklichkeit zeigt ein anderes Bild. Weder Bund noch Länder als öffentliche Eigentümer noch die Gewerkschaft kraft ihrer Mitbestimmung haben Unternehmen wie die Ruhrkohle AG, die VEBA oder das RWE von einer Unternehmensstrategie zurückgehalten, die das Aufsaugen selbst kleiner und mittlerer Unternehmen in großem Umfang ganz entgegen den von Staat und Gewerkschaften vertretenen Prinzipien seit Jahren betreibt[15].

Ein öffentlichrechtlicher Vertrieb würde schließlich auch dessen Politisierung die Tür öffnen und wäre darum eine Gefährdung der Pressefreiheit.

2. *Vertikale Expansionstendenzen von Großverlagen in den Pressegroßhandel*

Verlagsabhängige Grosso-Unternehmen sind untypisch. Die Vorgänge, die dazu geführt haben, signalisieren nichtsdestoweniger eine Anfechtung des Systems und sind von grundsätzlicher Bedeutung. Sie haben dem Bundeskartellamt Anlaß zu einer Beurteilung gegeben, die prinzipielle Merkmale des Grosso-Systems erkennen läßt und die Bedeutung eines verlagsunabhängigen Grosso unterstreicht. Außerdem lassen die Vorgänge erkennen, wie sehr die mittelständischen Grosso-Unternehmen gegenüber der Verlagsseite einer Fundierung ihrer Position in einer gebietsbezogenen Alleinauslieferung bedürfen. Nur unter diesen Gesichtspunkten ist die Entstehung der verlagsabhängigen Grossisten in *Berlin, Hamburg* und *Saarbrücken* zu referieren:

14 BVerfGE 10, 118 (121) und 12, 205 (260).

15 Gegen dieses Verhalten öffentlicher Unternehmen ruft die *Monopolkommission* den Gesetzgeber auf den Plan, weshalb man die dadurch motivierte IV. GWB-Novelle eine lex VEBA et RWE nennen kann (vgl. J.H. *Kaiser,* Fusionskontrolle oder Fusionsverbot?, WuW 1978, S. 349f. mit weiteren Nachweisen).

a) Berlin

Hier erwarb der Verlag Henry Nannen GmbH (»Stern«, »Die Zeit«) im Jahre 1963 über eine Tochterfirma eine Beteiligung an der Grosso-Firma Wiedenberg & Ackermann, die bald darauf zu 100 % in Händen des Verlages war und als »Berliner Presse-Vertrieb GmbH« (BPV) firmierte[16]. Heute ist Eigentümer des Unternehmens der Verlag Gruner + Jahr[17]. Der Axel-Springer-Verlag vertrieb seine Objekte in Berlin ursprünglich über die verlagseigene Ullstein GmbH[18]. Daneben existierten noch einige selbständige Bezirksgrossisten, die sich in der »Vertriebs-Vereinigung Berliner Zeitungs- und Zeitschriften-Grossisten« (VV) zusammengeschlossen hatten[19]. Im Herbst 1971 brachten die Verlage Heinrich Bauer und Gruner + Jahr u.a. in Berlin das in Gang, was von *Möstl*[20] als »Beteiligungskarussell« bezeichnet worden ist. Am 16.9.1971 gaben die Verlage Heinrich Bauer und Gruner + Jahr bekannt, daß sie in Hamburg und Berlin die Vertriebsverhältnisse neu zu regeln beabsichtigten. Gegen die Übertragung bestimmter Umsätze bzw. Vertriebsaufträge für Objekte der Verlagsgruppe Gruner + Jahr im Raum Hamburg auf eine zur Gruppe des Heinrich-Bauer-Verlages gehörende Grosso-Firma[21] entzog als Gegenleistung in Berlin der Heinrich-Bauer-Verlag der verlagsunabhängigen Vertriebs-Vereinigung Berliner Zeitungs- und Zeitschriften-Grossisten (VV) durch Kündigung Umsatzanteile in gleicher Größenordnung und beauftragte die Gruner + Jahr gehörende Berliner Presse-Vertrieb GmbH (BPV) mit dem Vertrieb[22].
Die Umsatzverlagerung in Berlin durch den Heinrich Bauer Verlag führte dazu, daß sich die Vertriebs-Vereinigung Berliner Zeitungs- und Zeitschriften--Grossisten (VV) Mitte 1972 zur Kooperation mit dem Springer-eigenen Ullstein-Vertrieb entschloß, da der Verlust weiterer Umsatzanteile des Heinrich Bauer Verlags befürchtet wurde, der eine erhebliche Beeinträchtigung des Geschäftsumfanges bedeutet hätte. Ab 1.2.1973 wurden dann die Umsätze des Ullstein-Vertriebs in die Vertriebs-Vereinigung Berliner Zeitungs- und Zeitschriften -Grossisten (VV) eingebracht und gleichzeitig beteiligte sich der

16 Vgl. Enno *Dreppenstedt,* Der Zeitungs- und Zeitschriftenmarkt, Hamburg 1969, S. 219; Reinhard *Möstl,* Der Absatz von Zeitungen und Zeitschriften als Kommunikationsmittlerleistung, aaO., 1974, S. 331 f.
17 Geschäftsbericht 1972 des Verbandes Deutscher Buch-, Zeitungs- und Zeitschriften-Grossisten e.V., Köln 1972, S. 52, sowie Geschäftsbericht 1973, S. 73.
18 Vgl. *Dreppenstedt,* aaO., S. 219; *Möstl,* aaO., S. 332.
19 Vgl. *Möstl,* aaO.
20 AaO., S. 332, 334.
21 Näheres unten unter dem Titel Hamburg.
22 Vgl. Geschäftsbericht 1972, S. 52; ders. 1973, S. 73; *Möstl,* aaO., S. 335.

Axel Springer Verlag an dieser Firma, wobei die Altgesellschafter allerdings die Kapitalmehrheit und die Geschäftsführung behielten[23].

b) *Hamburg*

Bis 1970 existierten in Hamburg drei selbständige Grossisten[24] sowie 15 Verlagsauslieferer von Springer-Objekten. Das kleinste Grosso-Unternehmen, die Firma Dunckel, die rund 10 % des Grosso-Umsatzes im Raum Hamburg erzielte[25], geriet in Liquiditätsschwierigkeiten und starke Verschuldung bei verschiedenen Verlagen[26]. Hauptgläubiger der Firma Dunckel war der Heinrich Bauer Verlag[27]. Dieser übernahm im Juni 1970 trotz vorliegender Übernahmeangebote der beiden anderen Hamburger Grossisten[28] das konkursreife Grosso-Unternehmen, wobei von einem »treuhänderischen Kauf« zwecks Abwendung des Konkurses und Weiterführung im Interesse aller Verlage gesprochen und vom Heinrich Bauer Verlag (zunächst) ausdrücklich erklärt wurde, es bestehe keine Absicht, das übernommene Grosso-Unternehmen allein weiter zu betreiben[29]. Das Unternehmen firmierte sodannn als »Presse-Vertrieb Nord GmbH & Co.«.
Nach ergebnislosen Beteiligungsverhandlungen mit den Grossisten Sandner KG und Grosso-Haus Wegner & Co. kündigte der Heinrich Bauer Verlag diesen die gesamte Auslieferung seiner Objekte, die ca. 30 % ihres Umsatzes ausmachten, und übertrug sie der eigenen Presse-Vertrieb Nord GmbH & Co.[30]. Diese erlangte dadurch in Hamburg einen Großhandelsumsatzanteil von rund 30 %. Durch den Verlust des Vertriebsumsatzes der Objekte der Heinrich-Bauer Verlagsgruppe sahen sich die Grosso-Häuser Sandner KG und Wegner & Co. gezwungen, mit Wirkung vom 1.1.1971 zur Buch- und Presse-Großvertrieb Hamburg GmbH & Co. KG zu fusionieren[31]. Entscheidende Umsatzverluste erlitt diese noch verlagsfreie Grosso-Firma dann dadurch, daß ihr vom Heinrich Bauer Verlag auch die Auslieferung der Objekte der Bauer-Tochter-Firma Verlags-Union entzogen und diese Umsätze auf die Bauer-eigene Presse-Vertrieb Nord GmbH & Co. übertragen wurden, sowie durch das bereits erwähnte »Tauschgeschäft« zwischen dem Heinrich Bauer Verlag und der

23 Geschäftsbericht 1973, S. 73.
24 Die Firmen Dunckel, Sandner KG und Grosso-Haus Wegner & Co.
25 Geschäftsbericht 1970, S. 21.
26 Vgl. *Möstl,* aaO., S. 333.
27 *Möstl,* aaO.; Geschäftsbericht 1970, S. 20.
28 Geschäftsbericht 1970, S. 29.
29 Geschäftsbericht 1970, S. 19 und 20.
30 Vgl. Geschäftsbericht 1972, S. 21, 55; *Möstl,* aaO., S. 333.
31 Vgl. *Möstl,* aaO., S. 333; Geschäftsbericht 1972, S. 55.

Verlagsgruppe Gruner + Jahr in den Vertriebsräumen Berlin und Hamburg, wobei die Verlagsgruppe Gruner + Jahr ab 1.4.1972 die gesamte Auslieferung ihrer Objekte im Raum Hamburg der Bauer-eigenen Presse-Vertrieb Nord GmbH & Co. übertrug[32]. Allein die letztgenannten Umsatzverlagerungen in Berlin und Hamburg machten nach Angaben des Verbandes Deutscher Buch-, Zeitungs- und Zeitschriften-Grossisten e.V. 20 Mio. DM Jahresumsatz aus. Hinzu kam, daß sich der verlagseigenen Presse-Vertrieb Nord GmbH & Co. bis Sommer 1971 noch 50 weitere Verleger »anschlossen«, d.h. dieser Firma Vertriebsaufträge erteilten[33]. Unter diesen Umständen hatten sich in Hamburg – wie die Buch-und Presse-Großvertrieb Hamburg GmbH & Co. KG erklärte – die Marktdaten so verändert, daß auf die Dauer nur die Zusammenfassung großer Umsätze die Gewähr für die Erhaltung ausreichender Leistungsfähigkeit dieser Firma bot. Aus diesen Gründen sahen sich die Gesellschafter gezwungen, sich an einen Partner anzulehnen, der dazu in der Lage war, entsprechende Umsätze und Kapital zur Konsolidierung des Unternehmens beizusteuern. Mit Wirkung vom 1.7.1972 wurden – unter Beibehaltung der Rechtsform der GmbH & Co. KG – der Axel-Springer-Verlag als Mehrheitsgesellschafter, sowie später auch weitere Verlage als Kommanditisten aufgenommen. Der Axel-Springer-Verlag gab seine bisherige Vertriebsform in Hamburg auf und brachte die dadurch frei gewordenen Vertriebsumsätze vollständig in die mehrheitlich eigene Vertriebsfirma ein; der hierdurch erreichte Umsatz wird auf ca. 40 Mio. DM geschätzt[34]. In Hamburg existiert somit kein verlagsfreier Grossist mehr.
Beide verlagsabhängigen Grossisten führen je ein Teilsortiment, d.h. es besteht Objekttrennung.

c) *Saarbrücken*

Bis Herbst 1972 existierten im Vertriebsraum Saarbrücken ebenfalls drei selbständige Grossisten[35]. Mitte 1972 wurde vom Burda-Verlag mitgeteilt, daß mit Wirkung vom 1.10.1972 die bislang selbständigen Firmen Linsenmeier und Selbert unter Beteiligung der Burda-Druck und Verlags GmbH zur Pressevertrieb Saar GmbH & Co. fusionierten. Von den Beteiligungen entfielen auf die Firma Linsenmeier 45 % und auf die Firma Selbert sowie die Burda-Druck und

32 Geschäftsbericht 1972, S. 55; *Möstl,* aaO., S. 334.
33 Vgl. *Möstl,* aaO., S. 334.
34 Vgl. Geschäftsbericht 1972, S. 55; *Möstl,* aaO., S. 334.
35 Linsenmeier (Grosso-Haus Saar), Selbert und die Jakob Klein KG.

Verlags GmbH jeweils 27,5 %. Die Geschäftsführung wurde von den Inhabern der früher selbständigen Grosso-Firmen übernommen[36].

Als Begründung für die Beteiligung des Verlages wurden mehrere Umstände angegeben:

- Nachdem andere Verlage dies bereits getan hätten, wolle sich auch das Haus Burda einen Einblick in ein Grosso-Unternehmen verschaffen, was nur bei einer Beteiligung möglich sei;
- aus einer der Firma Selbert durch die Einräumung höherer Rabatte gewährten »Subventionierung« sei ein gewisser Anspruch auf eine Beteiligung erwachsen;
- die Beteiligung werde zu einer Stärkung der fusionierten Firmen Linsenmeier und Selbert führen[37].

Parallel zu dem Fusionsvorgang erfolgten starke Umsatzverlagerungen. Der dritten im Saargebiet tätigen, selbständig bleibenden Grosso-Firma Jakob Klein KG wurde vom Burda-Verlag der Vertriebsauftrag für dessen Objekte entzogen und auf die Pressevertrieb Saar GmbH & Co. KG übertragen. Ebenfalls zum 30.9.1972 wurde der Jakob Klein KG auch vom Heinrich Bauer Verlag sowie den zur Bauer-Gruppe gehörenden Verlagen Pabel, Moewig und Semrau der gesamte Vertrieb von deren Objekten entzogen und gleichfalls auf die Presse-Vertrieb Saar GmbH & Co. KG übertragen[38]. Weiterhin kam es 1972 in Saarbrücken zu einer Änderung der Vertriebsverhältnisse, die in offensichtlichem Zusammenhang mit Vorgängen in Hamburg steht: In Hamburg kündigt die Burda-Druck und Verlags GmbH der Buch- und Presse-Großvertrieb Hamburg GmbH & Co. KG, in der die Axel-Springer-Verlag AG Mehrheitsgesellschafter ist, den Vertrieb der Burda-Objekte und beauftragt damit die Bauer-eigene Grosso-Firma Pressevertrieb Nord GmbH & Co. Gewissermaßen »im Gegenzug« kündigt Springer in Saarbrücken der Pressevertrieb Saar GmbH & Co. KG einen Teil des Vertriebs der Springer- Objekte und beauftragt die noch selbständige Grosso-Firma Jakob Klein KG[39].

d) Schlußfolgerungen

Das Eindringen der Großverlage in die Großhandelsstufe wurde in jedem der drei Fälle dadurch erleichtert, daß in Berlin, Hamburg und Saarbrücken mehrere Grossisten nebeneinander tätig waren. Durch Umsatzverlagerungen gro-

36 Geschäftsbericht 1972, S. 56; *Möstl,* aaO., S. 337.
37 Geschäftsbericht 1972, S. 56.
38 Geschäftsbericht 1972, S. 56 f.; *Möstl,* aaO., S. 337.
39 Geschäftsbericht 1972, S. 57; *Möstl,* aaO., S. 338.

ßen Ausmaßes vermochten sie ihrem Eindringen Bahn zu brechen und die fusionierten Unternehmen zu stärken. Die Kooperation der Großverlage untereinander, die sich bei diesen Vorgängen in ein ihr Eindringen wechselseitig förderndes »Beteiligungskarussell« begaben, offenbart die Stärke und Eindeutigkeit dieser vertikalen Expansionstendenzen. Das Bundeskartellamt befürchtete, daß die Verlagsbeteiligungen an Grosso-Unternehmen, zunächst in Hamburg und Berlin, »auf eine fortschreitende Entwicklung« deuten könnten, »durch die in städtischen Großräumen verlangsabhängige Grosso-Unternehmen an die Stelle des unabhängigen Großhandels treten«. Kleinere und neu hinzukommende Verlage gerieten dadurch zunehmend in die Gefahr, daß ihnen der *Zugang* zu einem Vertriebsmarkt erschwert werde, »der zunehmend von Großverlagen beherrscht wird«. Die Bedeutung dieses Vorgangs unter dem Gesichtspunkt der *Pressefreiheit* dürfe nicht unterschätzt werden. Dem könne wirksam nur mit einer Fusionskontrolle begegnet werden, die auf die besonderen Verhältnisse des Pressemarktes zugeschnitten sei[41].

Einem anderen Versuch eines großen Zeitungs- und Zeitschriftenverlages, durch Beteiligung in die Großhandelsstufe einzudringen, konnte das Amt durch Anwendung des § 1 GWB begegnen, da mit ebenfalls beteiligten kleineren Verlagen vereinbart war, man würde sämtliche eigenen Objekte im Vertriebsgebiet der gemeinsamen Gesellschaft ausschließlich durch diese vertreiben lassen und jeden Wettbewerb gegenüber der gemeinsamen Gesellschaft unterlassen[42]. Fusionskontrolle und Kartellverbot können sich als geeignete Instrumente zur kartellrechtlichen Abwehr vertikaler Expansionstendenzen erweisen. Nicht weniger bedeutsam ist jedoch, wie die Erfahrung jener Fälle lehrt, an der strukturellen Verankerung des mittelständischen Großhandels in Alleinvertriebsgebieten festzuhalten.

Eine weitere vertikale Integration von Verlagen mit Unternehmen des Großhandels – oder jede andere Form des Eindringens von Verlagen auf die Stufe des Grosso – hätte schwerwiegende wettbewerbspolitische und medienrechtliche Konsequenzen.

Die *Monopolkommission* hat am Beispiel vertikaler Integrationen in anderen Branchen allgemeine Gefahren solcher Strukturveränderungen hervorgehoben: »Die möglichen Auswirkungen der vertikalen Integration zu Lasten Dritter« können auch nicht durch Kompromißformeln korrigiert werden, indem das integrierende Unternehmen den Befürchtungen der einstufigen Wettbewerber etwa dadurch Rechnung trägt, daß die Versicherung abgegeben wird, »sie würden im bisherigen Umfang und zu den gleichen Bedingungen weiter beliefert«. Versicherungen des Wohlverhaltens hätten jedoch nicht diese Folge.

41 Tätigkeitsbericht 1972, BT-Drucks. 7/986, S. 83.
42 Tätigkeitsbericht 1973, BT-Drucks. 7/2250, S. 104.

Die außenstehenden Wettbewerber würden nur so lange zu gleichbleibenden Bedingungen beliefert, wie es die Marktlage erlaube. »Die marktverdrängenden oder wettbewerbsbehindernden Nebenwirkungen der vertikalen Integration treten dann nicht infolge des Verhaltens des marktstärkeren Wettbewerbers, sondern infolge der Marktverhältnisse ein«. Es sei gegebenenfalls »unvermeidlich, daß auch die übrigen Unternehmen den Risiken des geringeren Integrationsgrades durch Konzentration zu entgehen suchen«. »Die vertikale Integration erhöht unabhängig von den Nachteilen für geringer integrierte Unternehmen die Schranken für den Marktzutritt«[43].

3. *Liefersperre durch einen Verlag*

Verlage haben die unternehmerische Freiheit zur Gestaltung ihres Vertriebs. Auf diesem Grundsatz beruht wesentlich die unter dem Einfluß der Großverlage erfolgte Herausbildung von Grosso-Alleinvertriebsgebieten.
Es ist unbestritten, daß Verlage, auch wenn sie den Vertrieb in eigene Hände nehmen wollten, in jedem Fall der Bindung des § 26 Abs. 2 GWB unterliegen: da sie die Preise binden, und die Großverlage außerdem, soweit sie marktbeherrschend sind. Verlage dürfen deshalb gemäß § 26 Abs. 2 GWB nicht »ohne sachlich gerechtfertigten Grund« diskriminieren, und sie dürfen ein Grosso-Unternehmen »in einem Geschäftsverkehr, der gleichartigen Unternehmen üblicherweise zugänglich ist, weder unmittelbar noch mittelbar unbillig behindern«.
Der Heinrich Bauer Verlag hatte gegen das Grosso-Unternehmen Rudolf Richter in Essen zum 30. September 1975 eine Liefersperre verhängt und begründete sie mit Leistungsstörungen und Verletzungen der dem Grossisten obliegenden Kooperationspflicht. Die Landeskartellbehörde hatte deswegen ein Verfahren gegen den Verlag eingeleitet, das am 11. März 1976 eingestellt wurde, nachdem im Zivilverfahren die Angelegenheit gütlich bereinigt worden war und die Belieferung durch den Verlag fortgesetzt wurde; Anhaltspunkte lassen darauf schließen, daß die Behörde einen objektiven Verstoß gegen das Diskriminierungsverbot nicht ausschließen wollte.
Ein zugunsten von Richter am 29.9.1975 ergangenes Urteil des Landgerichts Dortmund – Az.: 13 040150/75 Kart. – ist sorgfältig mit grundsätzlichen Erwägungen von allgemeiner Gültigkeit begründet worden.

43 Hauptgutachten 1973/1975 »Mehr Wettbewerb ist möglich«, 1976, Tz. 920 und 921.

In einer eingehenden Würdigung der Besonderheiten des Grosso-Handels folgt das Gericht dem Vortrag beider Parteien, daß das Prinzip der *Alleinauslieferung marktüblich* und *wirtschaftlich notwendig* sei. Gleichzeitig hat das Gericht die *Abhängigkeit* des Grossisten von dem Großverlag festgestellt.
Andererseits spricht das Gericht von einer gesteigerten *Kooperationspflicht,* die aus der Alleinstellung des Grossisten in seinem Vertriebsgebiet resultiert. Danach bemißt sich auch die rechtliche Beurteilung von Leistungsstörungen, die der Verlag dem Grossisten zum Vorwurf gemacht hatte. Sie könnten nach Auffassung des Gerichts auch dann eine Vertragsbeendigung rechtfertigen, wenn sie »unterhalb der Schwelle schuldhafter Vertragsverletzungen liegen«. Diese Kooperationspflicht ist jedoch keineswegs unbegrenzt: »Bei der Eigenart des Vertriebssystems im Zeitschriften-Großhandel und insbesondere angesichts der hohen Investitionen, die diese Eigenarten den Grossisten abfordern, setzt eine so einschneidende und tiefgreifende Sanktion wie die Verhängung einer Liefersperre ein Verhalten des Grossisten voraus, das die beiderseitigen Beziehungen viel empfindlicher stört als bloße Meinungsverschiedenheiten über Rabatte und Kontingente«. Die gegen Richter ausgesprochene Liefersperre erschien dem Gericht als nicht hinreichend begründet.
Die *Alleinstellung* des Grossisten in seinem Vertriebsgebiet hat das Gericht als durchaus *schutzwürdig* angesehen.
Daraus resultieren Bindungen der Verlage gegenüber den Grossisten. Anknüpfend an jene Feststellung des Gerichts ist die Überlegung statthaft, daß ein Großverlag, insbesondere wenn er auf verschiedenen Märkten marktbeherrschend ist[44], an dem Entzug der Auslieferung (etwa aus betriebswirtschaftlichen Erwägungen) durch § 26 Abs. 2 GWB gehindert ist und in einem oder mehreren Vertriebsgebieten die Verlagsauslieferung nicht an die Stelle der Auslieferung über einen Grossisten setzen dürfte; der Entzug der Auslieferung von Objekten eines Großverlages könnte die wirtschaftliche Existenz eines Grossisten tangieren, da der hohe Fixkosten-Anteil sich dadurch kaum reduzieren ließe.
Mit großer Ausführlichkeit hat das Gericht den Interessen des *Einzelhandels* an der Belieferung durch einen einzigen Grossisten Rechnung getragen[45]. Bemerkenswert bleibt noch, daß während und in Kenntnis des Konflikts 90 % der Einzelhändler sich für eine Lieferung des Gesamtsortiments durch den Alleingrossisten Richter ausgesprochen hatten.

44 Aufgrund der gesetzlichen Vermutung des § 22 Abs. 3 Ziff. 1 gilt ein Unternehmen als marktbeherrschend, »wenn es für eine bestimmte Art von Waren oder gewerblichen Leistungen einen Marktanteil von mindestens einem Drittel hat«.
Richter hatte vorgetragen, daß der Bauer-Verlag auf dem Illustrierten-, dem Yellow Press- und Herrenmagazin-Markt einen Anteil habe, der die gesetzliche Grenze übersteige.

45 Darauf wird in einem gegebenen Zusammenhang zurückzukommen sein.

4. *Das wettbewerbspolitische Apriori*

Das Presse-Grosso ist Teil der Wirtschaftsordnung der Bundesrepublik. Deren Wirtschaftsverfassung ist die Wettbewerbsordnung. In ihr wirken die Gebietsmonopole des Grosso als ein Fremdkörper.
So einfach ist der Gedankengang, der sich auch in der Anwendung des GWB ausdrückt.
Das *Bundeskartellamt* hat wegen Verstoßes gegen § 1 GWB – Gebietsabsprachen – in einem Ordnungswidrigkeitenverfahren gegen 17 Betroffene und 14 Nebenbetroffene einen noch nicht rechtskräftigen Bußgeldbescheid vom 21. Juni 1977 – Az. B 4 – 745200 – A – 195/75 – erlassen. Darin werden grundsätzliche Fragen des Verhältnisses der Grossisten zu den Verlegern, ihrer Rechtsstellung unter dem Regime des GWB, Auswirkungen der Gebietsmonopole, insofern sie Voraussetzungen für den Wettbewerb auf der Verlags- und der Einzelhandelsebene schaffen, schließlich ihre Beurteilung unter dem Grundrechtsregime des Art. 5 GG aufgeworfen. Im Prinzip geht es dabei um die Alleinstellung als Voraussetzung der Neutralität und diese als Voraussetzung der Pressevielfalt und Pressefreiheit.
Die Gebietsmonopole innerhalb der Wettbewerbsordnung unserer Wirtschaft können jedoch *nicht ausschließlich nach Wettbewerbsrecht* beurteilt werden. »Die Einheit der Privatrechtsordnung« mag fordern, den Sinngehalt privatrechtlicher Institutionen unter anderem auch dem Recht der Wettbewerbsbeschränkungen zu entnehmen und demgemäß Maßstäbe wie den der guten Sitten zu objektivieren[46]. Um so mehr fordert die *Einheit der Gesamtrechtsordnung,* die den einzelnen Spezialmaterien wie dem GWB zu entnehmenden Kriterien nach Maßgabe verfassungsrechtlicher Institutionalisierungen und grundrechtlicher Verbürgungen – »freie Presse«, »Pressefreiheit«, »Pressevielfalt« – auszulegen und im Fall einer (dem Richter gewohnten) Rechtsgüterabwägung auch zu begrenzen. Sub tutela iuris publici ist die Einheit der Privatrechtsordnung zu sehen in dem größeren Zusammenhang der durch die Verfassung beherrschten Gesamtrechtsordnung.

46 Ernst-Joachim *Mestmäcker,* Über das Verhältnis des Rechts der Wettbewerbsbeschränkungen zum Privatrecht, AcP 168, 1968, S. 256.
Mestmäcker verdient volle Zustimmung, wenn er sich gegen eine die einzelnen Rechtsgebiete isolierende Auslegungs- und Anwendungspraxis wehrt.
Im übrigen gilt das im besonderen Maße für den Bereich der Presse mit seinen spezifischen Abhängigkeiten, Monopolstellungen (man denke auch an die Ein-Zeitungs-Kreise etc.) und der politisch wie grundrechtlich motivierten Sensibilität gegenüber Beschränkungen aller Art.
Fritz *Sturm* irrt mit der Auffassung, das GWB wolle »nur die Marktfreiheit im Verhältnis von Unternehmen zu Unternehmen schützen« (Rechtspflicht zum Abdruck politischer Anzeigen?, in: Archiv für Presserecht, 1977, S. 419).

Die aus dem Wettbewerbs-Apriori – Wettbewerbsrecht und Wettbewerbspolitik – deduzierenden Argumentationen haben oft den Vorzug einer bestechenden Logik und Überzeugungskraft in ihrem Bereich. Sie sind unverzichtbar. Immer wieder gilt es die Ordnungskonformität der verschiedenartigsten Erscheinungen des Wirtschaftslebens zu prüfen, vor allem wenn sie von hoher Hand gesteuert oder dekretiert oder von machtvollen Gruppen geschaffen oder postuliert werden. Das enthebt in größerem Zusammenhang freilich nicht der Aufgabe, übergeordnete Ziele auszumachen und gelten zu lassen, und im Hinblick darauf auch die »Fixierung von Unterzielen, die den Charakter von Mitteln haben« ins Auge zu fassen, darunter auch den Markt als »ein Instrument zur approximativen Verwirklichung komplexer Optimalsituationen in einem freiheitlichen System«[47]. Unser gesamtes Medien- und Kommunikationssystem, dessen Komplexitätsgrad beeindrucken kann, wird man auch in dieser Perspektive zu würdigen haben.

47 Herbert *Giersch,* Allgemeine Wirtschaftspolitik – Grundlagen, Wiesbaden 1960, S. 273.

Teil B

Das Presse-Grosso: Ein Bestandteil des Sektors Presse

I. Definition des Presse-Großhändlers

Die Rechtsstellung des Grossisten kann nicht einem der geläufigen handelsrechtlichen Begriffstypen subsumiert werden. Er ist *nicht Kommissionär* (§ 383 HGB), der im eigenen Namen für fremde Rechnung handelt, noch ist er *Handelsvertreter* (§ 84 HGB), der in fremdem Namen für fremde Rechnung handelt. Formal handelt der Grossist im eigenen Namen und für eigene Rechnung, d.h. er wäre insofern, im Verhältnis zu der vorgelagerten und der nachgelagerten Wirtschaftsstufe, zu Verlegern und zu Einzelhändlern, als selbständiger Unternehmer anzusehen – wenn seine Position nicht durch Determinanten bestimmt wäre, die mit dem Bild des unabhängigen, auch in den räumlichen und zeitlichen Dimensionen seiner Geschäftstätigkeit sich frei entfaltenden und mit den entsprechenden Risiken belasteten Unternehmers in Widerspruch stehen.
Jene Determinanten sind jedoch keine unabänderliche Konstante. Die Institution des Presse-Grosso ist kein auf einer bestimmten Entwicklungsstufe fixiertes Phänomen. Die Rechtsgestalt des Grossisten ist gewachsen: zu größerer Unabhängigkeit gegenüber den Verlagen, zu mehr Selbständigkeit, Selbstbewußtsein und Selbstverantwortung.
Die Folge ist, daß eine heute gültige Definition nicht ohne weiteres der Beurteilung zurückliegender Sachverhalte zugrunde gelegt werden kann.
Das Bundeskartellamt hat in dem Verfahren wegen Gebietsabsprachen[1] unter anderem auch aus der Definition handelsrechtlicher Unternehmenstypen argumentiert: Der Einwand, die Grossisten hätten nicht die Freiheit gehabt, »ihr Absatzgebiet selbst zu bestimmen«, wäre nur dann bedeutsam, wenn sie – »etwa als beauftragte Handelsvertreter oder Kommissionäre – fremde Geschäfte, die der Verlage, wahrnehmen würden und insofern hinsichtlich der Wahl ihres Absatzgebietes weisungsgebunden wären«. Das aber geben die handelsrechtlichen Begriffe nicht her; sie tragen nicht jene Schlußfolgerung; der Umstand, daß sie eigene Geschäfte besorgen, besagt keineswegs, daß »infolgedessen« (!) sie auch die Freiheit gehabt hätten, über ihr Vertriebsgebiet zu entscheiden.
Das veranschaulicht die Tragweite solcher Definitionen und gleichzeitig die Unmöglichkeit, mit handelsrechtlich vorgegebenen Begriffstypen den Sachverhalt angemessen zu erfassen.

1 Bußgeldbescheid vom 21. Juni 1977, S. 63 f.; vgl. oben A IV, 4.

Der Grossist ist heute selbständiger *Unternehmer,* aber nicht mit der Selbständigkeit, die wir in der Regel bei einem selbständigen Unternehmer vorfinden.

Dem Grosso-Geschäft fehlen Merkmale, die es erlauben würden, es dem einen oder anderen handelsrechtlichen Unternehmenstyp vorbehaltlos einzuordnen; andererseits verfügt es über charakteristische Elemente, die jede Zuordnung sprengen.

Das Presse-Grosso erschöpft sich nicht im Handel mit Waren. Aktualität und Periodizität haben den Vertrieb von Zeitungen und Zeitschriften so nachhaltig geprägt, daß es gleichzeitig auch *Dienstleistungscharakter* hat und dieser sogar deutlich überwiegt[2].

Die *Selbständigkeit* des Grossisten ist im Vergleich zu Unternehmen anderer Branchen deutlich *eingeschränkt.* Ihm fehlen die wichtigsten Handlungsparameter, die er im Wettbewerb mit anderen Grossisten einsetzen könnte: die Bestimmung von Preisen und Mengen. Alle Presse-Artikel sind preisgebunden, und die Bestimmung der Menge, das *Dispositionsrecht,* liegt bei Neueinführungen und während einer angemessenen Einführungsphase beim *Verlag,* im übrigen, insbesondere gegenüber dem Einzelhandel, ganz unbestritten beim *Grossisten*[3]. Die Ausübung dieses Dispositionsrechts durch den Grossisten ist jedoch extrem *nachfrageorientiert,* und es ist gerade dieses Kennzeichen der Branche, das eine *optimale Befriedigung der Leserbedürfnisse* gewährleistet. Zudem ist das Verfahren der Disposition in so hohem Maße durch EDV-Einsatz rationalisiert, daß dem Grossisten hier für eine spezifische Unternehmensstrategie kaum Raum bleibt[4]. Der hierin besonders deutlich zutage tretende Dienstleistungscharakter des Grosso enthüllt dabei die *Ungeeignetheit* dieser Funktion für den *Wettbewerb,* andererseits aber auch den in diesem Unternehmenstyp vorherrschenden *Servicecharakter,* dieser als unabdingbare Voraussetzung für die tatsächliche Realisierung von *Presse- und Informationsfreiheit.* Beide Faktoren, Servicecharakter und mangelnde Eignung zum Wettbewerb, stehen dabei in einer unaufhebbaren Wechselbeziehung.

2 Vgl. Reinhard *Mundhenke,* Der Verlagskaufmann, Frankfurt o.J. (1977), S. 49.

3 »Die Befugnis, Art und Menge der dem Einzelhändler gelieferten Objekte zu bestimmen«, ist vom BKartA als eine Besonderheit des Pressevertriebs und als branchenüblich anerkannt worden; vgl. Tätigkeitsbericht über das Jahr 1976, BT-Drucks. 8/704, S. 86.

4 Für Objekte mit höheren Auflagen wurde in einer Zusammenarbeit der Grossisten mit den Verlagen die »Marketing-orientierte Bezugsregulierung« (MBR) entwickelt. Exakte Datenerfassung ist die Basis und die unabdingbare Voraussetzung dieses qualifizierten Regulierungsverfahrens.
Die ständig fortgeschriebene »Einzelhandelsstrukturanalyse« (EHASTRA) des Großhandels unterstützt die bedarfsgerechte Verteilung der kleinen und mittleren Titel.

Weitere konkrete Merkmale, die einer späteren Darstellung vorbehalten sind, gilt es hier aufzuzählen, da sie die Rechtsgestalt des Grossisten maßgeblich mitbestimmen.
Die *Selbständigkeit* des Grossisten äußert sich darin, daß er im eigenen Namen und für eigene Rechnung handelt. Dieses wird jedoch qualifiziert durch das Recht des Großhandels und des Einzelhandels, innerhalb bestimmter Fristen alle Exemplare zurückzugeben, die nicht verkauft wurden. Dieses *Remissionsrecht* mindert das Risiko beider Handelsstufen. Der Handel ist nur mit den Vertriebs- und Lagerkosten der nicht verkauften Exemplare belastet, der Großhandel trägt zudem den Aufwand der Remissionsabwicklung, im übrigen aber geht das Risiko des nicht verkauften Teils der Auflage *zu Lasten der Verlage.* Das *Preisrisiko* schließlich fehlt ganz wegen der Preisbindung.
Die Selbständigkeit des Grossisten ist in einer sehr wesentlichen und wettbewerbsrechtlich umstrittenen Dimension sehr nachhaltig durch die Großverlage eingeschränkt gewesen: in der Bestimmung des *Vertriebsgebiets* und der *Alleinauslieferung* in dem jeweils zugewiesenen, gelegentlich auch mehr oder weniger gewachsenen Vertriebsgebiet. Die einschlägigen Sachverhalte liegen bis zu zwei Jahrzehnten zurück[5]. Sie sind großenteils Gegenstand des noch nicht rechtskräftigen Bußgeldbescheids des Bundeskartellamts vom 21. Juni 1977 – Az. B 4 – 745200-A-195/75. Hier ist die Beschränkung der unternehmerischen Selbständigkeit einer großen Zahl von Grossisten – gelegentlich fast bis zur Aufhebung der Eigenständigkeit bei der Bestimmung der Unternehmenstätigkeit in räumlicher Dimension – in grelles Licht getreten. Das Licht fällt hier auf ein Element im Rechtsstatus des Grossisten, das ihn in die Nähe des handelsrechtlichen *Kommissionärs* rückt[6]. Dabei hat es den Anschein, daß die Beschränkung des Grossisten damals und in der Frage der Demarkation noch über das Maß hinausgegangen ist, in dem herkömmlich der Kommissionär beschränkt wird: seine Weisungsgebundenheit schließt das Absatzgebiet und den Kundenkreis nach einer wohlbegründeten Auffassung *nicht* ein[7].
Die Bestimmung des Einflusses der Großverlage auf die Abgrenzung der Vertriebsgebiete ist mitentscheidend für deren kartellrechtliche Beurteilung. Dieses historische Faktum muß deshalb noch nicht ein für allemal die Definition des Grossisten determinieren. Ebenso wird man sich freilich bei der kartellrechtlichen Würdigung jener Gebietsabgrenzungen davor hüten müssen, aus

5 Vgl. oben zur Geschichte des Grosso A II, 1, b.
6 Vgl. Geschäftsbericht 1951, S. 8.
7 Peter *Ulmer*, Der Vertragshändler, 1969, S. 419.

dem *gegenwärtigen Status* der Grossisten unbedacht Schlüsse auf das Maß ihrer damals gegebenen Abhängigkeit von den Großverlagen zu ziehen[8].

Die Geschäftsberichte des Verbandes Deutscher Buch-, Zeitungs- und Zeitschriften-Grossisten e.V. geben Aufschluß darüber, daß die Grossisten aus bestimmten Anlässen bei den Verlegern um eine größere Selbständigkeit und Unabhängigkeit gerungen haben. Das konnte nur kooperativ erfolgen in Anbetracht ihrer gegenüber den Großverlagen extrem schwachen Position. Niemand der die Berichte liest, wird sich des starken Eindrucks entziehen können, daß die allmählich Boden gewinnende *Behauptung mittelständischer Existenzen* ein idealtypisch überaus bemerkenswerter Vorgang ist, der sich insgesamt als unserer *Wettbewerbsordnung prinzipiell konform* darstellt. Der Anteil des *Grosso-Verbandes* an dieser wünschenswerten Entwicklung kann schwerlich überschätzt werden. Weitsichtige und verantwortungsvolle Persönlichkeiten an der Spitze des Verbandes haben dazu Impulse gegeben. Ein technisch ebenso versiertes wie ideell verpflichtetes Management und ein durch Solidarität motiviertes, ehrenamtliches Engagement eines vergleichsweise unübertroffen hohen Anteils von Mitgliedern dieses kleinen Verbandes haben die vielseitigen Voraussetzungen dafür geschaffen, daß einerseits die Grosso-Funktion auf einen so hohen Entwicklungsstand geführt wurde, der international optimal ist und aus dem deutschen Pressewesen schwerlich weggedacht werden kann; und daß andererseits (was damit zusammenhängt) die Grosso-Position gegenüber den Großverlagen bei allen fortbestehenden Abhängigkeiten sich relativ verselbständigte und *darum* zum Träger einer spezifischen Grosso-Neutralität gegenüber den Verlagen werden konnte[9].

Die Abhängigkeit war eine Herausforderung zur Solidarität, die zur Relativie-

8 In den einschlägigen Gründen der Kartellbehörde wie auch in dem Vorbringen der Betroffenen scheint mir dieses historische Moment einer Entwicklung von damals gegebener extremer Abhängigkeit zu heute erweislicher größerer Selbständigkeit noch nicht die volle Würdigung erfahren zu haben, die es möglicherweise verdient.

9 Vorgänge, über die das Bundeskartellamt in seinem Tätigkeitsbericht über das Jahr 1963 zu berichten hatte, und die nur aus extremer *Abhängigkeit* gegenüber einem oder mehreren Großverlagen erklärt werden können – die Ausgabe einer satirischen Zeitschrift, in der ein namhafter Zeitungsverlag wegen einer bestimmten Tendenz in Karikaturen angegriffen war, wurde von Großhändlern behindert, indem sie den Bezug oder Vertrieb verweigerten: dergleichen hat sich nicht wiederholt. Vgl. zu dem Vorgang BT-Drucks. IV/2370, S. 56. Der Sachverhalt erinnert an die »Blinkfüer«-Entscheidung des BVerfG 25, 256: In dem hier entschiedenen Sachverhalt hatte ein Großverlag den »deutschen Zeitungs- und Zeitschriftenhandel« aus politischen Motiven zum Boykott einer Zeitschrift aufgerufen (ohne daß aus diesem Anlaß dem Grosso ein Vorwurf gemacht wurde).

Vorgänge dieser Art beleuchten die *Neutralität* des Grosso als eine Voraussetzung für Presse- und Informationsfreiheit. Die hier geforderte Neutralität ist nur einem hinreichend *selbständigen* Grosso möglich.

rung der Abhängigkeit instand setzte[10]. Die Geschäftsberichte verzeichnen Beispiele einer Kooperation avant la lettre, die die Grenzen des kartellrechtlich Zulässigen nicht außer acht ließ[11]. Zu ihren Errungenschaften zählt die Einübung mittelständischer Unternehmen in einen unvergleichlich hohen Stand der Technisierung. Der Verband war die Basis für den Widerstand gegen vertikale Expansionstendenzen der Großverlage[12]. Schließlich vermochten sich die Grossisten auch gegen eine unangemessene Beschneidung ihrer wirtschaftlichen Basis wirksam zur Wehr zu setzen[13]. Dabei haben die Grossisten gegenüber den Verlagen den Schutz des Kartellgesetzes (namentlich §§ 17, 22 und 26 GWB)[14]. Der Verband definiert die Voraussetzungen der Mitgliedschaft in § 3 Abs. 2 seiner Satzung: »Großhandelsunternehmen im Sinne der Satzung sind alle Unternehmen, die überwiegend Zeitungen und Zeitschriften kaufen und wieder

10 Man wird in der Geschichte des Verbandswesens weit zurückgehen müssen, um ein Beispiel vergleichbarer Spontaneität zu finden. Es erinnert an beste Verbandstraditionen; dazu J.H. *Kaiser,* Die Repräsentation organisierter Interessen, Berlin 1956; die Schrift hat das Thema der Verbände nach politologischer Kritik an Verbandsherrschaft in die staatsrechtliche Diskussion nach dem Kriege eingeführt.

11 Ein »Grosso-Rahmenvertrag«, der von den Verbänden der Grossisten und der Verleger ausgearbeitet war, wurde vom BKartA als Kartellbildung oder als Empfehlung beurteilt, je nachdem ob der Muster-Vertrag als für die Mitglieder verbindlich zu verstehen war, oder ihnen nur empfohlen wurde (Tätigkeitsbericht über das Jahr 1972, BT-Drucks. 7/986, S. 83).
Vgl. Geschäftsbericht 1972, S. 33–38.

12 Mit der ihnen jeweils zur Verfügung stehenden Kraft haben sich die Grossisten in ihrem Verband gegen die Einrichtung von verlagsabhängigen Grosso-Unternehmen in Hamburg und Berlin zur Wehr gesetzt, am nachdrücklichsten in dem Fall Saarbrücken; vgl. Geschäftsbericht 1972, S. 56 ff. Die Grossisten konnten die Gründung dieser Verlags-Vertriebstöchter nicht verhindern. Sie haben jedoch durch ihren Widerstand und durch die große Publizität, die sie dem Verlagsvordringen gegeben haben, dazu beigetragen, daß sich weitere Einbrüche nicht ereignet haben – vgl. dazu oben A IV, 2 c.
Als durch den Heinrich Bauer Verlag eine Liefersperre gegen die Grosso-Firma Richter in Essen verhängt wurde – s. o. A IV, 3 – hat der Verband dem Grossisten den Rücken gestärkt, und im Ergebnis wurde eine bemerkenswerte *Objektivierung der Rechtsbeziehungen zwischen Verlagen und Grossisten* erreicht. Die damals von beiden Parteien anerkannte Rechtsauffassung ist heute ein *Maßstab* für das Verhalten der Verleger mit normativer Kraft.

13 Preiserhöhungen und Änderungen der Mehrwertsteuer wurden von Verlagen mehrfach zum Anlaß genommen, die *Netto-Handelsspanne* des Großhandels zu kürzen. Besonders heftig war die Auseinandersetzung mit dem Heinrich Bauer Verlag, als dieser den Funktionsrabatt für den Großhandel abschaffen wollte, indem er eine neue Verteilung der Mehrbeträge aus Preiserhöhungen durchzusetzen versuchte. Dem vermochten die Grossisten zu widerstehen.
Ähnlich wurde mit Erfolg auch ein Versuch des Axel Springer Verlages abgewehrt, in der Zeit der Papierkrise und der hohen Papierpreise unter Berufung darauf eine andere Aufteilung der Mehrerlöse aus Preiserhöhungen zugunsten der Verlage durchzusetzen bzw. für eine vorübergehende Zeit den Gesamterlös aus einer Preiserhöhung insgesamt dem Verlag vorzubehalten.
Bei der ersten Erhöhung der Mehrwertsteuer auf 5,5 % setzten sich die Grossisten dafür ein, daß die Aufteilung der Mehrbelastung aus der Mehrwertsteuer nach der Wertschöpfung der einzelnen Handelsstufen geschehe. Bei dieser Gelegenheit konnten sich die Grossisten damit jedoch nicht durchsetzen; die Verlage vermochten die Mehrbelastung zu je einem Drittel auf Verlag, Großhandel und Einzelhandel zu verteilen. Bei der jüngsten Erhöhung der Mehrwertsteuer konnte sich jedoch die Auffassung des Groß- und Einzelhandels durchsetzen.

14 Zu Einzelfragen der Handelsspanne vgl. unten Teil D III 4 c.

verkaufen, Wiederverkäufer nicht am Gewinn beteiligen, nicht als Zeitungs- und Zeitschriften-Verleger oder überwiegend als Lieferanten des Zeitungs- und Zeitschriften-Großhandels auftreten oder weder direkt noch über eine Teilhaberschaft mit Verlagen oder Lieferanten verbunden sind«.
Unter Respektierung gegebener Mitgliedschaften zur Zeit des Inkrafttretens der Satzung hat der Verband die Aufnahme *verlagsabhängiger* Grossisten konsequent abgelehnt. Dieses Beharren auf Selbständigkeit und Unabhängigkeit des Grosso gegenüber den Verlagen hat volle Anerkennung durch die Rechtsprechung erfahren[15].
Der Bundesgerichtshof hat die Ablehnung der Aufnahme in den Verband wegen der Beherrschung des Unternehmens durch einen *Großverlag* als sachlich gerechtfertigt bestätigt (§§ 27, 35 GWB), da bei der gebotenen wirtschaftlichen Betrachtungsweise ein solches Beherrschungsverhältnis nicht außer Betracht bleiben könne (BGH aaO. (Fn. 15), 1062). Werde das um Aufnahme bemühte Unternehmen von einem Großverlag beherrscht, dann sei »dies ein Tatbestand, bei dem von vornherein ernsthaft in Zweifel steht, ob sich dieses Unternehmen, wenn im Einzelfall auch verlegerische Interessen eine Rolle spielen, so mit den spezifischen Großhandelsinteressen des Verbandes identifizieren kann, wie das bei jedem Mitglied als selbstverständlich vorausgesetzt wird« (BGH aaO., 1063).
Dasselbe müßte sinngemäß im Falle eines Großvertriebsunternehmens gelten, an dem maßgeblich *Einzelhändler* beteiligt wären; es besteht Grund zu der Annahme, daß der BGH in einem solchen Fall entsprechend entscheiden würde.

15 In den Jahren 1964 und 1965 hatte das West-Berliner Pressegroßvertriebsunternehmen Berliner Presse Vertrieb GmbH mehrfach die Aufnahme in den Verband Deutscher Buch-, Zeitungs- und Zeitschriften-Grossisten beantragt. Dies hatte der Verband abgelehnt, weil das Unternehmen als Tochtergesellschaft der mehrheitlich in Händen des Verlages Gruner + Jahr befindlichen Deutschen Buchversand Verlags- und Vertriebs-GmbH faktisch von Gruner + Jahr beherrscht wurde und somit nicht als selbständig angesehen werden konnte. Die daraufhin von dem Unternehmen erhobene Klage auf Aufnahme in den Verband wurde von allen Instanzen abgewiesen (OLG Düsseldorf in WuW/E OLG 981 – »Zeitungsgroßhandel« –; BGH in WuW/E BGH 1061 – »Zeitungsgroßhandel II« –).

II. Der Presse-Großhandel als Bestandteil der Wirtschaftsbranche Presse

»Eine Darstellung der Medien als Wirtschaftsgruppe existiert bisher nicht. Ihre einzel- und gesamtwirtschaftliche Bedeutung ist weder zusammenhängend noch einheitlich erhoben worden«[1].

In der Medienwirtschaft ist die Presse der mit Abstand größte Einzelbereich. Der Umsatz der Zeitungs- und Zeitschriftenverlage wird für 1975 mit 11,5 Mrd. DM angegeben[2]. Der Umsatz des Presse-Grosso belief sich 1975 auf 2,4 Mrd. DM; für 1978 wird ein Umsatz von 2,75 Mrd. DM erwartet.

Der Presse-Vertrieb zählt zu den zentralen infrastrukturellen Voraussetzungen jeder modernen Industriegesellschaft. Die regelmäßige und pünktliche Versorgung der Bevölkerung mit den verschiedensten Objekten von Druckmedien setzt wirtschaftliche Abläufe voraus, aus denen der Presse-Großhandel nicht hinweggedacht werden kann. Seine Funktion ist weniger in das öffentliche Bewußtsein getreten als Verlagsleitungen, Redaktionen und Druckereien, weil der mittelständische Großhandel »lautlos« und ohne Aufhebens funktioniert. In enger Partnerschaft mit Verlagen und Vertretungen des Einzelhandels sind die durch das Grosso vollzogenen wirtschaftlichen Abläufe zum Teil bis zu einem Grade vervollkommnet, der schwer vorstellbar ist.

Das sei an folgendem Beispiel veranschaulicht: Für jede Auflagensteuerung durch die Verlage ist die möglichst frühzeitige Kenntnis der Verkaufsdaten überaus wesentlich (nicht zuletzt wegen der stark gestiegenen Papierpreise). Nur zwei Tage nach Einholung der Remission (diese erfolgt ein bis drei Tage nach Verkaufsschluß)[3] werden in Datentelegrammen die Verkaufsdaten verschlüsselt, on line, unmittelbar in die Computer der Verlage eingegeben.

Ein Vergleich mit anderen Branchen veranschaulicht die außerordentliche Schnelligkeit dieses Vorgangs. Die Stahlindustrie ist stolz darauf, mehrere Wochen nach einem gesetzten Termin, etwa nach Monatsende, die entsprechenden Zahlen ausweisen und für die Konjunktursteuerung an den Bundeswirtschaftsminister und an die Kommission der EG in Brüssel weitergeben

1 Eberhard *Moths,* Medien als einzel- und gesamtwirtschaftliches Phänomen, in: Media Perspektiven 8/1978, S. 541.
Bisher erschienen amtliche Statistiken für die Bereiche Film 1973 und Presse 1975.

2 *Moths,* aaO., S. 545.

3 Je nach Erscheinungstag fällt bei einigen Objekten der Verkaufsschluß mit der Einholung der Remission zusammen, so z. B. beim »Spiegel«, für den also zwei Tage nach Verkaufsschluß die Daten an den Verlag gegeben werden.

zu können. Bei fast allen übrigen Branchen dauert die Erfassung dieser Daten mehrere Monate. Das Presse-Grosso erfaßt und übermittelt die entsprechenden Zahlen drei bis fünf Tage nach dem Endverkaufstag in jeder Woche[4].
Gegenwärtig wird im Datenaustausch zwischen Grosso-Unternehmen und Verlagen das SCT-Verfahren – Standard Code Translation – angewandt: Die Großhandlung gibt bestimmte Daten über einen Fernschreiber verschlüsselt an den Verlag weiter. Der vom Verlags-Fernschreiber ausgegebene Lochstreifen kann sogleich in den Computer eingegeben und verarbeitet werden. Per SCT werden z. B. die nachfolgenden Daten übermittelt:
Melde-Remission, Lagerrest nach Erstauslieferung an den Einzelhandel, Lagerremission, Anzahl eingeschalteter Einzelhändler, Anzahl ausverkaufter Einzelhändler.
Diese schnelle Datenübermittlung dient im Verlag insbesondere der möglichst exakten Auflagendisposition. Hier werden die aktuellsten Daten berücksichtigt, die per SCT übertragenen Daten der Remission dienen auch der maschinellen Gutschriftserstellung.
Das SCT-Verfahren soll demnächst durch das ISPC-Verfahren abgelöst werden[5].
Diese Leistung ist also nicht nur eine Voraussetzung für die Optimierung der Auflagensteuerung auf seiten der Verlage, sie entlastet natürlich auch deren Debitoren-Buchhaltung und führt auch insofern zu wesentlichen Ersparnissen.
Das Presse-Grosso wird Leistungen dieser Art noch ausbauen zu einem umfassenden Vertriebsinformationssystem (VIS), das in parallelen Ausschüssen der Grossisten und der Verleger, die ihre Ergebnisse miteinander abstimmen, gegenwärtig erarbeitet wird.
Andere Mechanismen, die sich der Großhandel in Zusammenarbeit mit Verlagen und Einzelhändler-Vertretungen geschaffen hat, sind insbesondere die Marketing-Orientierte Bezugsregulierung und die Einzelhandels-Strukturanalyse. Diese jeden Fachmann und jeden Laien und jeden Ausländer in Erstaunen setzenden technischen Leistungen stellen unvergleichlich hohe Anforderungen an die mittelständischen Unternehmen des Presse-Grosso. Diese Leistungen können auch in einer modellgetreuen Wettbewerbswirtschaft überhaupt *nicht* oder jedenfalls nicht wirtschaftlich erbracht werden.
Es ist wesentlich, die Vorausssetzungen für diese Leistung zu kennen und ihnen in der medienpolitischen wie presse- und wettbewerbsrechtlichen Beurteilung des Presse-Grosso Rechnung zu tragen.

4 Aufschlußreich sind Vergleiche mit dem Presse-Großhandel im Ausland. In Frankreich beispielsweise sind die Daten erst bis zu acht Wochen nach Verkaufsschluß verfügbar, dieses trotz (oder wegen!) der hohen Zentralisierung der Auslieferung durch die N.M.P.P. in Paris, dieses vor allem wegen der späten und auf einem von der Auslieferung getrennten Wege durchgeführten Remission.
5 Vgl. Geschäftsbericht 1978, S. 36 ff.

Die vorbehaltlose, perfekte Transparenz setzt als Regel die Verantwortung eines dieser mittelständischen Grossisten für sein eigenes Vertriebsgebiet voraus. *Vorausgesetzt werden ein Unternehmenstyp und ein Unternehmensbewußtsein, für die als Unternehmensziel das Funktionieren des Systems noch vor der Gewinnerzielung rangiert.* Dieses natürlich auch aus Gründen eines sich in mancher Gestalt manifestierenden *Standesethos,* vor allem aber auch aus *wirtschaftlichen Motiven.* Mit dem mangelhaften Funktionieren des Systems würde das ganze Grosso, mit der mangelhaften Leistung eines einzelnen Grossisten würde dessen Unternehmen in seiner Existenz bedroht sein[6].

Das *Gebietsmonopol* ist dafür die angemessene räumliche Basis. Die Optimierung jener Service-Funktionen, die nicht im Wettbewerb erbracht werden können, setzt eine innerhalb des Vertriebsgebiets nicht dem Wettbewerb ausgesetzte Position voraus, dieses gerade auch im Hinblick auf den *mittelständischen Zuschnitt* des Presse-Großhandels.

6 In der verdienstvollen Dissertation von Dieter *Stammler,* Die Presse als soziale und verfassungsrechtliche Institution, Eine Untersuchung zur Pressefreiheit nach dem Bonner Grundgesetz, Berlin 1971, ist »die Presse im gesamtwirtschaftlichen Geflecht« ein vielversprechender Gliederungspunkt (S. 72).

Verf. beschränkt sich jedoch auf die beiden Behauptungen, die privatkapitalistische Interessenverflechtung der Presse finde auch im redaktionellen Teil ihren Niederschlag, und als integrierter Bestandteil des kapitalistischen Wirtschaftssystems habe die Presse die Funktion, Hauptinstrument der Bedürfnisweckung zu sein; als »ausgezeichnetes Beispiel dafür« nennt er die frühere Zeitschrift »Jasmin«.

Verf. verkennt dabei die dem privatwirtschaftlichen System der Presse eigenen besonderen *Leistungsanreize* und die für das Funktionieren des Systems wichtigen Sanktionen des Leistungsabfalls. Der *Pressevertrieb* auf der Großhandelsstufe, den Verf. nicht berücksichtigt, muß in seiner privatwirtschaftlich-mittelständischen Unternehmensform um seines Überlebens willen *kontinuierlich eine außerordentlich hohe Leistungsbereitschaft* vorhalten.

III. Die Zugehörigkeit des Presse-Großhandels zu der verfassungsrechtlich gebotenen und geschützten Position und Funktion der Presse: ihre für die Demokratie »schlechthin konstituierende« Funktion

1. *Die Funktion der Presse in der Deutung des Bundesverfassungsgerichts*

Das Bundesverfassungsgericht hat die Pressefreiheit *weit ausgelegt*[1]. Sie »erstreckt sich auf die gesamten mit der inhaltlichen und stofflichen Herstellung und Verbreitung der Druckerzeugnisse . . . zusammenhängenden Vorgänge«[2]. Inhalt und Funktion des Grundrechts sind durch das Bundesverfassungsgericht in einer Reihe von grundsätzlichen Entscheidungen umschrieben worden[3]. Der Begriff der Presse ist weit und abstrakt auszulegen. Die inhaltliche Bewertung einzelner Objekte ist für die Bemessung des Grundrechtsschutzes prinzipiell irrelevant. Der Grundrechtsschutz gilt in vollem Umfang darum auch für die Unterhaltungs- und Sensationspresse[4], wobei freilich in der Abgrenzung der Pressefreiheit von anderen verfassungsrechtlich geschützten Rechtsgütern berücksichtigt werden kann, »ob die Presse im konkreten Fall eine Angelegenheit von öffentlichem Interesse ernsthaft und sachbezogen erörtert, damit den Informationsanspruch des Publikums erfüllt und zur Bildung der öffentlichen Meinung beiträgt oder ob sie lediglich das Bedürfnis einer mehr oder minder breiten Leserschicht nach oberflächlicher Unterhaltung befrie-

1 Die Entfaltung der Rechtsprechung ist nachgezeichnet durch die Bundesverfassungsrichter Erwin *Stein,* Presserechtliche Leitsätze anhand der Rechtsprechung des Bundesverfassungsgerichts, in: Deutscher Presserat, Tätigkeitsbericht 1970, S. 18 ff., und Konrad *Hesse,* Grundlinien der Rechtsprechung des Bundesverfassungsgerichts zu den Grundrechten des Art. 5 Abs. 1 GG seit 1970, in: Deutscher Presserat, Jahrbuch 1978, S. 56 ff.

2 Ulrich *Scheuner,* Pressefreiheit, VVDStRL 22, 1965, S. 98; vgl. zum Ganzen auch Roman *Schnur,* VVDStRL 22, 1965, S. 101 ff.

3 BVerfGE 10, 118 (121); 12, 205 (260); 20, 162 (174 ff.); 25, 256 (268 f.); 34, 269 (282 f.).

4 BVerfGE 34, 269 (283); vgl. auch Ernst *Forsthoff,* Der Verfassungsschutz der Zeitungspresse, Planungsstudien 3, Frankfurt 1969, S. 19 f.: »Mit dem Verständnis der staatsgerichteten Pressefreiheit sind alle Versuche unvereinbar, dieses Grundrecht nur bestimmten Presseerzeugnissen vorzubehalten, andere, wie etwa alle Presseerzeugnisse, die nicht zur Bildung der öffentlichen Meinung beitragen, sondern lediglich Unterhaltung, Amüsement bieten wollen oder effektiv nur bieten, vom Genuß des Grundrechts auszuschließen. Sie sind mit einem einzigen Argument zu widerlegen. Die Grenze, die zwischen der seriösen und der unseriösen Presse zu ziehen wäre, würde keineswegs sinnfällig sein. Sie müßte deshalb von Fall zu Fall durch eine Entscheidung festgelegt werden.«

digt«[5]. So hat das Bundesverfassungsgericht in dieser »Soraya-Entscheidung« begründet, daß »dem Schutzbedürfnis der privaten Sphäre der Klägerin ein überwiegendes Allgemeininteresse an der öffentlichen Erörterung« – dazu in Gestalt eines erfundenen Interviews – nicht gegenüberstand. Solche Kriterien der Rechtsgüterabwägung besagen jedoch nicht, daß der Unterhaltungs- und Sensationspresse der volle Grundrechtsschutz versagt werden dürfte. Das Gegenteil hat das Gericht in derselben Entscheidung deutlich ausgesprochen.

Das Grundrecht der Pressefreiheit umfaßt herkömmlich alle zur Verbreitung geeigneten und bestimmten Druckerzeugnisse geistigen Inhalts[6]. Presse i. S. der Pressefreiheit sind »Massenvervielfältigungen geistigen Sinngehalts, die der Meinungsbildung, Unterrichtung, Erbauung oder Unterhaltung des Publikums dienen«[7]. Dieser extensive Pressebegriff umfaßt auch Schallplatten und Tonbänder, die durch Musik oder verbal Sinngehalte verbreiten, nicht jedoch *Warenhauskataloge,* mag ihre Verbreitung (als non-press-Artikel) über Presse-Grosso und Einzelhändler auch naheliegen.

»Die Pressefreiheit umfaßt auch den Anzeigenteil«, denn »auch eine Anzeige stellt eine Nachricht dar«. Dabei macht es keinen Unterschied, ob der Inserent die Leser auffordert, »ihm ein Angebot zum Abschluß eines Vertrages über den in der Anzeige bezeichneten Gegenstand zu machen«, oder ob »der Anzeigende seine eigene Meinung verbreiten will« (politische Parteien, wirtschaftliche und kulturelle Vereinigungen sowie Einzelpersonen). »Dies gehört zu der typischen Aufgabe der Presse, und da ›in der Veröffentlichung von Anzeigen die Weiterverbreitung von Nachrichten liegt‹, wird ›auch der Anzeigenteil von der Pressefreiheit umfaßt‹«[8]. Unter den Schutz der Pressefreiheit fallen auch die *Anzeigenblätter.* Die Abwägung zwischen dem Schutz dieser Blätter und anderen verfassungsrechtlich geschützten Rechtsgütern stellt sich hier jedoch als eine der Pressefreiheit interne Problematik dar, da Anzeigenblätter die Existenz von Tageszeitungen bedrohen können und dadurch »die mit besonderem verfassungsrechtlichen Schutz ausgestattete Pressevielfalt« bedrohen können. Das Bundeskartellamt sieht keinen Grund, zu ihrem Schutz aus Art. 5 GG den Verhaltensspielraum marktbeherrschender Zeitungsunternehmen einzuengen, »da das Wettbewerbsrecht hinreichende Entscheidungskriterien zur Verfügung stellte«[9]. In der Anzeigenblattproblematik erweisen sich die allgemeinen Ge-

5 BVerfGE 34, 269 (283).
6 Vgl. dazu die Legaldefinitionen in den Landespressegesetzen, z. B. § 6 Bayer. PresseG, § 7 Hamb. PresseG, § 7 Nordrh.-Westf. PresseG.
7 Martin *Löffler,* Presserecht I, 2. Aufl., München 1969, V, Rdz. 86.
8 BVerfGE 21, 271 (278 f.).
9 Bericht des Bundeskartellamtes über seine Tätigkeit im Jahre 1977, BT-Drucks. 8/1925, S. 43. Bemerkenswert ist der hier zutage tretende enge Zusammenhang zwischen Pressefreiheit und dem die Pressefreiheit instrumental schützenden Wettbewerbsrecht (GWB und UWG), auf den in anderem Zusammenhang zurückzukommen ist.

setze GWB und UWG als Schranken der Pressefreiheit (Art. 5 Abs. 2 GG)[10]. Der »grundlegenden Bedeutung, die dem Bestand und der Existenzfähigkeit eines freien Pressewesens im demokratischen Staat zukommt, muß auch die Art und Weise, in der sich ein Verleger im Wettbewerb mit anderen Presseorganen durchzusetzen versucht, Rechnung tragen«[11].

Art. 5 GG gewährleistet die Pressefreiheit nicht nur als »ein subjektives Grundrecht für die im Pressewesen tätigen Personen und Unternehmen . . . , das seinen Trägern Freiheit gegenüber staatlichem Zwang verbürgt und ihnen in gewissen Zusammenhängen eine bevorzugte Rechtsstellung sichert«, sondern Pressefreiheit hat »auch eine objektiv-rechtliche Seite. Sie garantiert das Institut ›Freie Presse‹«[12]. Die »öffentliche Aufgabe«[13] der Presse, die »ein Wesenselement des freiheitlichen Staates« ist, sieht das Bundesverfassungsgericht in der Funktion, den Bürger umfassend zu informieren und »zugleich als ständiges Verbindungs- und Kontrollorgan zwischen dem Volk und seinen gewählten Vertretern in Parlament und Regierung« zu wirken.

Schon im Lüth-Urteil hatte das Bundesverfassungsgericht von dem Grundrecht auf freie Meinungsäußerung festgestellt: »Für eine freiheitlich-demokratische Staatsordnung ist es schlechthin konstituierend. . . . Es ist in gewissem Sinn die Grundlage jeder Freiheit überhaupt«[14]. Die Aussage *»schlechthin konstituierend«* für die freiheitliche Demokratie hat das Bundesverfassungsgericht im Nordrhein-Westfalen-Urteil[15] auf das Grundrecht der Pressefreiheit ausgedehnt, »weil die Presse zur politischen Meinungsbildung entscheidend beiträgt«. Gleichzeitig hat das Gericht in Art. 5 GG »die institutionelle Eigenständigkeit der Presse von der Beschaffung der Information bis zur Verbreitung der

10 Gefährdet ein Anzeigenblatt eine Tageszeitung durch Einbruch in deren Anzeigengeschäft, so kann das den Vorwurf der Unlauterkeit begründen. Im Wettbewerb zwischen Tageszeitungen gilt das schon im Fall einer starken Verbindung von Zeitung und Anzeigenblatt. Setzt eine marktbeherrschende Tageszeitung im Wettbewerb mit anderen Tageszeitungen Anzeigenblätter ein, so kann sie nur ausnahmsweise dem Vorwurf der Unlauterkeit (mit der Folge der Unzulässigkeit) entgehen (BKartA, aaO., S. 43).

11 BGH DVBl. 1968, 458 (459) betreffend kostenlose Verteilung eines Anzeigenblattes mit redaktionellem Teil (Stuttgarter Wochenblatt); vgl. auch BGHZ 19, 392 ff. betreffend Freiburger Wochenbericht.

12 BVerfGE 20, 162 (175) – »Spiegel-Entscheidung«.

13 Der Terminus, den Landespressegesetzen entnommen, wird vom Bundesverfassungsgericht selbst in Anführungszeichen gesetzt (aaO.). Kritisch dazu Manfred *Rehbinder,* Die öffentliche Aufgabe und rechtliche Verantwortlichkeit der Presse, Berlin 1962; *Ders.,* Öffentliche Aufgabe der Presse: Was ist das?, NJW 1963, S. 1387; *Ders.,* Schweizerisches Presserecht, Bern 1975, S. 25 ff. Vgl. auch Ernst *Forsthoff,* Verfassungsschutz der Zeitungspresse, Planungsstudien 3, Frankfurt 1969, S. 20 f. mit weiteren Nachw.

14 BVerfGE 7, 198 (208): Dieses Grundrecht ermögliche erst die ständige geistige Auseinandersetzung, den Kampf der Meinungen, der das Lebenselement der freiheitlich-demokratischen Staatsordnung sei. Vgl. auch schon BVerfGE 5, 85 (134).

15 Nichtig-Erklärung des § 4 des Nordrhein-Westfälischen Gesetzes über die Berufsausübung von Verlegern etc., BVerfGE 10, 121.

Nachricht und der Meinung gewährleistet« gesehen[16]. Das ist ständige Rechtsprechung[17] und auch im Schrifttum ganz unbestritten.

2. *Verfassungsrechtliche und privatwirtschaftliche Faktoren in der Struktur des Presse-Grosso*

Das Grundrecht der Pressefreiheit umfaßt ganz unbestritten außer der Produktionsstufe auch den gesamten *Pressevertrieb:* Die vom Bundesverfassungsgericht dafür geprägte Formel »Verbreitung der Nachricht und der Meinung«[18] ist zu eng, was sich schon darin gezeigt hat, daß die Einbeziehung auch des Anzeigenteils in das Grundrecht der Pressefreiheit begründet wurde mit dem Satz, eine Anzeige stelle eine Nachricht dar[19]. Da das Grundrecht der Pressefreiheit, wie dargelegt[20], auch für die Unterhaltungs- und Sensationspresse gilt, umfaßt es zwingend auch deren Vertrieb[21].
Die Pressefreiheit gilt für den Pressegroß- und Einzelhandel ebenso wie für die Verlagsstufe in ihrer doppelten Ausformung: als *subjektives* Grundrecht der im Pressevertrieb tätigen natürlichen Personen und Unternehmen, und außerdem mit der objektiv-rechtlichen Seite dieses Grundrechts: Pressegroß- und einzelhandel sind Bestandteil des Instituts »Freie Presse«; die »institutionelle Eigenständigkeit der Presse«[22] gilt in vollem Umfang auch für Pressegroß- und Einzelhandel.
Die Eigenart des Wirtschaftssektors Presse hat das Bundesverfassungsgericht im Fernseh-Urteil – in Unterscheidung von den Rundfunkanstalten – näher umschrieben[23]. »Eine relativ große Zahl von selbständigen und nach ihrer Tendenz, politischen Färbung oder weltanschaulichen Grundhaltung mitein-

16 BVerfGE 10, 118 (121).
17 Konrad *Hesse,* Grundlinien der Rechtsprechung, in: Deutscher Presserat, Jahrbuch 1978, S. 65 f. Aus Art. 5 Abs. 1 Satz 1 GG ist schließlich auch das Grundrecht der Informationsfreiheit als »für die freiheitlich-demokratische Grundordnung schlechthin konstituierend« entwickelt worden; vgl. BVerfGE 27, 88 (98).
18 BVerfGE 10, 118 (121); 12, 205 (260).
19 BVerfGE 21, 271 (279). S. auch oben B III, 1.
Mit Recht kritisch Konrad *Hesse,* Grundzüge des Verfassungsrechts der Bundesrepublik Deutschland, 10. Aufl., Heidelberg/Karlsruhe 1977, § 12 I Anm. 79: die Eigenschaft der Anzeigen als »Nachrichten« sei nicht immer zweifelsfrei.
20 S. oben B III, 1.
21 Die besonderen Probleme der Rechtsgüterabwägung, die dabei auftreten können (vgl. BVerfGE 34, 269 (283)), stellen sich entsprechend auch beim Pressevertrieb.
22 BVerfGE 10, 118 (121) und in ständiger Rechtspr.
23 BVerfGE 12, 205 (261).

ander konkurrierenden Presseerzeugnissen« ist für das deutsche Pressewesen kennzeichnend. Überdies hatte das Gericht schon im »Spiegel-Urteil« festgestellt: »Presseunternehmen müssen sich im gesellschaftlichen Raum *frei bilden* können. Sie arbeiten nach *privatwirtschaftlichen Grundsätzen* und in *privatrechtlichen Organisationsformen.* Sie stehen miteinander in geistiger und wirtschaftlicher *Konkurrenz*«[24].

Die private Unternehmensform des Presse-Grosso ist damit verfassungsrechtlich garantiert. Forderungen nach einem öffentlichen Vertriebssystem, die auf die Beseitigung der gegenwärtigen Grosso-Struktur gerichtet sind[25], scheitern am Grundrecht der Pressefreiheit.

Folgt aus der Auslegung der Pressefreiheit durch das Bundesverfassungsgericht – »Presseunternehmen . . . in geistiger und wirtschaftlicher Konkurrenz«[26] – auch die Verpflichtung der Presse-Großhändler zum Wettbewerb untereinander? So wie ohne Zweifel daraus das *Gebot des Wettbewerbs auf der Verlagsebene* folgt?

»Mit der Pressefreiheit . . . gehen Pflichten einher, die um so ernster genommen werden müssen, je höher man das Grundrecht der Pressefreiheit einschätzt«. Dazu zählt beispielsweise die Pflicht der Presse zur wahrheitsgemäßen Berichterstattung[27]. Aus der Pressefreiheit resultieren auch Wettbewerbspflichten. Zutreffend hat das Bundeskartellamt die Frage erwogen, ob Art. 5 GG den Verhaltensspielraum marktbeherrschender Zeitungsunternehmen noch über die wettbewerbsrechtlichen Schranken hinaus zusätzlich einengt[28].

Das aus Art. 5 Abs. 1 GG deduzierte Wettbewerbsgebot bedarf im Hinblick auf die (u. U. auch) impliziten Ober- und Untersätze und Modalitäten dieses richterlichen Syllogismus der näheren Bestimmung. Der wirtschaftliche Wettbewerb ist im Geltungsradius des Grundrechts der Pressefreiheit *kein Selbstzweck* und er hat in jenem Syllogismus nicht die Stellung einer fraglos geltenden Prämisse. Der Wettbewerb hat in diesem Argumentationszusammenhang nicht den Charakter eines Apriori. Das Bundesverfassungsgericht stellt den Pluralismus im deutschen Pressewesen fest: die Vielfalt der hinsichtlich ihrer Tendenz, politischen Färbung oder weltanschaulichen Grundhaltung verschiedenen Presseerzeugnisse; es konstatiert und erhebt zum verfassungsrechtlichen Prinzip die Vielfalt von »miteinander konkurrierenden Presseerzeugnissen«[29]. Deren geistige und wirtschaftliche Konkurrenz – und konsequent die Kon-

24 BVerfGE 20, 162 (175).
25 S. oben A, IV, 1.
26 BVerfGE 20, 162 (175).
27 BVerfGE 12, 113 (130) – »Presse-Fehde-Urteil«.
28 Tätigkeitsbericht 1977, BT-Drucks. 8/1925, S. 43; vgl. auch oben B III, 1 mit Anm. 8.
29 BVerfGE 12, 205 (261).

kurrenz der diese Presseerzeugnisse produzierenden Verlage – ist das aus dem Grundrecht der Pressefreiheit deduzierte Gebot.
Für die horizontale Struktur des Presse-Grosso folgt daraus *nicht* die Verlängerung des Wettbewerbsgebots von der Verlags- auf die nachgeordnete Großhandelsstufe; sie könnte aus Art. 5 GG nicht begründet werden. Dem Grundrecht der Pressefreiheit und dem darin enthaltenen Prinzip der Pressevielfalt entspricht vielmehr die Grosso-Struktur am besten, die für Marktzutritt und für geistige und wirtschaftliche Konkurrenz von Presseerzeugnissen und ebenso der sie produzierenden Verlage die besten Bedingungen bietet. Das ist nicht der Wettbewerbsgrossist, sondern, wie noch näher darzulegen ist, der Alleingrossist.

Teil C

Das Presse-Grosso unter dem Regime des Art. 5 GG

I. Die volle Teilhabe des Presse-Grosso an den privilegierenden und schützenden Wirkungen der Pressefreiheit

Die »institutionelle Eigenständigkeit der Presse« gilt ohne Einschränkung auch für das Presse-Grosso, da das Bundesverfassungsgericht in ständiger Rechtsprechung die Presse in diesem Zusammenhang ausdrücklich umschrieben hat mit der Formel »von der Beschaffung der Information bis zur Verbreitung der Nachricht und der Meinung«[1]. Die Verfassungsgarantie der institutionellen Eigenständigkeit des Presse-Grosso ebenso wie der anderen Presse-Unternehmen, insbesondere der Verlage, begründet Rechte und Pflichten.

Die *Vertriebsfreiheit* ist Bestandteil der Pressefreiheit. Träger der Vertriebsfreiheit sind die Verlage und der Handel[2]. Diese Konkretisierung der Pressefreiheit schützt sowohl die im Vertrieb tätigen natürlichen Personen wie auch die den Vertrieb betreibenden Unternehmen[3].

Vertriebsfreiheit bedeutet an erster Stelle Grundrechtsschutz gegenüber der öffentlichen Gewalt. »Dieser Verfassungsgarantie widerspräche es, die Presse oder einen Teil von ihr unmittelbar oder mittelbar von Staats wegen zu reglementieren oder zu steuern.« Dieser Satz, mit dem das Bundesverfassungsgericht die Wirkung des Grundrechts des Art. 5 Abs. 1 Satz 2 GG in ständiger Rechtsprechung umschreibt[4], gilt in vollem Umfang zugunsten jedes einzelnen Trägers der Vertriebsfreiheit[5]. Diese Aussage ist von großer praktischer Bedeutung: Sie ist eine Grundlage der *Neutralität* des Grosso.

1 BVerfGE 10, 118 (121); 12, 205 (260).

2 Vgl. Karl Heinz *Salzmann*, Tatsächlich besteht Vertriebsfreiheit, ZV+ZV 1968, S. 1080.

3 Unbestritten gelten das Grundrecht der Pressefreiheit und dessen Konkretisierung, die Vertriebsfreiheit, gemäß Art. 19 Abs. 3 GG auch für inländische juristische Personen.

4 BVerfGE 12, 205 (260).

5 »Eine Einflußnahme des Staates« hält das BVerfG mit dieser verfassungsmäßigen Garantie der Pressefreiheit nur dann für vereinbar, wenn sie im Wettbewerb – beispielsweise »mit der Fülle der vom Staat unabhängigen Zeitungen und Zeitschriften« – im Ergebnis »an dem Bild der freien Presse substantiell nichts ändern würde« (BVerfGE aaO).
Dieser Fall ist in bezug auf das Presse-Grosso gegeben: Der Presse-Großhandel befindet sich im Wettbewerb mit dem Postzeitungsdienst der Deutschen Bundespost, der hauptsächlich den Transport von Zeitungen und Zeitschriften sogar zu hoch subventionierter Gebühr umfaßt (vgl. oben A I, 6). Die Einflußnahme des Bundes auf diesen mit dem Presse-Grosso konkurrierenden Vertriebsweg zeigt sich in der gesetzlichen Normierung und mit praktischen Auswirkungen für die Wettbewerbsstellung dieses Vertriebswegs vor allem in der Bestimmung des staatlichen Zuschusses zu diesem extrem defizitären Vertriebsweg.

Die durch das Grundrecht geschützte »Staatsfreiheit« der Presse einschließlich des Presse-Grosso ist die Verfassungsschranke, die sich jedem Programm einer Überführung des Presse-Großhandels in irgendeine Art von öffentlich-rechtlichem Dienstleistungszweig entgegenstellt[6]. »Daß eine Verstaatlichung der Presse unter keinen Umständen mit dem Grundgesetz vereinbar wäre«, hielt Horst *Ehmke* mit Recht für so evident, daß es näherer Ausführungen darüber nicht bedürfe[7].

Das Grundrecht der Vertriebsfreiheit schützt jeden einzelnen Grossisten jedoch nicht nur vor staatlichen Eingriffen, sondern auch vor einer Schmälerung der Vertriebsfreiheit durch Dritte, selbst wenn *Dritte* ebenfalls Träger der Vertriebsfreiheit sind, wie die *Verlage.* Ein Großverlag hatte »vom Deutschen Zeitungs- und Zeitschriftenhandel« verlangt, die hauptsächlich im Raum Hamburg verbreitete Wochenzeitung »Blinkfüer«, da sie DDR-Rundfunkprogramme publiziere, nicht zu vertreiben. Das Bundesverfassungsgericht sah darin eine Aufforderung zum Boykott eines Presseunternehmens, die durch das Grundrecht der freien Meinungsäußerung nicht geschützt war und gegen das Grundrecht der Pressefreiheit verstieß; zum Schutz des Instituts der freien Presse müsse die Unabhängigkeit von Presseorganen auch »gegenüber Eingriffen wirtschaftlicher Machtgruppen mit unangemessenen Mitteln auf Gestaltung und Verbreitung von Presseerzeugnissen gesichert werden«[8]. So wie das Bundesverfassungsgericht hier den Herausgeber und Chefredakteur einer Wochenzeitung gegen die Boykottdrohung durch einen Verlag geschützt hat, so hätte es auch die Adressaten jener Boykottaufforderung, nämlich die Pressegroß- und einzelhändler, aus denselben Gründen schützen müssen, falls diese die Sache durch Verfassungsbeschwerde beim Bundesverfassungsgericht anhängig gemacht hätten. Denn die »wirtschaftlichen Machtmittel«, mit denen nach dem Tenor jener Entscheidung die Aufforderung zum Boykott durchgesetzt werden sollte, richteten sich wie der Aufruf jenes Verlages an die Adresse der Groß- und Einzelhändler. Deren grundrechtlich geschützte Vertriebsfreiheit war dadurch ebenso tangiert wie die Pressefreiheit des Herausgebers und Chefredakteurs von »Blinkfüer«.

Das Beispiel zeigt, daß die Vertriebsfreiheit den Grossisten und Einzelhändlern u.U. auch Schutz gegenüber Verlagen zu bieten vermag, unbeschadet des Rechts der Verlage, den Vertriebsweg zu wählen.

6 Presseunternehmen – und das gilt auch für Groß- und Einzelhändler – müssen sich im gesellschaftlichen Raum frei bilden können. »Sie arbeiten nach privatwirtschaftlichen Grundsätzen und in privatrechtlichen Organisationsformen« (BVerfGE 20, 162 (175)).

7 Verfassungsrechtliche Fragen einer Reform des Pressewesens, in: Festschrift für Adolf *Arndt*, Frankfurt 1969, S. 117. Zu jener Zeit wurde eine Verstaatlichung der Presse »in der Diskussion auch von niemandem gefordert oder empfohlen«.

8 BVerfGE 25, 256 (268) – »Blinkfüer-Urteil«.

Die Pressefreiheit umfaßt »auch die Freiheit der Gründung, den Bestand und die Tätigkeit« – privatwirtschaftlicher – »Presseunternehmungen«[9]; sie hat freilich dem Bestand eines freien und funktionsfähigen Pressewesens zu dienen und nicht in erster Linie den wirtschaftlichen Interessen der einzelnen Unternehmen. So läßt sich beispielsweise eine Sonderstellung hinsichtlich der Ausgestaltung der nachbarrechtlichen Beziehungen aus der Pressefreiheit nicht herleiten[10].

9 Konrad *Hesse,* Grundzüge des Verfassungsrechts der Bundesrepublik Deutschland, 10. Aufl. 1977, S. 162.

10 Vgl. BGH in Nachschlagewerk hrsg. v. Lindenmaier u. Möhring Nr. 4 zu § 906 BGB; Nächtlicher Lärm durch Zeitungsdruck; JZ 56, 346.

II. Grossospezifische Unternehmensbindungen und Leistungspflichten

Die Grundrechte gewährleisten heute nicht mehr nur individuelle Freiheit gegenüber hoheitlichen Eingriffen der Staatsgewalt, sie sind längst zu Elementen einer objektiven Gesamtrechtsordnung geworden. Ihre gegenständliche Bedeutung hat eine weite Ausdehnung erfahren. Von ihnen gehen starke Wirkungen aus auf alle Bereiche der Rechtsordnung, das Wettbewerbsrecht – wie hier festzustellen naheliegt – nicht ausgenommen.

Für die Pressefreiheit gilt das in besonderem Maße. Sie schützt nicht nur gegen staatliche Eingriffe, sondern, wie das Bundesverfasssungsgericht gerade am Beispiel des Vertriebs verdeutlicht hat[1], auch gegenüber Presse- und Vertriebsfreiheit einschränkender ökonomischer Macht[2]. Die Pressefreiheit ist dabei als ein Konstitutionsprinzip der Demokratie ein unabdingbares Element unserer staatlichen und politischen Ordnung. Diese Funktion des Grundrechts zu gewährleisten, den wechselnden Bedingungen anzupassen und zu optimieren ist nicht nur eine *Verantwortung* der öffentlichen Gewalt, insbesondere des Gesetzgebers, sondern auch der *Grundrechtsträger.* Den aus dem Grundrecht resultierenden Berechtigungen und Privilegierungen stehen entsprechende *Pflichten* gegenüber, ohne die weder die Gewährleistung der durch sie normierten Freiheiten noch ihre objektivrechtliche Funktion innerhalb der Gesamtrechtsordnung gedacht werden kann[3].

Sie wirken sich aus auf die Rechtsbeziehungen zwischen den Trägern der Pressefreiheit, wobei hier ihre Wirkung auf das dreistufige Vertriebssystem – Verlage, Grosso, Einzelhandel – im Vordergrund steht. In bezug auf die *Verlage* bestand

1 Im »Blinkfüer-Urteil«, BVerfGE 25, 256.
Der Verband Deutscher Buch-, Zeitungs- und Zeitschriften-Grossisten hat in einer »Stellungnahme zu den Vorfällen um Blinkfüer (1961) und Pardon (Heft 2/1962)« – gegen dessen Auslieferung Grossisten rechtliche Bedenken hatten, nachdem das erste Heft von Pardon in verschiedenen Gebieten beschlagnahme worden war – aus der Sicht des Vertriebs sich ausgiebig mit den einschlägigen Problemen befaßt (abgedr. bei Olaf Triebenstein, Gutachten über die volkswirtschaftliche Bedeutung des Zeitungs- und Zeitschriften-Großhandels in der BRD, 1969 [hektographiert], Anhang).
Der Verband reagierte damit auf kritische Deutungen jener Vorgänge, beispielsweise durch Peter *Glotz* und Wolfgang R. *Langenbucher,* Monopol und Kommunikation, in: Publizistik, 1968, S. 168 f.

2 Im Schrifttum hat diese Auslegung weite Zustimmung gefunden; vgl. statt anderer Ulrich *Scheuner,* Pressefreiheit, VVDStRL 22, 1965, S. 73.

3 Das gehört heute zu den Elementarien jener Lehre von den Grundrechten.

wiederholt Anlaß, das festzustellen. Es ist hier daran zu erinnern, daß außer durch das Bundesverfassungsgericht (im »Blinkfüer-Urteil«) auch durch den Bundesgerichtshof entschieden wurde, daß die Art und Weise, in der ein Verleger Wettbewerb treibt, »dem Bestand und der Existenzfähigkeit eines freien Pressewesens im demokratischen Staat« Rechnung tragen muß[4]. Dementsprechend ist auch das Rechtsverhältnis zwischen Verlagen und Grosso durch jene Folgerungen aus dem Prinzip der Pressefreiheit determiniert, worauf später zurückzukommen ist.
Hier ist im Lichte jener Prinzipien, wie sie durch die angeführte Rechtsprechung konkretisiert worden sind, über die aus der Vertriebsfreiheit resultierenden Bindungen und Leistungspflichten des Grosso zu sprechen.

1. *Neutralität*

»Die neutrale Verteilungs- und Versorgungsfunktion des Großhandels mit Presseerzeugnissen« haben sich die Mitglieder des Grosso-Verbandes 1976 durch Beschluß gelegentlich ihrer Mitgliederversammlung zur Pflicht gemacht[5]. Das Grosso ist neutral gegenüber dem gesamten ZZ-Angebot der Verlage. Ohne Diskriminierung aus politischen, weltanschaulichen oder welchen Gründen auch immer stellt es seinen Vertriebsapparat für alle durch die Verlage angebotenen Objekte zur Verfügung und erbringt die damit verbundenen vielfältigen Leistungen wie speditive Lieferung der Daten für die Auflagensteuerung etc. durch die Verlage. Das ist die Voraussetzung dafür, daß allen Verlagen ein gleichmäßiger Zugang zum Vertrieb gesichert ist und daß jede Zeitung oder Zeitschrift an jedem Ort in der Bundesrepublik etwa zur gleichen Zeit bezogen werden kann – unbestrittene Forderungen, wie sie in den Medienpapieren der politischen Parteien enthalten sind. Jedes Objekt ist ab dem vom Verlag vorgeschriebenen Erstverkaufstag im Angebot.
Es wäre keine unzulässige Diskriminierung, wenn aus *wirtschaftlichen Gründen* Zeitungen und Zeitschriften im Ablauf der Großhandelsfunktion eine unterschiedliche Behandlung durch das Grosso erfahren würden: wenn es insbesondere, im Hinblick auf die einzelnen Objekte, seine Funktion nach dem betriebs-

4 BGH DVBl. 1969, 459. Es handelte sich um die kostenlose Verteilung eines Anzeigenblattes mit redaktionellem Teil (Stuttgarter Wochenblatt).
Hervorzuheben ist, daß der BGH hier die entscheidenden Maßstäbe für das Verhalten im *Wettbewerb* der Funktion der freien Presse im demokratischen Staat entnommen hat und dadurch die Auslegung der einschlägigen Wettbewerbsregeln (hier § 1 UWG) hat bestimmen lassen.
5 Geschäftsbericht 1977, S. 8.

wirtschaftlich selbstverständlichen Kriterium der *Kostendeckung* bemessen würde. Für das Presse-Grosso ist das jedoch kein Bestimmungsgrund. Es ist im Branchenvergleich durchaus *einzigartig,* daß keinem Objekt der Zugang zum Markt verwehrt wird, weil es zu niedrige Copy-Preise hat (und so zu niedrige Stückerträge liefert), weil die Remission im Verhältnis zum Rabatt zu hoch ist etc. Auch ist bisher kein Objekt aus einer so begründeten Unwirtschaftlichkeit vom Grosso nachträglich vom Markt ausgeschlossen worden.

Diese bis tief in den Bereich der Unwirtschaftlichhkeit durchgehaltene *Neutralität* gegenüber allen Objekten (die eine unabdingbare Voraussetzung für die tatsächlich gegebene Pressevielfalt ist) hat natürlich zur wirtschaftlichen Voraussetzung, daß die große Zahl der Objekte, deren Verteilung unwirtschaftlich ist (das sind ca. 80 %!)[6] vom Grosso aus den Erträgen der restlichen 20 % *alimentiert* wird.

Ein ausreichender Funktionsrabatt[7] ist die notwendige wirtschaftliche Basis einer so weitgehenden Neutralität. Würden die Verleger der im Grosso ertragsstarken Objekte den Funktionsrabatt der ertragsstarken Objekte in einer Weise beschneiden, die auf eine Verkürzung der Alimentationsfunktion hinauslaufen würde, so würden sie damit auch jener extensiven Neutralität die wirtschaftlichen Voraussetzungen beschneiden und damit das System untergraben, von dem sie selber ein Teil sind.

Die Neutralität entspricht nach den Feststellungen des Bundeskartellamts auch dem Eigeninteresse der Grossisten: »Der Gebietsgrossist ist . . . notwendigerweise daran interessiert, *jedes angebotene Objekt* auch in sein Sortiment aufzunehmen. Denn jedes abgelehnte Objekt birgt die Gefahr, daß der betreffende Verlag aus dem Vertriebssystem ausschert und damit Außenseiter über ein Randsortiment im Grosso-Bereich Fuß fassen und das System der Gebietsmonopolisten aufbrechen könnten. Deshalb müssen *auch schwer verkäufliche Objekte* im Einzelhandel untergebracht werden«[8]. Dabei würde »die kaufmännische Kalkulation sehr wohl eine Differenzierung der Leistungen, ja der Auslieferung überhaupt, rechtfertigen«[9]. Aber die Neutralität und jenes Eigeninteresse an der Erhaltung des Systems verpflichten den Grossisten, auch kleinauflagige Objekte zu führen, obwohl betriebswirtschaftliche Kriterien eine Selektion i.S. einer Konzentration auf die hochauflagigen und ertragsstarken Titel der Großverlage nahelegen würden.

6 S. oben A I. 1
7 dazu s. unten D III, 4c
8 Tätigkeitsbericht 1976, BT-Drucks. 8/704, S. 86. Hervorhebungen nicht im Original.
9 Karl Heinz *Salzmann,* Tatsächlich besteht Vertriebsfreiheit, ZV+ZV 1968, S. 1080.

Die vorstehend angeführte Bemerkung des Bundeskartellamts ist inhaltlich wenig überzeugend. Sie ist dennoch charakteristisch, weil sie zeigt, wie schwierig es ist, für jene im Widerspruch zur Gewinnmaximierung praktizierte *Neutralität* des Presse-Grosso eine auf das Ökonomische reduzierte, einsichtige Motivation anzugeben.
Es ist darum verständlich, daß jener Neutralität nationalökonomische und juristische Wettbewerbstheorie mit Skepsis begegnet sind. Die Prämisse ist dabei immer die Vorstellung, daß Verlage mit hohem Marktanteil für sich Vorzugsbedingungen im Grosso-Vertriebssystem erzwingen könnten. Sie findet sich schon im Bericht der Michel-Kommission[10]. Die Presse-Kommission (Günther-Kommission) hat sich dem Thema mit größerer Ausführlichkeit gewidmet: »Grossisten geraten leicht in die Abhängigkeit von Großverlagen, wenn ein hoher Teil ihrer Umsätze mit den Erzeugnissen eines Großverlages erzielt wird. Je höher der Anteil eines Verlages ist, desto größeren Einfluß kann er auf die Sortimentspolitik des Grossisten nehmen.« Dieser könne einen Entzug des Vertriebsauftrages nicht riskieren. Das habe Folgen für den Newcomer auf dem Zeitungsmarkt. Ihm könne der Zugang zum Vertrieb erschwert werden; er sei dem Wohlverhalten bereits etablierter Verleger unterworfen[11].
Das Bundeskartellamt hat in seinem Bußgeldbescheid gegen 17 betroffene Grosso-Unternehmen vom 9. Juni 1977 ebenfalls ausgeführt, das System der Alleingebietsgroßhändler sei »geeignet, die Möglichkeiten der Verlage, ihren Presseobjekten durch den Vertrieb über das ZZ-Grosso Marktzutritt zu verschaffen, zu beeinträchtigen«. Der fehlende Wettbewerb auf der Großhandelsstufe sei »geeignet, insbesondere die Marktzutrittsmöglichkeiten kleiner und mittlerer Verlage zu verschlechtern. Angesichts einer monopolistischen Vertriebsstruktur auf der Großhandelsstufe können sie in Gefahr geraten, für ihre häufig kleinauflagigen und nicht so ertragsreichen Titel keinen Grossisten zu finden . . .« (S. 67 f.).
Jüngst hat auch Ernst-Joachim *Mestmäcker* in einer im Auftrage des Bundesministers des Innern durchgeführten vergleichenden wirtschaftsrechtlichen Untersuchung die Auffassung vertreten, der oligopolistische Wettbewerb der Zeitschriftenverlage bestimme auch das Vertriebssystem. »Die faktische Kontrolle des Absatzweges durch die Großverlage beruht auf dem für jeden Großhändler unverzichtbaren Umsatzanteil ihrer Erzeugnisse. Daraus entstehen übereinstimmende Interessen von Großverlagen und Großhändlern an der Berechenbarkeit, Planbarkeit und Wirtschaftlichkeit des Absatzes.« Die Großhändler seien in die Vertriebsplanung der Großverlage faktisch integriert. Diese Ver-

10 Kommission zur Untersuchung der Wettbewerbsgleichheit von Presse, Funk/Fernsehen und Film, Bericht vom 25. September 1967, BT-Drucks. V/2120, S. 167.
11 Schlußbericht vom 14. Juni 1968, BT-Drucks. V/3122, S. 37, vgl. auch S. 16 und 45.

triebsorganisation entscheide über die Bedingungen, zu denen der Zugang zum Markt möglich sei. Das Großhandelssystem sichere zugunsten der Großverlage »neben der Kontrolle des Absatzes der eigenen Erzeugnisse den Einfluß auf die Bedingungen, unter denen Konkurrenzprodukte vertrieben werden. Darüber hinaus ist es für kleinere Verlage und Newcomer im Ergebnis unmöglich, einen von den Großverlagen unabhängigen Zugang zum Markt zu finden«[12].

Das sind erstaunliche Thesen! Sie entbehren einer Fundierung, die dem stark affirmativen Tenor der Aussagen einigermaßen entsprechen würde. Sie stützen sich auf nichts anderes, als auf die vorstehend angeführten Quellen: Berichte der Michel- und Günther-Kommissionen und auf den Bußgeldbescheid des Bundeskartellamts »ZZ-Grosso« vom 9.6.1977. Für das Verhältnis Grosso – Einzelhändler wird auch der Tätigkeitsbericht 1976 des Bundeskartellamts herangezogen, in dem Verf. anderes hätte lesen können[13]. *Mestmäcker* führt aus dem Bußgeldbescheid vom 9.6.1977 des Bundeskartellamts noch die dort S. 11 wiedergegebene Protokollnotiz eines Grossisten an, der zufolge ein Großverlag aufgrund seiner Stellung als bedeutendster Geschäftspartner des Grosso verlangt habe, nicht wie die anderen vielleicht 150 Verlage eingestuft, sondern bevorzugt behandelt zu werden[14]. Das Bundeskartellamt hat diese Forderung des Verlages nach bevorzugter Behandlung aus der Aufzeichnung eines Grossisten zitiert, es hat aber mit keinem Wort festgestellt, daß dieser Grossist ihr auch nachgegeben habe[15]. Solche empirischen Nachweise sucht man in den hier angeführten, gegen die Neutralität des Grosso argumentierenden Stellungnahmen vergebens. Die Presse-Kommission hat empirische Nachprüfungen nicht vornehmen können und hat dafür in Abschnitt B 1 ihres Berichts die Gründe genannt. Olaf *Triebenstein* äußert Verständnis dafür, daß die nationalökonomische Theorie und Empirie die Vermutung nahelege, »daß ein hoher Marktanteil eines Produzenten an einem Gesamtmarkt die nachfolgenden Handelsstufen in der Freiheit ihrer Sortimentsgestaltung u.U. erheblich beeinflussen *kann*«[16]. Es sind in der Tat die glasklaren Denkfiguren und die aus vorgegebenen Prämissen entwickelten kohärenten Argumentationssysteme, derentwegen *Mestmäcker* mit Recht bewundert wird. Das Presse-Grosso fügt sich wegen mancherlei Be-

12 Medienkonzentration und Meinungsvielfalt, Baden-Baden 1978, S. 180 f., 183 f.

13 S. oben Anm. 6: Tätigkeitsbericht 1976, BT-Drucks. 8/704 S. 86. Hervorhebungen nicht im Original. – Auf einige, wahrscheinlich auf eine flüchtige Redaktion zurückgehende Unstimmigkeiten und Textunterschiede zwischen der Publikation und dem ursprünglichen Rechtsgutachten »Verlagskonzentration und Meinungsvielfalt im Pressewesen« für den Bundesminister des Innern – dazu vgl. Grosso-Geschäftsbericht 1978, S. 142 ff. – braucht hier nicht eingegangen zu werden.

14 *Mestmäcker,* aaO., S. 184, Anm. 28.

15 Daß Grossisten anderen Forderungen der Großverlage, insbesondere nach Abgrenzung der Vertriebsgebiete, entsprochen haben, ist ein ganz andersartiger Sachverhalt, der keineswegs den Schluß erlauben würde, kleinere Verlage seien dadurch diskriminiert worden.

16 AaO., S. 31.

sonderheiten, auch aus jenem vom Bundeskartellamt festgestellten Eigeninteresse, nicht ohne weiteres in das aus der Anschauung anderer Branchen gewonnene Bild ökonomischer Zusammenhänge und Abhängigkeiten ein. Die Prämissen darauf gerichteter Argumentationen bedürfen konkreter, branchenbezogener, empirischer Analyse.

Die Wirklichkeit vermittelt ein anderes Bild als jene Literatur. Jedes Grosso-Unternehmen vertreibt durchschnittlich 1250 deutschsprachige Pressetitel. Hinzukommt eine unterschiedlich große Zahl, etwa 200 – 300, von fremdsprachigen Zeitungen und Zeitschriften[17]. Das ist ein reiches Sortiment! Die mit so viel Nachdruck vorgetragene These, Großverlage und Grosso-Gebietsmonopole seien geeignet, die Marktzutrittsmöglichkeiten kleiner und mittlerer Verlage zu verschlechtern, wird *widerlegt durch die fortlaufend große Zahl neuer Objekte auf dem Markt.* Für 1976 werden 395 Neuaufnahmen verzeichnet, von denen 71 wieder eingestellt wurden; für 1977: 426 Neuaufnahmen, davon 88 Einstellungen[18]. Innerhalb dieser zwei Jahre wurden insgesamt 662 Titel neu aufgenommen; das sind monatlich fast 28 neue Objekte[19]. Läßt diese große Zahl neuer Objekte den Schluß zu, Großverlage und Grosso-Struktur erschwerten den Marktzutritt so vieler Newcomer?

»Zwischen kleinen und großen Verlagen bestehen auf dem Vertriebssektor weit mehr Wechselbeziehungen, als bei oberflächlicher Betrachtung angenommen wird.« Großverlage haben mit ihren Objekten zeitweise Märkte erschlossen, z.B. auf dem flachen Land (das sagt man der Bild-Zeitung nach, auf deren »Schleppe« kleinere, auch ganz anders orientierte Objekte wie »Vorwärts«, »Rheinischer Merkur« etc. nachrückten, soweit sich für sie Käufer fanden[20]). »Gewisse Schrittmacher-Eigenschaften sind dabei den Großen nicht abzusprechen, die später auch den Kleineren zugute kommen«[21]. Das gilt auch für Methoden der Auflagenüberwachung und -steuerung durch die Großverlage.

Falls die Großen Druck ausgeübt haben, dann hat das Presse-Grosso bisher »solchen Pressionen widerstehen können«[22]. Im Vergleich mit den anderen Ab-

17 S. oben A I 1. Aus der Remittenden-Abrechnung eines Grossisten allein mit seinem Hauptlieferanten ausländischer Titel entnehme ich die Zahl von 207 fremdsprachigen Titeln. Der größte Importeur fremdsprachiger Objekte, die W.E. Saarbach GmbH, Köln, führt in ihrem Angebot 509 fremdsprachige Titel.

18 Quelle ist die Rubrik »up date« der Fachzeitschrift dnv, Jahrgänge 1976 und 1977.

19 Vgl. im einzelnen, insbesondere auch hinsichtlich des dadurch verursachten finanziellen Aufwandes, den das Grosso leistet, oben A III 3 b.

20 Der Chefredakteur des »Vorwärts«, Klaus Detlef *Funke* berichtete in einer Podiumsdiskussion gelegentlich der Jahrestagung des Presse-Grosso in Baden-Baden am 15.9.78, er habe anderen Kleinen wie dem »Bayern-Kurier«, »Rheinischer Merkur« etc. eine Verständigung über gemeinsame Belange im Vertrieb vorgeschlagen.

21 Karl Heinz *Salzmann,* Tatsächlich besteht Vertriebsfreiheit, aaO., S. 1082.

22 Peter *Menke-Glückert,* Der Medienmarkt im Umbruch, Ein aktueller Leitfaden, Frankfurt 1978, S. 104.

satzmittlern, dem Bahnhofsbuchhandel, dem werbenden Buch- und Zeitschriftenhandel und den Lesezirkeln »gewinnt der *selbständige* und *neutrale* ZZ-Großhandel für die Pressevertriebsfreiheit ständig an Bedeutung . . . ohne ihn wären die Einzelhändler und deren Sortiment noch stärker nach den Großverlagen ausgerichtet . . . Die Pressevertriebsfreiheit im Einzelverkauf wird bisher am besten gesichert durch die rechtliche und wirtschaftliche Erhaltung des Grosso, das überhaupt erst eine freie Käuferentscheidung am Kiosk ermöglicht. Es dürfte schwerfallen, dafür einen Ersatz zu finden«[23].

Zwischen Verlagen und Einzelhandel wahrt das Grosso eine *neutrale Position* als eine Voraussetzung seiner Existenz. Es unterscheidet sich damit wesentlich sowohl vom Einzelhandel wie von den Verlagen. Anders als die Verlage können Grosso-Unternehmen, als Konsequenz ihrer Neutralität, *nicht den Tendenzschutz* des § 118 des Betriebsverfassungsgesetztes für sich in Anspruch nehmen[24]. Die Abwesenheit des Tendenzschutzes ist für das Grosso typisch, der Verzicht auf eine Tendenz ist eine Verpflichtung.

Den Einzelhandel trifft diese Verpflichtung nicht in demselben Maße. Es ist auch nicht Aufgabe des Großhandels, auf den Regalen des Einzelhandels jedem Artikel innerhalb bestimmter Objektgruppen seinen Platz zuzuweisen. Verlage veranstalten Plazierungswettbewerbe im Einzelhandel mit dem Ziel, die Präsentation eines oder mehrerer ihrer Presseerzeugnisse zu verbessern. »Für die Einräumung besonders verkaufsaktiver Plätze . . . werden vom Verlag Preise verlost«[25]. Dem Großhandel wäre ähnliches nicht erlaubt. Das Gebot der *Neutralität* erlaubt ihm weder die Veranstaltung noch die Teilnahme an solchen Händlerwettbewerben.

2. *Alimentierung*

Alimentiert werden ertragsschwache, *kleinauflagige Objekte* und *Kleinverkaufsstellen* mit unterdurchschnittlichen Umsätzen.

Die Alimentierungsfunktion unterscheidet das Presse-Grosso von dem Groß-

23 Franz *Ronneberger* und Reinhard *Möstl,* Vertriebsprobleme der Presse, von der Bundesregierung in Auftrag gegebenes Gutachten, Februar 1973, in: Kommunikationspolitische und kommunikationswissenschaftliche Forschungsobjekte der Bundesregierung (1971-1974), Bonn 1974, S. 119 f. Beide Verf. sind gewohnt, empirisch zu arbeiten. Vgl. auch Reinhard *Möstl,* Der Absatz von Zeitungen und Zeitschriften als Kommunikationsmittlerleistung, Erlanger rer.pol.Diss. 1974.

24 A.A. Martin *Löffler,* Presserecht I, 2. Aufl. 1969, 13 Rdz. 28, der auch den Grossisten den Tendenzschutz zuspricht, wobei er sich auf die BGH-»Blinkfüer«-Entscheidung stützt (NJW 1964, S. 29), die jedoch vom BVerfG aufgehoben wurde (BVerfGE 25, 256).

25 Gruner + Jahr, Wörterbuch des Vertriebs, November 1976, Art. Plazierungswettbewerb.

handel aller anderen Branchen. Sie verdrängt das Prinzip der Gewinnmaximierung; aus betriebswirtschaftlichen Kriterien ist sie nicht zu rechtfertigen. Das hat natürlich Konsequenzen für die ökonomische und rechtliche Beurteilung des Presse-Grosso als Ganzem: Maßstäbe und Kriterien, zu deren Anwendungsprämissen Gewinnmaximierung oder ähnliche Motivationen zählen, können auf das Presse-Grosso nicht unbesehen angewandt werden.
Im Durchschnitt führen Grossisten rund 1250 verschiedene Pressetitel. Davon erbringen weniger als 6% der Titel rund 80% des Gesamtumsatzes! Das sind die »Brotobjekte«. Das Angebot der restlichen 94% der Objekte erzielt nur rund 20% des Grosso-Gesamtumsatzes.
Brotobjekte sind die Titel der hochauflagigen Massenpresse (z.B. Bild, Stern, Hör Zu), die hauptsächlich von den vier Großverlagen geliefert werden. Diese Titel sind ertragsstark wegen ihrer hohen Umsatzquote und ihrer niedrigen Remission. Die Remission der hochauflagigen Titel beträgt rund 20%, die der kleinauflagigen Objekte rund 50% vom Bezug[26]. Von den mehr als 84000 Einzelhändlern erbringen nur rund 28% der Händler überdurchschnittliche Umsätze, mit nur rund 8% werden durchschnittliche und damit kostendeckende Umsätze erreicht, während 64% der Händler unterdurchschnittliche und nicht mehr kostendeckende Umsätze aufweisen.
Aus den Brotobjekten alimentiert der Grossist die kleinauflagigen Titel, und aus den Umsätzen mit 28% seiner Kunden alimentiert er 64% seiner Abnehmer, mit deren Belieferung der Presse-Großhändler kontinuierlich Verluste erwirtschaftet[27]. Dabei sind die Erträge gerade der Brotobjekte gleichzeitig bedroht durch Rabattkürzungsbegehren der Großverlage sowie durch wachsende Kosten, bedingt vor allem durch das Verlangen der Großverlage nach Leistungssteigerung.
Das Verhältnis von ertragsstarken und ertragsschwachen Objekten verschlechtert sich, und ebenso auch das Verhältnis zwischen der gewinnbringenden und der verlustbringenden Belieferung von Einzelhändlern. Wegen annähernder Marktsättigung bei den Großobjekten erfolgt die Umsatzausweitung allgemein nur im Bereich der kleinauflagigen Zielgruppen-Objekte.
Die Zahl der Verkaufstellen ist laufend gestiegen wegen der guten Rentabilität des Pressesortiments für den Einzelhandel. In einem nur wenig erweiterungsfähigen Markt verschlechtert das notwendig die Relation zwischen gewinn- und verlustbringender EH-Belieferung.
Der Großhandel anderer Branchen kennt derartige Alimentierungen nicht. Er kann sich durch Sortimentsbeschränkung und durch Kundenselektion jederzeit von unrentablen Objekten und verlustbringenden Geschäften mit Kleinstkun-

26 Vgl. Hans *Mende*, Presse-Grosso, Skizze eines unbekannten Marktes, Merkur Texte, 1978, S. 11 ff.
27 Vgl. Hans *Mende*, aaO., S. 17.

den trennen. Das Presse-Grosso hat diese sich überall sonst von selbst verstehende unternehmerische Handlungsfreiheit *nicht*.

3. *Wettbewerbsrechtliche Sanktionen*

Neutralität und Alimentierung sind die singulären Pflichten des Presse-Grosso. Woraus resultieren diese Bindungen? Sie sind der Presse-Vertriebsfreiheit inhärent.

Die Erfüllung von Pflichten dieser Art wäre nicht unbedingt gewährleistet, wenn Pflichtwidrigkeiten nicht mit Sanktionen bedroht wären.

Die gesetzliche Grundlage dieser Sanktionen findet sich in § 22 (Befugnisse der Kartellbehörde gegenüber marktbeherrschenden Unternehmen) und § 26 GWB (Verbot von Bezugs- und Liefersperren). Presse-Grossisten sind Adressaten dieser Normen, weil sie in ihren Vertriebsgebieten eine Alleinstellung haben. Andernfalls wäre die Erfüllung der für die tagtägliche Realisierung der in Art. 5 GG verbürgten Presse- und Informationsfreiheit ganz unabdingbaren Pflichten der Presse-Großhändler nicht gewährleistet. Die Erfüllung jener Pflichten könnte nämlich nicht mit den Sanktionen erzwungen werden, die das einschlägige Instrumentarium des GWB, ähnlich wie das UWG, für den »vom Staat zu leistenden Schutz der Institution Pressefreiheit« bereithält[28].

Wegen ihrer Alleinstellung in ihrem Vertriebsgebiet sind die Presse-Grossisten gegenüber Verlagen und Einzelhändlern mit Bindungen belastet, die einem *Kontrahierungszwang* nahe kommen. Ohne Gebietsmomopole gäbe es nicht die Sanktionen aus §§ 22 und 26 GWB. Die Kartellbehörden würden nicht über dieses Instrumentarium zum Schutze der Pressefreiheit verfügen.

Die Rechtsprechung zögert bei Konflikten auf den Pressemärkten freilich nicht, die Unlauterkeit gemäß § 1 UWG aus der Pressefreiheit des Art. 5 GG zu bestimmmen. Aber würde den Grossisten ernsthaft Unlauterkeit vorgeworfen werden können, wenn sie sich von verlustbringenden Objekten und Einzelhändlern trennen würden?

Die Gebietsmonopole erweisen sich so als *Voraussetzung für eine sanktionsbewehrte Realisierung der Presse- und Informationsfreiheit.* Diese wäre nicht denkbar ohne das breite Sortiment (unter Einschluß der für das Grosso verlustbringenden Titel und ohne die Ubiquität, Überall-Erhältlichkeit der Presse, wie sie durch das dichte EH-Vertriebsnetz, unter Einschluß der 64 % der Händler, die dem Grosso Verluste bringen, gewährleistet wird).

28 Bericht des BKartA über seine Tätigkeit im Jahre 1977, BT-Drucks. 8/1925, S. 43.

Die Gebietsmonopole können darum aus dem Presse-Vertriebssystem der Bundesrepublik schwerlich hinweggedacht werden, ohne daß man es einer wesentlichen Voraussetzung für sein effizientes, den Freiheitsverbürgungen des Art. 5 GG optimal entsprechendes Funktionieren berauben würde.

III. Grossospezifische Unternehmensrisiken

Zu dem Bild des Presse-Grosso gehören spezifische Risiken. Sie entsprechen großenteils den Besonderheiten des Presse-Grosso und können mit den Unternehmensrisiken anderer Branchen nur schwer verglichen werden:

1. *Die Anfechtungen des bestehenden Systems*

Sie erklären sich zum Teil aus der spezifischen Affinität des Mediums Presse zur politischen Macht. Die dadurch motivierte Forderung nach einem öffentlich-rechtlichen Vertriebssystem ist existenzbedrohend.[1]

2. *Das Preisrisiko*

Die lückenlose Preisbindung auf allen Stufen ist pressespezifisch. Aus der Preisbindung folgt eine vorgegebene Großhandelsspanne.
Würde sie dem Grosso durch die Preisbinder, die Verlage, oktroyiert, so würden diese unzweifelhaft rechtswidrig handeln (§§ 17, 22, 26 GWB).
Das spezifische Grosso-Risiko ergibt sich hier jedoch nicht nur aus der Preisbindung durch die Verlage, sondern aus dem Umstand, daß für den Preis der Ware Presse überwiegend Einnahmen aus dem Anzeigengeschäft ausschlaggebend sind, aus einem Markt also, auf dem Groß- und Einzelhandel gar nicht in Erscheinung treten und an dessen Erträgen sie nicht partizipieren. Das hat für den Handel u.U. schwerwiegende Konsequenzen.
Verlage können eine Gewinnmaximierung dadurch anstreben, daß sie mit relativ niedrigem Vertriebspreis eine relativ hohe Auflage und dadurch mehr Erträge im Anzeigengeschäft zu erreichen suchen. Das geht zu Lasten der Einnahmen des Handels aus den Handelsspannen, obwohl mit dem Anzeigenvolumen auch das Gewicht der Objekte steigt und die »Auslieferungs-Tonnage« zunimmt, ohne daß diese Belastung durch eine entsprechende Mehrvergütung kompensiert wird.

3. *Das Streikrisiko*

Streiks im Pressewesen sind in jedem Fall etwas Besonderes; sie tangieren mit

1 Vgl. auch oben A IV.

der Presse- und Informationsfreiheit ein für die Demokratie konstitutives Element[2].

Zahl und Dauer der Streiks im Pressebereich waren in den letzten Jahren besonders hoch. Dabei wurde nicht nur die Bedeutung der Tagespresse für die Demokratie, sondern auch ihre Rolle im täglichen Leben, auch ihre allgemein-wirtschaftliche Funktion deutlich sichtbar. Durch das Ausbleiben von Zeitungen wurden Kleingewerbler und Mittelstand wirtschaftlich getroffen, soweit sie ihre Kundschaft über Inserate gezielt ansprechen. Umsatzeinbußen erlitten Kinos und Theater und alle Vergnügungsstätten. So erwies sich das Medium als Faktor von Gewicht in der Infrastruktur einer modernen Industriegesellschaft. Besonders getroffen waren jedoch Pressegroß- und einzelhandel. Bei Zeitungskiosken ging auch der Umsatz von Süßigkeiten und anderen Naschereien zurück[3]. Durch den Ausfall von Presseumsätzen erlitt der Einzelhandel im Frühjahr 1978 einen Schaden von ca. DM 7.290.000,–, der gesamte Presse-Großhandel einen Verlust von ca. DM 6.250.000,–[4].

Die Verluste des Presse-Handels durch Streiks waren bisher in allen Fällen verursacht durch Streiks auf der Vorstufe. Durch sie wird der Presse-Handel viel stärker betroffen als der Handel anderer Branchen. Seine Chancen, Umsätze zu tätigen, hängen von der Stetigkeit der Produktion ab. Zeitungen und Zeitschriften können nur begrenzt auf Vorrat gehalten werden. Streikbedingte Umsätze sind endgültig verloren. Sie können nach Ablauf des Streiks nicht, wie in den meisten anderen Branchen, durch Mehrumsätze kompensiert werden.

Streiks im Pressebereich können darum für den Presse-Handel unverhältnismäßig schnell existenzbedrohend werden. Die rechtliche, u.U. gerichtliche Beurteilung solcher Streiks darf davon nicht absehen.

2 Vgl. statt anderer Karl *Hernekamp*, Der Schutz des allgemeinen Informationsbedürfnisses bei presserelevanten Arbeitskämpfen, BB 1976, S. 1329, mit weiteren Nachw.
Zeitungsstreiks verletzten grundsätzlich nicht die Pressefreiheit. Nichtsdestoweniger sind Tendenzen gegen Verstöße der Pressefreiheit nicht zu verkennen. Das Grundrecht ist verletzt, wenn Ausmaß, Dauer, Form oder Zielsetzung des Streiks die Einrichtung der freien Presse nicht nur in einer Randzone, sondern in ihrem Kern treffen oder die Presse einer bestimmten politischen Richtung getroffen werden soll (BGH-Entscheidung vom 21. März 1978).

3 FAZ vom 9.3.1978; NZZ vom 12./13.3.1978.
Die *Sogwirkung des Presseangebots auf Umsätze mit anderen Artikeln* konnte von den ZZ-Einzelhändlern während der Streiks quantifizierbar wahrgenommen werden, wobei sich die Sogwirkung der Presse auf den Umsatz von Non-press-Artikeln durchweg als größer erwies als allgemein angenommen.
Der Inhaber einer EH-Kette gibt den Umsatzrückgang im Pressebereich mit 25% an (er konnte ihn verhältnismäßig niedrighalten durch verstärktes Angebot von auf Lager liegenden ZZ-Objekten). An dem durch Streik verursachten gesamten Umsatzrückgang entfielen 34% auf Rückgänge im Nicht-Presse-Bereich (Wolfgang *Schäfer*, Pressereport, 9/76, S. 5).

4 Presse-Grosso, Geschäftsbericht 1978, S. 115; vgl. auch Geschäftsberichte 1976, S. 95 und 1973 S. 39.

IV. Fälle

Verwaltung und Rechtsprechung haben wiederholt wesentliche Elemente der Grosso-Struktur zum Gegenstand von Entscheidungen gemacht[1]. Dabei sind auch einige kennzeichnende Stärken und Schwächen behördlicher Argumentation zutage getreten.

1. *MAL*

Die Firma MAL Einkaufs- und Vertriebsgesellschaft mbH & Co KG stritt mit dem Heinrich Bauer Verlag darüber, ob dieser verpflichtet sei, seine Presseerzeugnisse (darunter Quick, Neue Revue, TV-Hören und Sehen und Playboy) an MAL zu liefern in der Absicht, sich neben den eingesessenen Presse-Großhändlern im Pressegroßhandel zu betätigen. MAL war 1975 gegründet mit dem Verlag der Regionalzeitung »Die Rheinpfalz« als Komplementärin und ZZ-Einzelhändlern als Kommanditisten. Die Klage der MAL stützte sich auf § 26 Abs. 2 GWB und war durch Urteil des Landgerichts Mannheim[2] abgewiesen worden, weil kein üblicherweise zugänglicher Geschäftsverkehr vorliege; auch habe die Beklagte sachliche Rechtfertigungsgründe dafür, die Belieferung abzulehnen. Das OLG Karlsruhe hat das Urteil bestätigt[3]. Das LG Mannheim hatte auf die grundsätzliche Bedeutung des Falles hingewiesen: das Auftreten eines zweiten Grossisten in einem bisher von einem Alleingrossisten betreuten Gebiet werde die Wirkung einer »Initialzündung« für den gesamten Grosso-Vertrieb haben und u.U. zu einer völligen Systemveränderung führen[4].
Der Heinrich Bauer-Verlag (HBV) ist als Preisbinder Normadressat des Diskriminierungsverbots des § 26 Abs. 2 GWB.
Ob MAL i.S. dieser Bestimmung überhaupt als im Vergleich zu den übrigen in diesem Raum tätigen Grossisten *gleichartiges Unternehmen* anzusehen sei, ist vom OLG Karlsruhe bejaht, vom LG Mannheim jedoch bezweifelt worden. Diese Zweifel bestehen mit Recht. MAL mag gleichartige Funktionen erfüllen,

1 Vgl. auch oben A IV, 3 und 4.
2 WRP 1976, 410 und AfP 1976, 42 mit Anm. Schmahl u. Raiser, AfP 1976, 67 ff.
3 BB 1977, 1112, mit Anm. Bechtold BB 1977, 1114. Das Urteil ist noch nicht rechtskräftig.
4 AfP 1976, 43.

aber wenn allein auf die Funktionsgleichheit abgestellt wird, dann leistet das Tatbestandsmerkmal der Gleichartigkeit schwerlich die Abgrenzung der hier relevanten Fälle[5]. Zusätzlich hätte hier nach der *qualitativen* Gleichartigkeit der Funktionserfüllung gefragt werden sollen. Das ist kein der hier erforderlichen Prüfung fremder Aspekt, da ein an qualitativen Kriterien orientierter selektiver Absatz zulässig ist[6]. Insofern sind MAL und das herkömmliche Grosso nicht gleichartig. Der Strukturunterschied: Vertikale Integration eines Verlages und von Einzelhändlern in ein Unternehmen des Pressegroßhandels hat Folgen für die Qualität der Funktionserfüllung und sollte sie auch nach Absicht der MAL-Gesellschafter, insbesondere der beteiligten Einzelhändler haben: Konzentration auf die umsatz- und ertragsträchtigen »Brotobjekte« und Einschränkung des auch vom Bundeskartellamt in seiner zu dem MAL-Prozeß abgegebenen Stellungnahme für wesentlich gehaltenen Dispositionsrechts des Grossisten. Die Folge wäre eine Minderung der Neutralität des Grosso zu Lasten kleiner Verlage und kleinauflagiger Objekte: eine wesentlich reduzierte, qualitativ ungleichartige Funktionserfüllung durch MAL[7].

Die Klage der MAL scheiterte jedoch an dem Kriterium des »üblicherweise zugänglichen Geschäftsverkehrs«, das sich gemäß der objektiven Theorie danach bestimmt, »was sich innerhalb der in Betracht kommenden Kreise in natürlicher wirtschaftlicher Entwicklung als allgemein geübt und als angemessen empfunden herausgebildet hat«[8]. Für die Frage, ob Wettbewerb bestanden habe (und darum der Geschäftsverkehr üblicherweise zugänglich gewesen sei), komme es »allein auf die großauflagigen Publikumszeitschriften der Großverlage, die sogenannten Brotobjekte an«.

Diese würden jedoch nur an den alleinigen Gebietsgrossisten geliefert[9]. In diesem Zusammenhang bemerkt das Gericht, daß die Klägerin zwar die Wieder-

5 Man vermag dann mit ihm tatsächlich »nicht viel anzufangen«; vgl. Wolfgang *Kartte*, Selektive Absatzpolitik und Diskriminierungsverbot (wo Kartte sich ebenfalls für das Merkmal der Funktionsgleichheit ausspricht), in: Bericht, Referate und Diskussionsbeiträge vom Wettbewerbskongreß München 1977, hrsg. vom Bayer. Staatsministerium für Wirtschaft und Verkehr, o.J. (1977), S. 102.

6 Sowohl nach der Praxis des BKartA wie auch der Europäischen Kommission; vgl. *Kartte*, aaO., S. 101.
Es ist nicht zwingend, daß die Qualität der Funktionserfüllung nicht schon bei der Prüfung der Gleichartigkeit in Betracht gezogen wird, sondern erst bei der Frage des »sachlich gerechtfertigten Grundes« einer Lieferverweigerung (§ 26 Abs. 2 GWB).

7 Auch *Bechtold* hält MAL nicht für gleichartig i.S. des § 26 Abs. 2 GWB (aaO., S. 1114).

8 Das OLG Karlsruhe bezieht sich dabei auf die BGH-Entscheidung vom 8.6.1967 – Rinderbesamung II – GRUR 1968 S. 161 unter 3 c.

9 Wettbewerb auf der Großhandelsstufe bestehe allenfalls noch in Dortmund und Saarbrücken, da in Berlin und Hamburg, wo ebenfalls mehrere Grossisten nebeneinander tätig seien, Objekttrennung herrsche; dabei ist jedoch auch in bezug auf Dortmund und Saarbrücken festzustellen, daß hier wie in Berlin und Hamburg lückenlose Objekttrennung herrscht und kein Wettbewerb zwischen Grossisten besteht (s. unten D III, 2).

eröffnung des Wettbewerbs auf der Großhandelsstufe propagiere, aber selber nicht zulassen wolle, »daß der einzelne Einzelhändler sich von mehreren Grossisten nebeneinander mit verschiedenen Objekten oder gar mit den gleichen Objekten beliefern lassen kann«.
Das Gericht geht sehr weit in dem, was es zugunsten der Klägerin unterstellt: daß ein System des Wettbewerbs-Großhandels ebenso funktionsfähig sei wie das derzeit praktizierte System des alleinigen Gebiets-Grossisten; daß ein Wettbewerbs-Großhandel den Interessen kleinerer Verlage und insbesondere den Interessen des Einzelhandels besser gerecht werde, und daß auch die Vielfalt der Presseerzeugnisse dadurch mindestens nicht beeinträchtigt würde. Wesentlich ist, daß der Verlag als Adressat des Diskriminierungsverbots nicht gehindert ist, »sein Absatzsystem nach eigenem Ermessen so zu gestalten, wie er dies für richtig und wirtschaftlich sinnvoll hält«. Der Verlag könne nicht gezwungen werden, von dem aus seiner Sicht zweckmäßigen System des alleinigen Gebiets-Grossisten auf das des Wettbewerbs-Grossisten überzugehen.
Das Bundeskartellamt hat zu den kartellrechtlichen Fragen dieses Rechtsstreits gemäß § 90 Abs. 2 GWB Stellung genommen[10]. Ausgangspunkt des Gedankengangs ist die Vertriebsfreiheit, die als wesentlicher Bestandteil der Pressefreiheit anerkannt wird. Im Interesse der Pressevielfalt biete die Vertriebsfreiheit »die Gewähr, daß jede Zeitung oder Zeitschrift in der Bundesrepublik vom Leser etwa zur gleichen Zeit bezogen werden kann« (S. 5). Ein grundgesetzkonformes Vertriebssystem muß tatsächlich diese Gewähr bieten. Ausschlaggebend sei es darum, den »grundgesetzlich geschützten Zugang zu den Vertriebswegen« offen zu halten. Auch kleine und mittlere Verlage müßten ihre Titel auf dem Vertriebsweg Grosso und Einzelhandel an den Leser bringen können. Volle Anerkennung findet dabei das *Dispositionsrecht* der Grossisten für die Bezüge des Einzelhandels. So setze das Grosso »weitgehend die Abnahme seines Vollsortiments beim Einzelhändler im Rahmen von dessen wirtschaftlichen Möglichkeiten durch« (S. 12)[11].
Der durch MAL angerufene Bundesgerichtshof hat in einer Entscheidung vom 10. Oktober 1978 das Urteil des OLG Karlsruhe aufgehoben und zur erneuten Verhandlung an die Vorinstanz zurückverwiesen.

10 Schreiben an das OLG Karlsruhe vom 12. April 1977 – ZR 1 – 256200 – R – 131/76.
11 Gleichzeitig taucht in der Stellungnahme jedoch die ganz unbewiesene Prämisse auf, Grossisten vermöchten »wegen mangelnder Verdienstmöglichkeiten« Titel abzulehnen und seien an einem »Randsortiment selbst nicht interessiert« (S. 10). Diese Annahme entbehrt jeder Evidenz.

2. *Montanus*

Der Fall hat die Funktion des Presse-Grosso und dessen Abgrenzung gegenüber dem *Einzelhandel*, auch gegenüber dem *Bahnhofsbuchhandel* verdeutlicht.
Die Firma Montanus Aktuell GmbH & Co KG (MA) in Frankfurt/Main betreibt in bevorzugten Lagen eine Reihe von Presseeinzelhandelsgeschäften. Während MA eine Reihe von Objekten wie andere Einzelhändler von Grossisten bezog, hatten mehrere Verlage bis 1976 MA direkt beliefert. Dem Gründer dieser Firma waren als Frankfurter Bahnhofsbuchhändler die bei der Belieferung des Bahnhofsbuchhandels üblichen Sonderkonditionen eingeräumt worden; diese waren schließlich auch für andere MA-Einzelhandelsgeschäfte zugestanden worden. Gegen das Verlagshaus Gruner + Jahr AG & Co. (G+J), Hamburg, das MA ab 1. Juli 1976 von der Direktbelieferung ausgeschlossen und auf den Bezug über den Großhandel verwiesen hatte, beantragte MA beim Bundeskartellamt eine Untersagungsverfügung und erreichte den Erlaß einer einstweiligen Anordnung des Amts zu seinen Gunsten, die G+J zunächst zur weiteren Direktbelieferung verpflichtete[12].
Das Bundeskartellamt hat das Verfahren mit der Feststellung abgeschlossen[13], MA habe keinen Anspruch auf Wiederaufnahme der Direktbelieferung mit den Objekten des Verlages G+J, weil die Voraussetzungen des § 26 Abs. 2 GWB nicht vorlägen.
Dabei war nicht zweifelhaft, daß G+J als preisbindendes Unternehmen Normadressat des § 26 Abs. 2 GWB ist. Es fehlt jedoch an der von MA behaupteten Gleichartigkeit mit den Unternehmen des Presse-Grosso. MA ist »seiner Grundfunktion nach Einzelhändler«. Die von MA angeführten besonderen Merkmale wie zentrale Sortimentszusammenstellung und zentrale Remission können die Unterschiede zur wirtschaftlichen Grundfunktion der *Grossisten* nicht aufheben; als Hauptaufgabe des Grosso bezeichnet es das Amt, »Zeitungen und Zeitschriften in der richtigen Menge zum richtigen Zeitpunkt an die ZZ-Einzelhandelsverkaufsstellen zu liefern«.
Ob auch im Vergleich mit den *Bahnhofsbuchhandlungen* ungleiche Wettbewerbsbedingungen bestehen, brauchte dabei nicht entschieden zu werden. Immerhin hat das Bundeskartellamt dazu bemerkt, daß die Bahnhofsbuchhandlungen als Nebenbetriebe der Deutschen Bundesbahn bestimmten Sonderregelungen, insbesondere im Hinblick auf die Ladenschlußzeiten, die Sortimentsgestaltung und die Pachtzahlungen unterliegen.

12 Einer Reihe kleinerer Verlage erklärte MA kurzerhand, deren Objekte würden in den MA-Verkaufsstellen zukünftig nicht mehr geführt, falls MA nicht direkt beliefert würde. Mit dieser Forderung sah sich z.B. der Rheinische Merkur konfrontiert, der MA bis dahin direkt beliefert hatte.
13 In einem Schreiben an den Rechtsvertreter von MA vom 5. Juni 1978 – B 6 – 745100-V-125/77

Andererseits hat das Amt anerkannt, daß »eine konkrete Gefahr für das Fortbestehen des gegenwärtigen Grosso-Systems in der Bundesrepublik Deutschland« entstehen würde, wenn G+J die Direktbelieferung von MA wiederaufnehmen müsse; in diesem Fall würden G+J und andere Verlage sich mit Gleichbehandlungsansprüchen anderer umsatzstarker Einzelhändler, insbesondere der Kaufhäuser und großen Filialisten, gegenübersehen. Müßte dem nachgegeben werden, so wäre bei der Bedeutung der großen Objekte von G+J und der anderen drei Verlagsgruppen für den Umsatz des Presse-Grosso nicht auszuschließen, daß dieses »nicht mehr in der Lage sein wird, seine wesentliche Funktion als Verteiler von Zeitungen und Zeitschriften wahrzunehmen«[14]. Die Vertriebsfreiheit der Verlage ist darum gegenüber MA und ähnlichen umsatzstarken ZZ-Verkaufsstellen nicht durch § 26 Abs. 2 GWB eingeschränkt. Die Verlage können »nicht gegen ihren Willen und gegen ihre gegenwärtigen Interessen gezwungen werden, die direkte Belieferung der großen ZZ-Einzelhandelsstellen aufzunehmen«.
In einem Nebenverfahren hat auch das Kammergericht die sich aus einer Direktbelieferung ergebende »Gefahr für das jetzige Vertriebssystem im Zeitungs- und Zeitschriftenhandel« gesehen und das Interesse von G+J und der anderen Verlage anerkannt, »das bisherige Vertriebssystem mit einem funktionierenden Großhandel« zu schützen[15]. Die Verlage hätten »ein Interesse an dem Funktionieren des derzeitigen Vertriebssystems«, weshalb sie u.U. auch die Sonderstellung des Bahnhofsbuchhandels opfern würden, bevor sie den Ansprüchen anderer Einzelhändler auf Direktbelieferung nachgeben würden.

3. *Frauennachtarbeit*

Tageszeitungen werden den Grossisten erst zur Nachtzeit angeliefert und müssen in den frühen Morgenstunden bereits ausgeliefert werden. Diese besondere Beschaffenheit des Arbeitsablaufs, d.h. betriebstechnische Gründe, rechtfertigen den Einsatz von Frauen für die Kommissionierung, d.h. für die Zusammenstellung der Lieferungen, die für die Einzelhändler bestimmt sind. Frauen sind damit in der Regel zwischen 3 Uhr und 6.30 Uhr früh befaßt. Ohne die Kommis-

14 »G+J hat ein unmittelbar eigenes wirtschaftliches Interesse am Fortbestehen dieses Systems, weil der Verlag nicht in der Lage wäre, im Falle eines Zusammenbruchs des Systems eine gleichwertige Verteilerorganisation aufzubauen«.

15 Beschluß vom 13. Januar 1978 – Kart 18/77, durch den das BKartA verpflichtet wurde, den Verband Deutscher Bahnhofsbuchhändler e.V. zu dem Verfahren beizuladen.
Der Verband des Presse-Grosso war durch das BKartA bereits zu dem Verfahren beigeladen worden.

sionierung zu dieser Zeit wäre die frühzeitige Versorgung der Bevölkerung mit Tageszeitungen nicht möglich. Fast immer sind dazu Frauen eingesetzt worden, da sie am ehesten über die erforderliche manuelle Geschicklichkeit verfügen. Die Zulässigkeit der Frauennachtarbeit in den Unternehmen des Presse-Grosso ist vor zuständigen Landesbehörden und Verwaltungsgerichten umstritten gewesen. Die einschlägige Rechtsgrundlage findet sich in Art. 19 Abs. 1 der Arbeitszeitordnung (AZO) vom 30.4.1938 (RGBl. I, S. 447). Danach dürfen Arbeiterinnen grundsätzlich nicht in der Nachtzeit von 20 Uhr bis 6 Uhr beschäftigt werden. In Abs. 3 findet sich jedoch eine gesetzliche Ausnahmeregelung, die auf das Presse-Grosso zutrifft: die in § 17 Abs. 3 enumerativ aufgezählten Betriebe und Veranstaltungen werden generell vom Verbot der Frauennachtarbeit freigestellt[16]. Neben dieser gesetzlichen Ausnahmeregelung gibt § 20 AZO die Möglichkeit einer behördlichen Ausnahmeregelung zugunsten solcher Betriebe, die grundsätzlich unter das Verbot der Frauennachtarbeit fallen: Gemäß Abs. 1 kann die (nach Landesrecht zuständige) Behörde aus betriebstechnischen oder allgemein wirtschaftlichen Gründen Ausnahme u.a. von den Vorschriften des § 19 Abs. 1 und 2 zulassen[17]. Einer solchen behördlichen Ausnahme bedürfen die Unternehmen des Presse-Grosso jedoch nicht, da für sie die gesetzliche Ausnahme gilt.

Das Presse-Grosso, soweit es sich um den Vertrieb von *Tageszeitungen* handelt, ist dem »Verkehrswesen« i.S. des § 17 Abs. 3 AZO zuzurechnen. Es darf darum kraft der gesetzlichen Ausnahmeregelung des § 19 Abs. 3 AZO Frauen zur Nachtarbeit beschäftigen.

Nach der einschlägigen und in der Regel auch zustimmend zitierten Literatur[18] fallen unter »Verkehrswesen« i.S. des § 17 Abs. 3 AZO alle öffentlichen und privaten Unternehmen, die der Beförderung von Personen, Waren und Nachrichten dienen[19]. Zum Verkehrswesen in diesem Sinn gehören nicht nur die Unternehmen, deren Zweck unmittelbar auf die Beförderung von Personen, Gütern und Nachrichten gerichtet ist, sondern auch dazugehörige selbständige oder unselbständige Neben- oder Hilfsbetriebe und alle Arbeiten, ohne die ein rei-

16 Dies gilt im einzelnen für das Verkehrswesen, für Gast- und Schankwirtschaften, für das übrige Beherbergungswesen, für Krankenpflegeanstalten, für Musikaufführungen, Theatervorstellungen, . . ., für Filmaufnahmen, für Gärtnereien, für Apotheken, für offene Verkaufsstellen und für die mit ihnen verbundenen Änderungswerkstätten sowie den Marktverkehr.

17 Daneben können die Gewerbeaufsichtsämter beim Nachweis eines dringenden Bedürfnisses Ausnahmen unter bestimmten Bedingungen zulassen.

18 Vgl. *Denecke* und *Neumann,* Kommentar zur AZO, 8. Aufl., 1973, Rdnr. 3 zu § 17; *Meisel* und *Hiersemann,* Kommentar zur AZO, 1970, Rdnr. 22 zu § 12; *Zmarzlik,* Kommentar zur AZO, 1967, Rdnr. 11-13 zu § 12.

19 Das gilt beispielsweise für Eisen- und Straßenbahnunternehmen, Omnibusunternehmen, Gütertransportbetriebe, das Speditions- und Schiffsmaklergewerbe, Taxis, Reisebüros u.a., sowie die Bundespost mit allen Betriebszweigen, die sich mit der Beförderung von Nachrichten (Brief-, Fernsprech- und Telegrammverkehr) und der Beförderung von Personen und Paketen befassen.

bungsloser Ablauf des Transports nicht gewährleistet wäre[20]. Das Presse-Grosso befördert Nachrichten jedoch nicht in der Rolle eines Neben- oder Hilfsbetriebs, sondern – durch den Vertrieb von Tageszeitungen – als wesentliche Unternehmensaufgabe. Für diesen Unternehmensbereich gilt darum die *gesetzliche* Ausnahmeregelung des § 19 Abs. 3 i.V. m. § 17 Abs. 3 AZO; darum ist die Nachtarbeit von Frauen zugelassen, ohne daß es dazu einer behördlichen Genehmigung bedürfte. Die Arbeiten, die von den Frauen bei der Zusammenstellung der für die Einzelhändler bestimmten Lieferungen geleistet werden, sind notwendig, um einen angemessen schnellen und reibungslosen Zeitungsvertrieb zu gewährleisten[21]. Die Subsumtion der Frauennachtarbeit unter »Verkehrswesen« ist evident, soweit Grossisten die Tageszeitungen durch Einschaltung von Spediteuren bzw. Frachtführern ausliefern; in diesem Fall ist die von den Frauen nachts geleistete Arbeit (Zusammenstellen der an die Einzelhändler auszuliefernden Sendungen etc.) eine notwendige, zu dem Transport gehörige Tätigkeit; sie rechnet zum »Verkehrswesen« i.S. jener Vorschrift. Für die Subsumtion macht es keinen Unterschied, wenn der Transport durch die Grossisten selbst durchgeführt wird; auch in diesem Fall ist die Subsumtion unter »Verkehrswesen« nicht zu bestreiten[22].

20 Vgl. *Denecke* und *Neumann,* aaO.; *Meisel und Hiersemann,* aaO., *Zmarzlik,* aaO.; OVG Berlin, Urteil vom 31.7.1961, AP Nr. 1 zu § 19 AZO – BB 1962, S. 449, wo das Gericht entschieden hat, daß auch eine Reinigungsfirma, die nachts die Flughafenhalle und Flugzeuge reinigte, zum »Verkehrswesen« i.d.S. gehört.

21 Dagegen kann nicht eingewandt werden, zum Verkehrswesen könnten nur *Dienstleistungsunternehmen* gerechnet werden; bei dem Zeitungsvertrieb handele es sich jedoch nicht um Dienstleistung, sondern um den *Umsatz von Waren,* was für ein Dienstleistungsunternehmen untypisch sei; der Zeitungsvertrieb sei darum dem von der Kategorie der Dienstleistungsunternehmen zu unterscheidenden Handelsgewerbe zuzurechenen und könne darum nicht unter das »Verkehrswesen« i.S. jener Vorschrift subsumiert werden (so das Ministerium für Arbeit, Gesundheit und Sozialordnung Baden-Württemberg in einem Schriftsatz vom 23. November 1976, der von der Landesanwaltschaft mit Schreiben vom 3. Dezember 1976 in ein Verfahren vor dem Verwaltungsgericht Karlsruhe eingeführt wurde).
Durch Argumentationen solchen Art werden Kriterien und Verallgemeinerungen in die Auslegung des § 17 Abs. AZO hineingetragen, die in dieser Norm nicht nur nicht enthalten, sondern ihr ganz fremd sind. Das in der Literatur ganz einhellige Verständnis jener Vorschrift – die mit dem Begriff »Verkehrswesen« auch die Beförderung von Nachrichten einschließt – kann in bezug auf das Presse-Grosso nicht durch derartige dem Gesetzeszweck zuwiderlaufende Begriffsbildungen in Frage gestellt werden.

22 Die gelegentlich aufgestellte Behauptung, es sei nicht zwingend, Zeitungen nachts zu kommissionieren, da eine Zeitung nicht notwendig am Morgen erscheinen müsse (so Ministerium für Arbeit, Gesundheit und Sozialordnung, aaO., S. 3 f.) ist absurd. Argumente, die sich so weit von den tatsächlichen Gegebenheiten entfernen, die auch mit tief eingewurzelten Lebensgewohnheiten, insbesondere mit dem täglich millionenfach geäußerten Käuferwillen in Widerspruch stehen, sind bei der Auslegung und Anwendung eines Gesetzes durch eine Behörde fehl am Platze. Eine Entscheidungsbegründung solcher Art ist rechtsfehlerhaft.
Tatsächlich sind aufgrund des § 19 Abs. 3 i.V. mit § 17 Abs. 3 vom Frauennachtarbeitsverbot auch Betriebe gesetzlich freigestellt, die objektiv weniger auf Nachtarbeit angewiesen sind als Presse-Grossisten, die Tageszeitungen vertreiben; das Gesetz stellt z.B. das Friseurhandwerk und auch Gärtnereien frei.

Auslegungsfragen dieser Art stehen immer im Schatten der *Pressefreiheit,* die hier nicht nur als Grundrecht, sondern auch wegen der für den demokratischen Entscheidungsprozeß unverzichtbaren, »konstitutiven« Funktion der Presse[23] eine verfassungskonforme Auslegung niederen Rechts verlangt. In diesem Sinn wirkt sich auch aus, daß die Einrichtung »freie Presse« institutionell garantiert ist[24].

Das Oberverwaltungsgericht für das Land Nordrhein-Westfalen hat, im Ergebnis mit Vorstehendem übereinstimmend, in einer Entscheidung vom 27. Juli 1978 festgestellt, daß der Vertrieb von Tageszeitungen dem Verkehrsgewerbe im weiten Sinn zuzuordnen ist. Dem Verkehrswesen ist auch das Nachrichtenwesen zuzuordnen. Zum Nachrichtenwesen rechnet nicht nur die Übermittlung individueller Nachrichten, sondern es umfaßt auch die Übermittlung von Nachrichten durch die Medien. Das Presse-Grosso zählt insofern zum Verkehrswesen, dem auch die Beförderung von Nachrichten unstreitig zuzurechnen ist. Presse-Grossisten sind darum von dem Verbot des § 19 Abs. 1 AZO – Verbot der Frauennachtarbeit – befreit. Einer Ausnahmegenehmigung nach § 20 AZO bedarf es darum nicht. Das Interesse der Öffentlichkeit an einer beschleunigten Beförderung der Tageszeitungen läßt es nicht zu, daß auf Nachtarbeit verzichtet wird[25].

4. *Bereitstellungsbescheide gem. § 36 Abs. 3 BLG an Pressevertriebsunternehmen*

Die Bundeswehr – das jeweils zuständige Kreiswehrersatzamt – hat an Halter und Eigentümer von Nutzfahrzeugen, insbesondere Lastkraftwagen, Bereitstel-

23 BVerfGE 7, 208 f.; 12, 125; 27, 81; 33, 14 f.

24 BVerfGE 10, 118 (121); 36, 193 (204).
Das BVerfG hat »Arbeitszeitbeschränkungen zugunsten der Frau, wie z.B. §§ 17 Abs. 2 und 19 AZO« als mit Art. 3 Abs. 2 und 3 GG vereinbar erklärt (BVerfGE 5, S. 9 (12)).
Dagegen ist freilich eingewandt worden, daß eine unterschiedliche rechtliche Behandlung von Mann und Frau nur dann mit Art. 3 Abs. 2 GG vereinbar ist, wenn der sich aus dem Geschlecht ergebende biologische und funktionale Unterschied das zu regelnde Lebensverhältnis so entscheidend prägt, daß gemeinsame Elemente vollkommen zurücktreten.
Mit solcher Begründung hat das Verwaltungsgericht Gelsenkirchen in seiner Entscheidung vom 27. Juli 1978 – 7 K 1756/75 – die Auffassung vertreten, es sei zweifelhaft, ob das generelle Nachtarbeitsverbot für Frauen mit dem Gleichberechtigungsgrundsatz des Art. 3 Abs.2 GG vereinbar sei. Ohne daß es für seine Entscheidung auf diese Frage ankam, hat das VG Gelsenkrirchen zugunsten des klagenden Grosso-Unternehmen entschieden, daß dessen Betrieb unter den weit auszulegenden Begriff des Verkehrswesens i.S. von § 17 Abs. 3 AZO falle, dem auch das Nachrichtenwesen zuzuordnen sei.

25 Entscheidung vom 27. Juli 1978 – 7 K 1756/75.

lungsbescheide erlassen. Damit soll der in einem Spannungs- oder Verteidigungsfall über die friedensmäßige Ausstattung hinausgehende Bedarf der Bundeswehr an Fahrzeugen und Gerät gedeckt werden[26].
Bei den Bereitstellungsbescheiden gem. § 36 Abs. 3 des Bundesleistungsgesetzes (BLG)[27] handelt es sich um (aufschiebend) bedingte Leistungsbescheide. Die Adressaten werden dadurch verpflichtet, die angeforderten Fahrzeuge – nach einer etwaigen späteren Benachrichtigung über den Zeitpunkt der Leistung, nach Eintritt des Verteidigungsfalles jedoch sofort – der Bundeswehr zur Nutzung (im Verteidigungsfall zum Eigentum) zu überlassen und Einbauten, Änderungen etc. zu dulden sowie seit Eingang des Bereitstellungsbescheides gewissen Anzeigepflichten nachzukommen (über Verkauf etc.).
Durch die Pressefreiheit wird eine derartige Inanspruchnahme von Unternehmen des Presse-Grosso – um auf entsprechende Fragen zu antworten – nicht gehindert. Natürlich gilt auch zu ihren Gunsten das in § 3 BLG konkretisierte Übermaßverbot, sie zählen jedoch nicht zu den Unternehmen, zu deren Gunsten der Gesetzgeber in § 4 Abs. 2 Ausnahmen statuiert hat (Verkehrsunternehmen hinsichtlich der Aufrechterhaltung des lebenswichtigen Verkehrs, Betriebe der öffentlichen Versorgung mit Elektrizität etc.). »Andere lebenswichtige Betriebe« können nur »nach näherer Bestimmung einer Rechtsverordnung der Bundesregierung, die der Zustimmung des Bundesrates bedarf« von der Leistungspflicht befreit werden (§ 4 Abs. 2 Ziff. 7). Eine solche Verordnung ist nicht erlassen, und Bundesregierung und Bundesrat sind dazu auch nicht verpflichtet.
Fahrzeuge und anderes Gerät, für die ein Bereitstellungsbescheid ergangen ist, können auch für Manöverzwecke in Anspruch genommen werden, »wenn der Zweck der Übung es erfordert. Dabei sind die militärischen und zivilen Belange gerecht abzuwägen« (§ 73 BLG)[28].
Auch wenn der Pressevertrieb dadurch erschwert wird, so ist das noch kein unzulässiger Grundrechtseingriff, da die Pressefreiheit ihre Schranken in den »allgemeinen Gesetzen« findet (Art. 5 Abs. 2 GG). Dadurch wird freilich keine einseitige Beschränkung der Geltungskraft des Grundrechts statuiert, »vielmehr findet eine Wechselwirkung in dem Sinne statt, daß die allgemeinen Gesetze zwar dem Wortlaut nach dem Grundrecht Schranken setzen, ihrerseits aber aus der Erkenntnis der wertsetzenden Bedeutung dieses Grundrechts im freiheitlichen demokratischen Staat ausgelegt und so in ihrer das Grundrecht begrenzen-

26 Es gilt als verteidigungspolitisch nicht erforderlich und volkswirtschaftlich nicht vertretbar, wenn der Staat das gesamte für die Verteidigung erforderliche Material schon im Frieden in vollem Umfang bereitstellen würde.
27 i.d.F. v. 27. September 1961 – BGBl. I. 1770.
28 Es handelt sich dabei in der Regel um reine Funktions- und Sichtprüfungen, die zumeist nur wenige Stunden dauern.

den Wirkung selbst wieder eingeschränkt werden müssen«[29]. Die durch § 3 Abs. 1 und 3 gebotenen Güter- und Interessenabwägungen müssen die *Presse- und Vertriebsfreiheit* – diese sowohl als Grundrecht wie auch in ihrer für die freiheitlich-demokratische Rechtsordnung konstitutiven Funktion – in vollem Umfang einbeziehen.

29 BVerfG in ständiger Rechtsprechung, vgl. u.a.: E 7, 198 (208 ff.) und 28, 55 (63).

V. Rechtliche Vertriebsbeschränkungen

Die Vertriebsfreiheit, ebenso wie die Pressefreiheit insgesamt, findet »ihre Schranken in den Vorschriften der allgemeinen Gesetze, den gesetzlichen Bestimmungen zum Schutze der Jugend und in dem Recht der persönlichen Ehre« (Art. 5 Abs. 2 GG).

Strafbar ist die Verbreitung von Schriften, die Anleitungen zur Begehung bestimmter Straftaten enthalten und bestimmt sowie nach den Umständen geeignet sind, die Bereitschaft anderer zur Begehung solcher Taten zu fördern[1]. Unter Strafe gestellt ist ferner die Verbreitung von Schriften, die Gewalttätigkeiten gegen Menschen in grausamer oder sonst unmenschlicher Weise schildern und dadurch eine Verherrlichung oder Verharmlosung solcher Gewalttätigkeiten ausdrücken oder die zum Rassenhaß aufstacheln[2]. Strafbar ist außerdem die Verbreitung pornographischer Schriften, die Gewalttätigkeiten, sexuellen Mißbrauch von Kindern oder sexuelle Handlungen von Menschen mit Tieren zum Gegenstand haben (»harte Pornographie«)[3] [4].

Das diesen Vorschriften gemeinsame Tatbestandsmerkmal des »Verbreitens« ist bereits erfüllt, wenn mindestens ein Exemplar an einen anderen[5] mit dem Ziel weitergegeben wird, die Schrift dadurch einem größeren Personenkreis zugänglich zu machen[6]. Keineswegs hat der Schuld-(Vorsatz-)Vorwurf zur Vorausset-

1 § 130a Abs. 1 Nr. 1 i.V.m. § 126 Abs. 1 Nr. 1-6 StGB.

2 § 131 Abs. 1 Nr. 1 StGB.

3 § 184 Abs. 3 Nr. 1 StGB.

4 Außer Betracht bleiben hier diejenigen gesetzlichen Straftatbestände, bei denen zwar im Einzelfall unter besonderen Umständen ein Verstoß durch einen Grossisten denkbar sein mag, bei denen jedoch nicht speziell die Verbreitung bestimmter Schriften als solche unter Strafe gestellt ist, sondern das Verbreiten von Schriften lediglich in einzelnen Fällen als Tat- bzw. Beihilfehandlung in Betracht kommt; z.B. § 186 StGB (üble Nachrede) oder § 187 StGB (Verleumdung).

5 und zwar vielleicht nur an eine einzelne Person; vgl RGSt 55, 276 (277)

6 RGSt 7, 113 (114 f.); BGHSt 13, 257 (258); vgl. Eduard *Dreher,* StGB 37. Aufl., München 1977, Anm. 3 f. zu § 74 d.
Strafbar macht sich nach diesen Vorschriften, wer Vorsatz des Verbreitens insbesondere auch hinsichtlich der als straffällig angesehenen Tendenz bzw. des strafwürdigen Charakters der verbreiteten Schrift besitzt; es genügt hier bereits *bedingter Vorsatz,* d.h. der Täter handelt schuldhaft, wenn er als möglich erachtet und bei der Verbreitung in Kauf nimmt, daß die verbreitete Schrift objektiv die als strafwürdig angesehene Tendenz aufweist.

7 Vgl. zu § 131 StGB Walter *Petters*/Holger *Preisendanz*, StGB, 28. Aufl., Berlin 1974, Anm. 4 zu § 131; Karl *Lackner,* StGB 9. Aufl., München 1975, Anm. 6 zu § 131; vgl. auch BGHSt 19, 221 (222 f.).
Auch die irrige *rechtliche* Beurteilung einer Schrift, die objektiv einen strafwürdigen Gehalt besitzt, schließt Vorsatz nicht aus (statt anderer vergleiche im Hinblick auf § 184 StGB, Eduard *Dreher,* StGB, 37. Aufl., München 1977, Anm. 6 zu § 184).

zung, daß derjenige, der die Schrift verbreitet, selbst die darin ausgedrückte Tendenz verfolgt oder den Inhalt der Schrift auch nur persönlich billigt[7].
Besondere Probleme und Risiken für den Pressehandel ergeben sich aus den vertriebsbeschränkenden Bestimmungen des *Jugendmedienschutzes.* Deren Auslegung und Anwendung in der Praxis bereiten nach wie vor Schwierigkeiten und führen für die Betroffenen mitunter zu erheblicher Unsicherheit, die zu beseitigen oder einzuschränken sowohl das Bestreben von Gesetzgeber wie Rechtsanwender sein müßte.
Kern dieser Bestimmungen ist das *Gesetz über die Verbreitung jugendgefährdenden Schriften* (GjS)[8]. Das GjS definiert verschiedene Arten jugendgefährdender Schriften (§§ 1, 6 GjS), unterwirft sie bestimmten Verbreitungs- und Werbebeschränkungen (§§ 3-5 GjS), legt fest, wann bzw. unter welchen Voraussetzungen diese wirksam werden, stellt (vorsätzliche oder fahrlässige) Verstöße unter Strafsanktionen (§ 21 GjS), ist Rechtsgrundlage für die in Bonn errichtete Bundesprüfstelle für jugendgefährdende Schriften (§§ 8 ff. GjS) und regelt die Grundzüge des Verfahrens vor der Bundesprüfstelle (§§ 12 ff. GjS).
Den Beschränkungen der §§ 3-5 GjS unterliegen kraft Gesetzes:
1. grausame oder sonst unmenschliche Verherrlichung oder Verharmlosung von Gewalttätigkeiten gegen Menschen oder Aufstachelung zum Rassenhaß (§ 131 StGB);
2. pornographische Schriften (§ 184 StGB);
3. *offensichtlich schwer jugendgefährdende Schriften* (vgl. § 6 GjS). Von diesen unterscheidet das Gesetz die »*jugendgefährdenden Schriften*«. Ob ein Titel in diese Kategorie fällt, entscheidet die Bundesprüfstelle, die gegebenenfalls

Hält der Täter es aufgrund einer Bewertung der betreffenden Schrift irrigerweise für ausgeschlossen, daß deren Gehalt einem gesetzlichen Tatbestandsmerkmal (z.B. dem der Pornographie) unterfällt, und handelt er aufgrund dieser Bewertung in dem Bewußtsein, kein Unrecht zu tun, so befindet er sich in einem sog. Verbotsirrtum im Sinne des § 17 StGB. War dieser Irrtum vermeidbar, so kann die Strafe nach §§ 17, 49 Abs. 1 StGB gemildert werden. Konnte der Täter den Irrtum nicht vermeiden, so handelt er nach § 17 StGB ohne Schuld und ist nicht strafbar.

8 Vom 9.6.1953 i.d.F. vom 29.4.1961 (BGBl I. S. 497), zuletzt geändert durch Art. 75 EGStGB vom 2.3.1974 (BGBl I. S. 469).
Rechtsgrundlage ist außerdem die Durchführungsverordnung zum GjS i.d.F. vom 23.8.1962 (BGBl I, S. 597), geändert durch Gesetz über Wechsel von Zuständigkeiten im Recht des Jugendschutzes und der Adoptionsvermittlung vom 12.5.1967 (BGBl I, S. 525), sowie durch Verordnung zur Änderung der Durchführungsverordnung zum GjS vom 5. Mai 1978 (BGBl I, S. 607); außerdem haben die Länder Verwaltungsvorschriften zum GjS erlassen; vgl. statt anderer *Baden-Württemberg:* Gemeinsamer Erlaß des Ministeriums des Innern und des Kultusministeriums zur Durchführung des Gesetzes über die Verbreitung jugendgefährdender Schriften vom 30. September 1955, GABl S. 370; *Bremen:* Anordnung zur Ausführung der Verordnung zur Durchführung des Gesetzes über die Verbreitung jugendgefährdender Schriften vom 8. Juni 1954, GVBl S. 59; *Bayern:* Entschließung des Bayerischen Staatsministeriums des Innern zur Mitwirkung der Polizei beim Vollzug des Gesetzes über die Verbreitung jugendgefährdender Schriften vom 6. Mai 1955, MABl S. 219; vgl. im übrigen Handbuch des gesamten Jugendrechts (zusammengestellt und bearbeitet von Paul *Seipp*) Stand November 1973, Gruppe 11.

den betreffenden Titel durch Eintragung in die Liste der jugendgefährdenden Schriften und durch die Bekanntmachung im Bundesanzeiger indiziert; erst dann gelten für diese Kategorie die im Gesetz vorgesehenen Verbreitungs- und Werbebeschränkungen[9].

Das Zensurverbot des Art. 5 Abs. 1 S. 2 GG hat zur Folge, daß die Gesetze erst *nach der Publikation* greifen können. Die Bundesprüfstelle kann nicht von Amts wegen prüfen, sondern nur auf Antrag einschreiten. Antragsberechtigt waren bisher nur die für Jugend zuständigen Ministerien des Bundes und der Länder. Diese werden in der Regel nur auf Anregungen aus der Bevölkerung tätig. Trotz aller politischen, kirchlichen und sonstigen Initiativen hat es immer nur wenige solcher Anregungen aus der Bevölkerung gegeben. Man sollte nicht zögern, daraus den Schluß zu ziehen, daß die Bevölkerung die Indizierung einfach jugendgefährdender Schriften nicht »auf Touren gebracht« sehen möchte. Gesetzgeber und Rechtsanwender müssen zur Kenntnis nehmen, daß die viel beschriebene *Änderung der Wertvorstellungen* in der Gesellschaft[10] und ebenso auch *der individuellen Reizschwelle* notwendig die Umschreibung der Begriffe Jugendgefährdung und Pornographie reduziert. Außerdem läßt die geringe Zahl von Indizierungsforderungen aus der Bevölkerung darauf schließen, daß sich der erforderliche Schutz auch durch schlichte Ignorierung und möglicherweise nach Art einer natürlichen Anästhesie gegenüber Medien einstellt, die für Jugendliche eine Gefahr darstellen.

Zu Unrecht hat Rudolf *Stefen* daran Kritik geübt, daß ein Teil der antragsberechtigten Ministerien »keine Anträge stellt und somit Aufgaben des Jugendmedienschutzes nicht wahrgenommen werden können«[11]. Schweren Bedenken begegnet die Ausdehnung des Antragsrechts zur Indizierung auf die Landesjugendämter und die Jugendämter durch den Verordnungsgeber[12]. Die Beteiligung von rund 600 Antragsberechtigten[13] und die von ihnen erwartete starke Erhöhung der Zahl von Indizierungsanträgen muß die Bemühungen um eine einheitliche und praktikable Auslegung und Handhabung des Gesetzes erschweren. Deren Diskussion auf der Ebene der örtlichen Jugendbehörden ist

9 Unter den gesetzlichen Begriff »Schriften« werden hier auch alle anderen Medien, z.B. Filme, subsumiert.

10 »Die Bundesprüfstelle darf an einer tiefgreifenden und nachhaltigen Änderung dieser Anschauungen nicht vorbeigehen, sofern der Wandel nicht lediglich vorübergehenden Charakter trägt« (BVerwGE 39, 197 (206) unter Bezugnahme auf BGHSt 23, 40 (42); »Fanny Hill«.

11 Lexikon der Kinder- und Jugendliteratur, II 1977, S. 89. Die jährliche Antragsziffer war binnen 10 Jahren von über 500 auf 58 gesunken (Spiegel Nr. 23/1978 v. 5.6.1978, S. 60).

12 VO vom 12. Mai 1978 (BGBl, S. 607).

13 Spiegel Nr. 23/1978 vom 5.6.1978, S. 57.

dem nicht förderlich, läßt Widersprüche in der Praxis erwarten mit der Folge zusätzlicher Verwirrung und Unsicherheit[14].

Das Bundesverwaltungsgericht hat zwar die gelegentlich geäußerten Zweifel an der verfassungsrechtlich gebotenen genügenden Bestimmtheit des Gesetzes zurückgewiesen und meint, sie bedürften keiner weiteren Erörterung[15]. Der erkennende I. Senat hat aber mit seiner entschiedenen Abwendung von der Rechtsprechung des vorher für dieses Rechtsgebiet zuständigen V. Senats[16] die Möglichkeiten einer unterschiedlichen Beurteilung eindrucksvoll illustriert. Er ist dabei auch von der Auffassung abgegangen, daß die Eignung einer Schrift zur Jugendgefährdung ein unbestimmter Rechtsbegriff sei, der nur eine einzige richtige Entscheidung zulasse. Die Vorstellung, daß dabei »nur eine richtige Lösung möglich sei, erweist sich als eine Fiktion. Von der Sache her sind mehrere Lösungen, ist eine ›Bandbreite der Entscheidungsmöglichkeiten‹[17] denkbar«. Das Urteil der Bundesprüfstelle habe einen erheblichen Einschlag wertender Elemente[18]. Bemerkenswert ist auch die Feststellung, daß der derzeitige Stand der Wissenschaft nicht zulasse, die naheliegende Gefahr eines ernsthaften Entwicklungsschadens mit einer an Sicherheit grenzenden Wahrscheinlichkeit festzustellen[19].

Daraus ergeben sich Folgerungen auch für die Einschätzung der *schwergefährdenden Schriften* durch Groß- und Einzelhandel. Auch dafür gilt, »daß die Maßstäbe der Eignung zur Jugendgefährdung in gewissem Umfang zeitgebunden sind«[20]. Ähnlich wie die Bundesprüfstelle kann auch der Handel an einem tiefgreifenden und nachhaltigen Beurteilungswandel nicht vorbeigehen. Auch ist die Einschätzung der schweren Jugendgefährdung nicht weniger schwierig als die der einfachen Jugendgefährdung.

Ist eine Schrift in die Liste der jugendgefährdenden Schriften aufgenommen und die Aufnahme im Bundesanzeiger bekanntgemacht worden, so gelten unmittelbar die in den §§ 3-5 GjS normierten Werbe- und Verbreitungsbeschränkungen. Für das Grosso ist dabei § 4 Abs. 2 GjS einschlägig: Danach dürfen Presse-Großhandelsunternehmen indizierte Schriften nicht liefern an Einzelhändler, die den Pressehandel außerhalb von Geschäftsräumen betreiben, an Inhaber

14 Auch unter dem Gesichtspunkt eines effektiveren Jugendmedienschutzes wäre die Einschaltung der Jugendämter nicht notwendig gewesen, da diese immer schon die Antragstellung durch die zuständigen Landesministerien anregen konnten.

15 BVerwGE 39, 197 (200).

16 Die Leitsätze verzeichnen ausdrücklich Abweichungen in vier wesentlichen Punkten und die Einschränkung des Grundsatzes »Kunstschutz geht vor Jugendschutz« (so BVerwGE 23, 104 [110]).

17 Unter Bezugnahme auf *Redeker,* DöV 1971, 757 (767).

18 BVerwGE 39, 197 (203).

19 AaO., S. 205. In BVerwGE 25, 318 (321) war eine solche Feststellung als Kriterium für erforderlich gehalten worden.

20 BVerwGE 39, 197 (206); vgl. auch oben Anm. 10.

von Kiosken oder anderen Verkaufsstellen, die der Kunde nicht zu betreten pflegt, sowie an Versandhändler, gewerbliche Leihbüchereien und Lesezirkel[21]. Ohne daß es einer Aufnahme in die Liste und der Bekanntmachung bedarf, gelten gem. § 6 GjS die oben dargestellten Vertriebsbeschränkungen für *schwergefährdende Schriften.*

Zwei Umstände machen diese Vorschrift für das Presse-Grosso zu einem Risikofaktor: Die relative Unbestimmtheit der Beurteilung und die Tatsache, daß das Gesetz an die schwere Jugendgefährdung unmittelbar strafbewehrte Vertriebsbeschränkungen anknüpft, ohne daß das Verbot eine behördliche Verfügung voraussetzt. Nach wie vor liegen keine allgemein anerkannten und zuverlässige Bestimmungen im Einzelfall ermöglichenden Kriterien für die Frage vor, wann eine Schrift Pornographie i. S. von §§ 184 StGB, 6 GjS ist. »Das Problem einer hinreichend bestimmten Abgrenzung des Begriffs (»das Dilemma der Toleranzgrenze«) bleibt ebenso wie im früheren Rest ungelöst«[22]. Die Kasuistik der einschlägigen Entscheidungen[23] erlaubt noch keine eindeutige Umschreibung. »Offensichtlich« ist die Eignung zur schweren Jugendgefährdung dann, wenn jeder für die Erziehung und den Schutz Jugendlicher einsichtige und aufgeschlossene Mensch ohne Mühe erkennen kann, daß die betreffende Schrift eine schwere (nicht nur wahrscheinliche)[24] Gefahr für die sozialethische Persönlichkeitsentwicklung von Kindern und Jugendlichen beinhaltet. »Offensichtlich« bedeutet hier nicht etwa »Erkennbarkeit auf den ersten Blick« oder »ins Auge springend«, »offensichtlich« meint hier vielmehr, daß ein (bei hinreichender Kenntnis des Inhalts der Schrift) in der Bewertung klarer Fall vorliegt, d.h. ein Fall, in dem die Feststellung der schweren Jugendgefährdung eindeutig getroffen werden kann[25].

Wie wenig eindeutig aber diese Feststellungen in der Praxis getroffen werden können, illustrieren zwei Gerichtsentscheidungen: das Landgericht Hamburg[26]

21 Verstöße sind für den Fall vorsätzlicher Zuwiderhandlung mit Freiheitsstrafen bis zu einem Jahr oder Geldstrafe bedroht (§ 21 Abs. 1 GjS); für fahrlässige Begehung ist die Sanktion Freiheitsstrafe bis zu sechs Monaten oder Geldstrafe bis zu 180 Tagessätzen (§ 21 Abs. 3 GjS).

22 *Lackner,* StGB, 10. Aufl. München 1976, Anm. 2a zu § 184; vgl. z.B. auch *Dreher,* aaO., Anm. 2 A zu § 184; *Hanack,* Die Reform des Sexualstrafrechts und der Familiendelikte, in NJW 1974, 1 (7/8).

23 Die vom Bundesgerichtshof in der sog. Fanny Hill-Entscheidung (BGHSt 23, 40 ff. = in NJW 69, 1818) zu dem damaligen Gesetzesbegriff »unzüchtige Schrift« entwickelten Kriterien und Grundsätze sind von der Rechtsprechung zum Begriff der Pornographie übernommen worden, da der Gesetzgeber bei der Einführung dieses Begriffs nicht von jenen Grundsätzen abweichen wollte (vgl. OLG Karlsruhe, in NJW 1974, 2015 (2016). Zum Ganzen vgl. die Nachweise bei *Dreher,* aaO., vgl. z.B. auch Hans *Lerchbacher,* Die Pornographie, in: Jugendmedienschutz 1974 (hrsg. v. Rudolf Stefen), Schriftenreihe der Bundesprüfstelle für jugendgefährdende Schriften, Heft 4, Bonn-Beuel 1974, S. 53 ff.

24 BVerwGE 39, 197 (205).

25 Vgl. *Riedel,* Gesetz über die Verbreitung jugendgefährdender Schriften, Siegburg 1953, S. 102 (103).

26 Urteil vom 9.11.1977, Az (84) 24/77 KLs.

hatte einen Vertriebsleiter wegen vorsätzlicher Verletzung der §§ 184 Abs. 1 StGB, 21 Abs. 1 Nr. 3 in Verbindung mit 6, Nr. 3 GjS verurteilt. Diesem warf das Gericht vor, er habe den Verbotsirrtum (§ 17 StGB) vermeiden können, denn bei der Anwendung der nach den Umständen erforderlichen und dem Angeklagten nach seinen persönlichen Kenntnissen und Fähigkeiten auch zumutbaren Sorgfalt sei ohne weiteres zu erkennen gewesen, daß das Heft pornographische Abbildungen enthalte. »Auch war keine besonders intensive und sorgfältige Prüfung des Inhalts erforderlich. Der pornographische Charakter der beanstandeten Abbildung trat vielmehr so klar zutage, daß sie für den Angeklagten ohne besondere Mühe erkennbar war«. Der BGH[27] hob dieses Urteil mit der bemerkenswert kurzen Begründung auf: die vom Tatrichter beschriebenen Abbildungen seien weder pornographisch i.S. des § 184 Abs. 1 StGB noch offensichtlich geeignet, Kinder und Jugendliche sittlich schwer zu gefährden.

Die *Prüfungspflicht des Handels* hat bisher in der Judikatur noch keine Beurteilung erfahren, die den konkreten Umständen und den Ablaufzwängen der Disposition und des Verkaufs gerecht wird. Der BGH hat zur Prüfungspflicht des Pressehandels ausgeführt: »Angesichts der großen Bedeutung, die dem Schutz der Jugend vor verderblichem Schrifttum zukommt, muß von einem verantwortungsbewußten Zeitschriftenhändler . . . verlangt werden, daß er Schriften, deren einwandfreien Inhalt er nicht wegen des anerkannten Rufs des Verlags oder aufgrund sonstiger, ihm bekannter Umstände ohne weiteres voraussetzen kann, nicht nur oberflächlich »durchblättert«, sondern mit der dem Anliegen des Jugendschutzes gebührenden Sorgfalt durchsieht«[28].

Den Zeitmangel eines Presseeinzelhändlers als Entschuldigungsgrund für die Unterlassung einer Prüfung der verbreiteten Schriften anzuerkennen, hat das Hanseatische Oberlandesgericht kategorisch abgelehnt: es müsse von einem Händler verlangt werden, daß er sich, bevor er seine Ware anbietet, davon überzeugt, hiermit nicht gegen gesetzliche Bestimmungen zu verstoßen; sehe er sich hierzu, gleich aus welchen Gründen, nicht in der Lage, so habe er sein finanzielles Interesse am Verkauf den mit der Ausübung des Gewerbes verbundenen gesetzlichen Pflichten nachzuordnen[29].

Ausführungen von einer solchen Abstraktion verfehlen die tatsächlichen Gegebenheiten. Die Prüfung des Schuldvorwurfs muß die begrenzte zur Verfügung stehende Zeit einschließen und darf den Zeitaufwand bei der Frage des Umfangs der Prüfungspflicht nicht außer acht lassen.

§ 6 GjS setzt Fahrlässigkeit voraus. Fahrlässigkeit ist nicht gegeben, wenn im

27 Beschluß vom 25.4.1978, Az 5 StR 143/78.

28 BGHSt 8, 80 (89).

29 Hans OLG-Urteil vom 3.5.1973, Zentralblatt für Jugendrecht und Jugendwohlfahrt 1974, 284 (285).

Auftrag des Handels die einschlägigen Objekte von Volljuristen geprüft werden.

Selbst diese Auffassung ist jedoch nicht unbestritten. Das Bayerische Oberste Landesgericht hat wegen fahrlässigen Verstosses gegen § 6 GjS verurteilt, obwohl sich der angeklagte Chefredakteur vor der Verbreitung bei einem Rechtsanwalt erkundigt hatte, ob gegen die betreffende Schrift strafrechtlich etwas einzuwenden sei, und er von diesem die Auskunft erhalten hatte, das sei nicht der Fall. Das Gericht hatte daraufhin das Vorliegen eines unverschuldeten Verbotsirrtums geprüft und verneint; der Angeklagte habe bei gehöriger Anspannung seiner Fähigkeiten den offensichtlich schwer jugendgefährdenden Charakter der Schrift erkennen können und müssen, da dieser »jedem Menschen mit einem durchschnittlichen Empfinden« erkennbar gewesen sei[30].

Das Hanseatische Oberlandesgericht hat – entgegen der Vorinstanz – die Entlastung eines Presseeinzelhändlers vom Fahrlässigkeitsvorwurf nicht gelten lassen, obwohl auf Veranlassung des *Grossisten* eine Prüfung des Objekts durch einen Volljuristen erfolgt war: Eine solche Entlastung stehe im Widerspruch zu der Feststellung der Vorinstanz, daß die Schrift offensichtlich, d.h. jedem Durchschnittsbürger bzw. für Belange des Jugendschutzes aufgeschlossenen Bürger erkennbar, schwer jugendgefährdend sei[31].

Dem steht jedoch ein Argument des BGH entgegen, der einen Pressehändler ausdrücklich darauf verwiesen hat, sich »sachkundiger Hilfe« zu vergewissern, wenn er nicht selbst über die zur Beurteilung einer Schrift nötige persönliche und fachliche Fähigkeit verfüge. Dieser Hinweis des BGH verlöre in diesem Zusammenhang seinen Sinn, wenn sich der Händler auf das Urteil der »sachkundigen Hilfe« nicht sollte verlassen dürfen[32].

Der Gesichtspunkt des strafrechtlichen Bestimmtheitsgebots verbietet es, die Beurteilungsgrenzen des Pressehandels eng zu ziehen. Dem LG Mannheim ist es

30 BayObLG 4.12.1957 – 1 St 331/57 – nicht veröff.; Zusammenfassung in ArchPR III (1958) 54.

31 Hans OLG-Urteil vom 3.5.1973, Zentralblatt für Jugendrecht und Jugendwohlfahrt 1974, 284 (285).

32 Gegen einen Händler würde ein Vorwurf der Fahrlässigkeit allenfalls nur noch im Hinblick auf die Auswahl der die Prüfung durchführenden Person in Betracht kommen. Die Auswahl eines Rechtsanwalts würde dabei nur in extrem gelagerten Fällen als fahrlässig angesehen werden können. Ein *Einzelhändler* ist auch dann vom Vorwurf der Fahrlässigkeit befreit, wenn eine von dem *Großhändler* veranlaßte sachkundige Prüfung keine Beanstandung ergeben hat.
Die Praxis zeigt im übrigen, daß auch auf seiten der *Justiz* keineswegs immer Einhelligkeit darüber besteht, ob eine Schrift jugendgefährdend oder offensichtlich schwer jugendgefährdend ist. Es kommt immer wieder vor, daß zunächst als unter § 6 GjS fallend betrachtet wird, was später indiziert – und damit inzidenter als nicht zu den in § 6 GjS genannten Schriften gehörend qualifiziert – wird; es werden von Staatsanwaltschaften Schriften beschlagnahmt, die später trotz Antrag nicht indiziert werden.
Wer sich mit indizierten Medien vertraut machen will, findet einen zuverlässigen Wegweiser in dem von Rudolf *Stefen* herausgegebenen Gesamtverzeichnis indizierter Medien, 14. Aufl., Baden-Baden 1977.

sogar bedenklich erschienen, jedem Pressehändler die Pflicht aufzuerlegen, von sich aus zu entscheiden, ob eine Publikation als unsittlich anzusehen sei oder nicht[33]. Es sei an sich Aufgabe der Strafverfolgungsbehörden oder anderer staatlicher Institutionen, die Unsittlichkeit von Publikationen festzustellen und dem Zeitschriftenhändler mitzuteilen, damit die Strafbarkeit der Verbreitung eindeutig bestimmt sei. Bei der Vielzahl gerade der zweifelhaften Publikationen werde der Händler, dem die Entscheidung überlassen werde, überfordert[34].

Die Prüfungspflicht des Handels in ihrer gegenwärtigen Ausdehnung ist eine Fehlkostruktion des Gesetzes. Groß- und Einzelhändler sind überfordert. Würde der Handel strikt nach GjS in der Weise, wie einige Gesetzesauslegungen Groß- und Einzelhändler in Anspruch nehmen, stattfinden, so fände ein Handel mit einem großen Teil der Objekte kaum noch statt. Normative Ansprüche und die Ablaufzwänge des Handels mit so schnell veraltender Ware klaffen weit auseinander. *Die Zeitspanne* zwischen der Anlieferung der Ware beim Großhandel und ihre Auslieferung an den Einzelhandel – die Erstverkaufstage sind in der Regel von den Verlagen bindend festgesetzt – beträgt z.T. nur wenige Stunden. Schon aus diesem Grunde ist der Großhandel nicht oder kaum in der Lage, eine gewissenhafte Prüfung durchzuführen. Der Einzelhandel erhält seine Ware in den frühen Morgenstunden angeliefert. Da der Verkauf in den meisten Fällen sofort beginnt, steht auch hier zur Prüfung keine Zeit mehr zur Verfügung.

Hinzu kommt das *Mengenproblem*. Der Zeitungs- und Zeitschriftengroßhandel führt bis zu 1500 Titeln. Im Durchschnitt erhält der Einzelhandel davon bis 1250 verschiedene Objekte. Einer Prüfungspflicht wie einige Gerichte sie dem Handel auferlegen wollen, kann dieser auch deshalb nicht nachkommen, weil die Menge der zu prüfenden Titel praktisch nicht zu bewältigen ist. Selbst wenn eine solche Prüfung sich auf die noch am ehesten als jugendgefährdend erscheinenden Titel beschränken würde, wäre sie in der Praxis nicht durchführbar, da nicht nur das Titelbild und die Abbildungen im Inneren des Objektes beurteilt werden müßten, sondern auch der Textteil.

33 Beschluß vom 21.4.1971 – Qs 206/71; Zusammenfassung in ArchPR XVI (1971), S. 156.
Die Ausführungen beziehen sich noch auf den Begriff »unzüchtige Schriften«; sie können jedoch wie auch andere Rechsprechung (BGHSt 23, 40) unmittelbar auf Pornographie übertragen werden.

34 Vorstellbar wäre, in diesem Sinn die Strafverfolgungsbehörden bei der Beurteilung von Schriften in Anspruch zu nehmen.
Dem steht jedoch eine Entscheidung des OLG Hamburg entgegen (NJW 1965, S. 776 f.): Dieses Gericht hat es verneint, daß die Staatsanwaltschaft verpflichtet sei, einem Versandbuchhändler Auskunft darüber zu erteilen, ob eine Schrift, die er zu vertreiben beabsichtige, offensichtlich schwer jugendgefährdend i.S. des § 6 GjS ist.
Eine Analogie des mit Prüfungspflichten überforderten ZZ-Handels zu dem mit lebensmittelrechtlichen Vorschriften überforderten Lebensmittelhändler ist jedoch unverkennbar. Die in der Lebensmittel-Kontrolleur-Verordnung vorgesehene Beraterfunktion der Kontrolleure (VO vom 16. Juni 1977, BGBl I, S. 1002) legt es nahe, daß die für den Jugendmedienschutz zuständigen Prüfer bei Gelegenheit den ZZ-Handel beraten.

Es ist rechtsstaatlich bedenklich, daß Gesetzgebung und Rechtsanwendung die einschlägigen Normen, die Strafrechtscharakter tragen, nicht so eindeutig ausgebildet haben, daß sie einigermaßen zuverlässig und risikolos befolgt werden können, ohne daß jeder von über 80 000 Grossisten und Einzelhändlern zeitlich und mengenmäßig unmögliche Prüfungen angestellt hat.
Diese Ausgestaltung des Prüfungsrechts zu Lasten des Grossisten widerspricht auch dem faktisch gegebenen Kontrahierungszwang des Grossisten gegenüber dem Verlag, und die Prüfungspflicht des Einzelhandels stößt sich an dem Dispositionsrecht des Grossisten. Anders als der Handel kann die *Produktionsstufe* ihre Fristen so kalkulieren, daß eine hinreichende Prüfung möglich ist. Als »Verursacher« wären die Verlage auch für eine eindeutige Kennzeichnung verantwortlich.

Teil D

Das Grosso unter dem Regime der Einschlägigen Wettbewerbsregeln

Zusammenfassung

I. Pressefreiheit und Wettbewerbsrecht

Pressefreiheit und Wettbewerb verhalten sich zueinander nicht als grundsätzlich konkurrierende Rechtsprinzipien; im Gegenteil, sie entsprechen einander prinzipiell. Beide sind unabdingbare Voraussetzungen der freien Gesellschaft, und Pressevielfalt – für die Demokratie, woran auch hier zu erinnern ist, absolut konstituierend – wird bewirkt in erster Linie durch den Wettbewerb zwischen Verlegern und ihren Produkten. Die instrumentale Funktion des Wettbewerbs ist hier offensichtlich.

Sie hindert nicht, daß Pressefreiheit und Wettbewerb auch miteinander kollidieren können. Die Kollision von Rechtsgütern ist nichts Ungewöhnliches. Probleme dieser Art sind der Rechtsanwendung geläufig. Zur Kollision der Pressefreiheit mit anderen Rechtsgütern hat das BVerfG in ständiger Rechtsprechung Grundsätze entwickelt, die allgemeine Zustimmung erfahren haben und für die Lösung von Kollisionsproblemen dieser Art allgemeine Bedeutung haben.

Rechtsgüter hohen Ranges können das Grundrecht der Pressefreiheit einschränken. Dem allgemeinen Persönlichkeitsrecht kommt nach dem Willen des Verfassungsgebers diese Fähigkeit zu[1].

Aber selbst in der Kollision mit dem in Art. 2 Abs. 1 in Verbindung mit Art. 1 Abs. 1 GG geschützten Persönlichkeitsrecht darf die Pressefreiheit nicht außer acht gelassen werden. »Bei der Abwägung zwischen beiden kann das allgemeine Persönlichkeitsrecht nicht schlechthin den Vorrang beanspruchen; von der Pressefreiheit kann je nach der Gestaltung des konkreten Falles eine restriktive Wirkung auf die aus dem Persönlichkeitsrecht abgeleiteten Ansprüche ausgehen«[2].

Der hier ausgesprochene Grundsatz ist für das Verhältnis des Grundrechts der Pressefreiheit zum Rechtsprinzip des Wettbewerbs von großer Bedeutung. Es gibt kein höheres Rechtsgut als die Würde des Menschen, die in der Anerkennung des allgemeinen Persönlichkeitsrechts ihre wichtigste verfassungsrechtliche Konkretisierung erfahren hat. Trotz dieses hohen Verfassungsrangs kann das allgemeine Persönlichkeitsrecht in der Kollision mit der Pressefreiheit »nicht schlechthin den Vorrang beanspruchen«[3]. Das muß – e maiore ad minus – noch vielmehr gelten im Konflikt zwischen Pressefreiheit und Wettbewerb. Hier

1 BVerfGE 34, 269.

2 Konrad *Hesse,* Grundlinien der Rechtsprechung des Bundesverfassungsgerichts zu den Grundrechten des Art. 5 Abs. 1 GG seit 1970, Bericht vor dem Presserat am 13.12.1977, Ms. S. 7 f., unter Hinweis auf BVerfGE 34, 269 (282).

3 *Hesse,* aaO., S. 7.

vermag die Pressefreiheit, ebenso unbezweifelbar und je nach den Umständen mit noch größerer Durchschlagskraft, eine restriktive Wirkung auf die Durchsetzung des Wettbewerbs auszuüben.

Es geht hier um eine Abwägung zwischen verfassungsrechtlich geschützten Rechtsgütern und solchen des einfachen Rechts. Sie ist der Rechtsprechung ebenfalls durchaus geläufig. Das Bundesverfassungsgericht hat sie in einem Fall vorgenommen, in dem Auswirkung und Reichweite des Grundrechts der Religionsausübung (Art. 4 Abs. 2 GG) im Verhältnis zum Schutz des unlauteren Wettbewerbs (§ 1 UWG) zu beurteilen waren[4].

Die Schutzwirkung des Grundrechts dominiert schlechterdings, wenn ihm ein nur durch einfaches Gesetz geschütztes Rechtsgut und seine spezifische Schutzwirkung für Betroffene entgegensteht. In Anbetracht der Grundrechtswirkung sieht es das Gericht sogar als unerheblich an, daß der Betrieb fast aller Lumpensammler nicht nur beeinträchtigt, sondern sogar zum Erliegen gebracht wurde. Diese hatten dem kein eigenes verfassungskräftiges Recht entgegenzusetzen[5].

Ernst-Joachim *Mestmäcker*, der sich auf diese Entscheidung bezieht, möchte demgegenüber die Ausstrahlungswirkung der grundrechtlichen Wertungen anscheinend dennoch nur soweit zulassen, als diese »mit der Eigengesetzlichkeit des Wettbewerbs vereinbar ist«[6].

Für diese Auffassung findet sich in der Entscheidung des Bundesverfassungsgerichts keine Stütze; die Wendung, daß in einer freien Wettbewerbswirtschaft ein subjektives, verfassungskräftiges Recht eines Geschäftsmanns auf Erhaltung des Geschäftsumfangs etc. nicht bestehe, kann keineswegs als eine Erhöhung der Wettbewerbsordnung zu einem den Grundrechten vergleichbaren, sie eingrenzenden Rechtsgut verstanden werden. Das Gegenteil ist der Fall: das Bundesverfassungsgericht hat die Wettbewerbsordnung schon sehr früh zur Disposition des einfachen Gesetzgebers gestellt[7].

Ebensowenig ist es zulässig, speziell für die Presse (und auf sie beschränkt) dem Wettbewerbsprinzip dadurch Verfassungsrang zuzuschreiben, daß man es mit dem Verfassungsgebot der Presse*vielfalt* gleichsetzt, indem man »die Vielfalt

4 Eine konfessionelle karitative Organisation hatte durch eine von ihr durchgeführte Lumpensammlung, für die sie auch durch Kanzelerklärungen hatte werben lassen, den Betrieb fast aller gewerblichen Lumpensammler zum Erliegen gebracht.
So wenig zweifelhaft ist, daß die für diesen Sachverhalt primär einschlägige Norm in § 1 UWG mit den ihr eigenen Kriterien für die Abgrenzung von lauterem und unlauterem Wettbewerb gegeben ist, hatte das BVerfG ohne Rücksicht darauf und trotz der strukturschädigenden Wirkung der Kanzelwerbung diese und die so beförderte Lumpensammlung als verfassungsrechtlich geschützt angesehen, vgl. BVerfGE 24, 236.

5 Ob sich im Einzelfall nicht doch eine stärker differenzierende Abwägung zwischen Rechtsgütern unterschiedlichen Ranges anbieten könnte, ist hier nicht zu erörtern.

6 Medienkonzentration und Meinungsvielfalt, Eine vergleichende wirtschaftsrechtliche Untersuchung im Auftrage des Bundesministers des Innern, Baden-Baden 1978, S. 152.

7 Investitionshilfeurteil vom 20.7.1954, BVerfGE 4, 7.

und damit den Wettbewerb der Presseunternehmen untereinander« als verfassungsrechtlich geschützt glaubt mit der Folge, daß dadurch nun dieser Wettbewerb selbst »zu dem durch die Institutsgarantie geschützten sozialen Sachverhalt einer funktionsfähigen freien Presse« gerechnet wird[8]. Niemand wird die Eignung des Wettbewerbs unter den Verlagen zur Gewährleistung der Pressevielfalt bestreiten; es ist jedoch nicht zu verkennen, daß die mit der Rundfunkfreiheit nicht minder geforderte Meinungsvielfalt nicht durch Wettbewerb bewerkstelligt wird[9].

So sehr der Wettbewerb unter den privatwirtschaftlich tätigen Verlagen eine der Pressevielfalt gemäße ökonomische Voraussetzung darstellt, so erlaubt die Dogmatik des Verfassungsrechts doch nicht, den Wettbewerb zu einem verfassungsrechtlich gebotenen Rechtsgut aufzuwerten, und vor allem ist es nicht zulässig, ihn deshalb für den gesamten »durch die Institutsgarantie geschützten sozialen Sachverhalt einer funktionsfähigen freien Presse« aus Gründen der Pressevielfalt zu fordern; zu diesem »sozialen Sachverhalt« zählt auch das Presse-Grosso, das gerade durch seine den horizontalen Wettbewerb untereinander ausschließende Struktur – Gebietsmonopole – unübertroffen günstige Voraussetzungen für die Pressevielfalt, nämlich für den Bestand schwacher Verlage, für den Marktzutritt neuer Verlage und neuer Objekte gewährleistet[10].

8 *Mestmäcker,* aaO., S. 152.

9 Woraus das BVerfG im Fernsehurteil – BVerfGE 12, 205 vom 28. Februar 1961 – die bekannten Folgerungen zur Gewährleistung einer Art innerer Rundfunkfreiheit zugunsten der »gesellschaftlich relevanten Kräfte« gezogen hat. Einige an die Wirkung des Wettbewerbs im Medienbereich geknüpfte Erwartungen sind in Frankreich relativiert worden. Die Aufspaltung der französischen Rundfunkgesellschaft ORTF in vier staatliche Programmgesellschaften sowie eine Produktionsgesellschaft, eine Gesellschaft für den Sendebereich und ein Forschungs- und Bildungsinstitut – am 6.1.1975 auf der Grundlage des Rundfunkgesetzes vom 7.8.1974 – wurde damit begründet, daß die so institutionalisierte Konkurrenz zu einer größeren Autonomie der Gesellschaften und zu einer höheren Qualität des Programms führen solle. In einer dem französischen Parlament vorgelegten Bilanz dieser Reorganisation wird von einer Sachverständigenkommission jedoch festgestellt, daß dem *Wettbewerb* vorteilhafte Wirkungen zugesprochen worden seien, »die ihm offensichtlich nicht immanent sind«: Der Wettbewerb habe zu einer »Verarmung des Programms« und zu einem »bedenklichen Rückgang der Kreativität« geführt; die auf den Wettbewerb gesetzte Hoffnung sei einer verbreiteten Skepsis gewichen. Vgl. Marie-Luise *Kiefer* in einer Inhaltswiedergabe des Berichts in Media Perspektiven, Heft 12, 1977, S. 700 ff.; auch in NZZ vom 12.1.1978, S. 30. Vgl. auch o.V., Konkurrenz keine Garantie für Programmqualität, in: Media Perspektiven, Heft 12, 1977, S. 700 ff.

10 *Mestmäcker* verdient Zustimmung in der Auffassung, daß die Beeinträchtigung von Presseverlagen durch den Wettbewerbserfolg eines anderen Verlags nicht ausreicht, »um aus verfassungsrechtlichen Erwägungen einen sonst nicht begründeten Verstoß gegen § 1 UWG anzunehmen« (aaO., S. 153).
Es ist bekannt, daß in USA das Verhältnis zwischen erstem amendment (Garantie der Pressefreiheit) und dem Sherman Act anders als in den vorstehenden Ausführungen beurteilt wird: z.B. in der Entscheidung des Supreme Court in U.S. v. Associated Press (326 U.S. 1 (1945), CCH 57, 384): das erste amendment könne die Anwendung des Sherman Act keinesfalls unterbinden. Immerhin hat Justice Frankfurter in einer concurring opinion dargetan, daß in diesem Presse-Fall das erste amendment vorrangig einschlägig sei: das öffentliche Interesse an der Pressefreiheit könne durch

Zur Verwirklichung der Pressefreiheit und der Pressevielfalt bedarf es des Wettbewerbs unter den Presseverlegern. Es bedarf dazu jedoch nicht des Wettbewerbs unter den Presse-Großhändlern.
Den *Wettbewerb* auf der Vertriebsebene *auszuschließen* ist gerade das Ziel eines Modells des BDZV[11], über das *Mestmäcker* berichtet[12]. Bemerkenswert sind die Gründe, die für eine solche genossenschaftliche, bundesweite regionale Vertriebsorganisation (deren Förderung durch die Öffentliche Hand angestrebt würde) genannt werden: die *Rationalisierung* des Transports und die *Neutralisierung* des Vertriebs als Wettbewerbsmittel.
Es hat den Anschein, daß für solche Konzepte des Vertriebs von Abonnementszeitungen und für ihre Beurteilung der Wettbewerb nicht als das wesentliche Kriterium angesehen wird. Andererseits ist evident, daß auch hier Rationalisierung und Neutralisierung entscheidende Merkmale eines Pressevertriebs in einer die Pressefreiheti respektierenden Gesellschafts- und Wirtschaftsordnung sind, und daß diese ohne Ausschluß des Wettbewerbs auf der Großhandelsstufe schwerlich erwartet werden können. Bleibt nur noch hinzuzufügen, daß diese Merkmale in der Struktur des deutschen Presse-Grosso gegeben sind.
Es ist eine zuwenig reflektierte Annahme, der Wettbewerb werde außer in der *Wirtschaftsstruktur* der Presse auch in ihren nicht in erster Linie wirtschaftlichen Erscheinungsformen – dazu rechnet auch die Pressevielfalt, verstanden als Meinungsvielfalt und nur in diesem Sinne ein »für die Demokratie konstitutives Prinzip«[13] – notwendig exakt entsprechend günstige Wirkungen herbeiführen[14]. Das ist der untaugliche Versuch der Erfassung von Sinneinheiten mit den Kategorien eines *ökonomischen Modelldenkens,* das erfahrungsgemäß immer wieder zur Überschätzung seiner eigenen Leistungs- und Aussagefähigkeit auch im rein ökonomischen Bereich tendiert.

private Wettbewerbsbeschränkungen ebenso unterhöhlt werden wie durch eine Zensur der Regierung.
Daß für die deutsche Auffassung von dem Gewicht des Wettbewerbsprinzips im Fall der Konkurrenz mit anderen Rechtsgütern etwas anderes gilt als für jene Entscheidung des Supreme Court der USA, ist in dem Urteil »Feld und Wald« des BGH (BGHZ 56, 327, 336) deutlich geworden, in dem die Wettbewerbsproblematik dem Vereinszweck gegenübergestellt wurde.
Auch *Mestmäcker* entnimmt dem BGH-Urteil die Tendenz, »den Verbandsinteressen, soweit sie sich im Rahmen des Verbandszweckes halten, den Vorrang einzuräumen vor den marktverdrängenden Wirkungen dieser Verbandstätigkeit« (aaO., S. 168 f.).

11 ZV+ZV 1973, S. 776.

12 A.a.O., S. 177 f. *Mestmäcker* kritisiert daran nicht den Ausschluß des Wettbewerbs – die nähere Beurteilung eines Organisationsmodells vorbehalten – sondern nennt als eine Grundfrage den erforderlichen Anschlußzwang und gibt zu bedenken, daß Außenseiterwettbewerb einschließlich der Abonnementswerbung durch Zusteller das Modell gefährden würde.

13 BVerfG in ständiger Rechtsprechung, vgl. z.B. BVerfGE 5, 85 (134 f., 205); 7, 198 (208); 12, 113 (125); 20, 56 (97 f.); 20, 162 (174 f.).

14 Werner *Kleimann* und Rainer *Bechtold,* Kommentar zur Fusionskontrolle, nach deutschem und EWG-Kartellrecht, 1977, Rdnr. 49 zu § 24 GWB, führen aus, daß im Pressewesen Bereiche existieren, in denen Wettbewerb der Pressefreiheit eher schadet als nützt, z.B. im Pressevertrieb.

II. Das Presse-Grosso in der Praxis des Bundeskartellamts

»Zeitungs- und Zeitschriftengroßhändler können regional marktbeherrschende Unternehmen sein, soweit sie nach dem von den Verlagen eingeführten Vertriebssystem für einen bestimmten Bezirk Gebietsschutz haben«[1].
Die Weigerung, eine bestimmte Ausgabe einer Zeitschrift zu beziehen und zu vertreiben, gab Anlaß zu der Prüfung, ob eine Absprache der Grossisten (§ 1) oder eine Empfehlung des Vorstandes des Verbandes an seine Mitglieder (§ 1, § 38 Abs. 2, Satz 2) vorlag[2]. Der Fall hätte auch Anlaß zu der Prüfung geben können, ob eine »Vertriebsverweigerung durch marktbeherrschende Großhändler nach § 26 Abs. 2« vorlag[3].
Im Verhältnis zu Einzelhändlern darf »der den Markt beherrschende Großhändler . . . nicht ohne berechtigten Grund *Bezugssperren* verhängen«; neu *hinzutretende Einzelhändler* ungerechtfertigt unterschiedlich zu behandeln, wäre ein Verstoß gegen § 26 Abs. 2[4]. »Billigkeits- und sachliche Rechtfertigungsgründe für die Nichtbelieferung« von Einzelhändlern stellte das Bundeskartellamt 1964 in einzelnen Fällen fest[5]. »In einem Fall werden die erforderlichen Feststellungen durch eine halbjährige Testbelieferung getroffen«[6].
Die *Senkung der Handelsspanne* zu Lasten des Großhandels oder des Einzelhandels kann einen Verstoß gegen § 17 Abs. 1 Nr. 2 darstellen. »Nach Auffassung des Bundeskartellamtes (kann) die Festsetzung unzureichender Handelsspannen im Einzelfalle eine mißbräuchliche Handhabung der Preisbindung sein«. Anlaß zu dieser Feststellung bot die Senkung der EH-Einzelhandelsspanne zugunsten einer um den gleichen Prozentsatz erhöhten Großhandelsspanne. Sie

1 Tätigkeitsbericht 1963, BT-Drucksache IV/2370, S. 56; Sperrung nicht im Original.
Im Gegensatz dazu hat das BKartA in einem noch nicht rechtskräftigen Bußgeldbescheid vom 21. Juni 1977 gegen 17 betroffene Grossisten den Vorwurf von Absprachen untereinander bei der Abgrenzung ihrer Vertriebsgebiete erhoben, vgl. oben A IV, 4 sowie unten a.E. dieses Kapitels.

2 Da sich ein solcher Verdacht nicht bestätigte, wurden die Ermittlungen im Bußgeldverfahren eingestellt.
Es war auch geprüft worden, ob der in jener Ausgabe angegriffene Verlag durch eine unzulässige Boykottaufforderung gegen § 26 Abs. 1 verstoßen habe: mit ebenfalls negativem Ergebnis (aaO., S. 56).

3 Davon wurde abgesehen, weil die betreffende Zeitschrift seit der Einleitung des Verfahrens ohne Schwierigkeiten ausgeliefert wurde (aaO.)

4 AaO., S.57.

5 Die Nichtbelieferung von EH hatte dem Amt Anlaß gegeben, »Ermittlungen wegen Verletzung des Diskriminierungsverbots des § 26 Abs. 2 einzuleiten. In einzelnen Fällen wurden die Geschäftsbeziehungen aufgenommen« (Tätigkeitsbericht 1964, BT-Drucks. IV/3752, S. 44).

6 AaO., S. 44.

erschien dem Amt gerechtfertigt, da der Großhandel seine Vertriebsleistungen gesteigert hatte. Die Steigerung »ergab sich aus der wesentlichen Vermehrung der Einzelhandelsverkaufsstellen und aus der laufenden Vergrößerung des Umfanges der Zeitschrift (Transport, Fuhrpark, Personal, Verpackung usw.)«[7]. Die hier aufgeführten Faktoren bleiben für die wettbewerbsrechtliche Beurteilung der stets wiederkehrenden Auseinandersetzungen um die Höhe der Handelsspanne von wesentlicher Bedeutung.

Wenn »*Großverlage durch Beteiligungen an Grosso-Unternehmen in die Vertriebsstufe des Zeitungs- und Zeitschriftenmarktes vordringen*«, so erhöht sich dadurch »die Gefahr, daß kleineren und neu hinzukommenden Verlagen der Zugang zu einem Vertriebsmarkt erschwert werden kann, der zunehmend von Großverlagen beherrscht wird«. In Verlagsbeteiligungen an Grosso-Unternehmen in Hamburg und Berlin hatte das Amt Anzeichen einer fortschreitenden Entwicklung gesehen, »durch die in städtischen Großräumen verlagsabhängige Grosso-Unternehmen an die Stelle des unabhängigen Großhandels treten«. Wenn sich diese Tendenz bisher auch nicht fortgesetzt hat, so verdient doch die Warnung des Bundeskartellamts registriert zu werden: die Bedeutung dieses Konzentrationsvorgangs für das Problem der Pressefreiheit sei nicht zu unterschätzen; ihr sei mit der Fusionskontrolle zu begegnen[8].

Ein von den Verbänden des Grosso und der Verleger gemeinsam ausgearbeiteter »*Grosso-Rahmenvertrag*« der u.a. eine Kündigungsfrist sowie eine befristete Garantie der Handelsspanne vorgesehen hatte und als Vertragsmuster für Einzelverträge zwischen Verlegern und Grossisten dienen sollte, wurde vom Amt als Kartell oder als Empfehlung beurteilt, »je nachdem, ob das zwischen den Verbänden erzielte Verhandlungsergebnis (Muster-Vertrag) für die Mitglieder verbindlich ist oder ihnen nahegelegt wird, Einzelverträge entsprechend dem ›Grosso-Rahmenvertrag‹ zu schließen« (§§ 1, 38 Abs. 1 Nr. 1, § 38 Abs. 2 Satz 2). Die Verbände bzw. ihre Mitglieder hätten dementsprechend ordnungswidrig gehandelt. Das Amt hat mit dem Hinweis auf diese Rechtslage jedoch auch angedeutet, daß ein Teil des Rahmenvertrags »als Gegenstand eines Konditionenkartells nach § 2 legalisiert werden könnte«[9].

Verlage dürfen durch Abrede untereinander den Wettbewerb auf der Großhandelsstufe nicht einschränken[10].

7 Tätigkeitsbericht 1965, BT-Drucks. V/530, S. 55.
8 Tätigkeitsbericht 1972, BT-Drucks. 7/986, S. 83.
9 AaO. S. 83 f.; Sperrung nicht im Original.
10 Ein großer Verlag hatte durch Kommanditbeteiligung die Mehrheit der Anteile an einer Grosso-KG erworben; daneben waren mehrere kleinere Verlage als Kommanditisten mit verhältnismäßig geringen Anteilen beteiligt. »Der Gesellschaftsvertrag enthielt die Verpflichtung der Kommanditisten, sämtliche von ihnen verlegten Objekte, die über den Pressegroßhandel ausgeliefert werden, im Vertriebsgebiet der gemeinsamen Gesellschaft ausschließlich durch diese Gesellschaft ver-

Das *Dispositionsrecht* der Grossisten wurde vom Bundeskartellamt geschützt. Es werde durch das Remissionsrecht des Einzelhändlers kompensiert. Seine Verlagerung auf den Einzelhändler sei »auch deshalb problematisch, weil nicht auszuschließen ist, daß kleinere schwer verkäufliche und neu eingeführte Titel, die weniger Umsatz bringen und höhere Remissionsquoten haben, vom Einzelhandel nicht mehr geordert werden«. Die Ausübung des Dispositionsrechts wäre jedoch dann mißbräuchlich, »wenn Einzelhändler mit einer großen Zahl schwer verkäuflicher Objekte zugedeckt werden«[11]. Soweit die *Besonderheiten des Pressevertriebs* »belastende Konditionen für den Einzelhändler, die erheblich vom dispositiven Recht abweichen«, nicht rechtfertigen, sind diese als mißbräuchliche Ausnutzung einer marktbeherrschenden Stellung (§ 22) anzusehen (das gilt namentlich für Lieferungs- und Zahlungsbedingungen wie kurze Zahlungsziele etc.)[12].

In seinem Tätigkeitsbericht 1977 resümiert des Bundeskartellamt den Bußgeldbescheid gegen 17 Großhändler sowie gegen 13 geschäftsführende Gesellschafter oder Geschäftsführer der betroffenen Unternehmen[13]. Damit seien »langjährig auf der Großhandelsstufe praktizierte Gebietsabsprachen für Presseerzeugnisse in Südwestdeutschland geahndet worden«. Der Tenor dieser Ausführungen steht in bemerkenswertem Kontrast zu den einschlägigen Ausführungen des Amts in seinen früheren Tätigkeitsberichten, in denen auch die positiven Aspekte der gegebenen Grosso-Struktur festgestellt werden.

Insgesamt ergibt sich aus den hier chronologisch aufgeführten, das Grosso betreffenden Abschnitten der Tätigkeitsberichte kein widerspruchsfreies Bild. Kartellrechtliche Einzelentscheidungen werden sich jedoch immer an der Würdigung des Gesamtsystems orientieren müssen, auch an den positiven Aspekten, die in der Beurteilung durch das Bundeskartellamt nicht nur nicht fehlen, sondern Anlaß zu ausdrücklichem Schutz einzelner Grosso-Funktionen, wie des Dispositionsrechts[14], gegeben haben. Nirgends sind dabei Ansätze zu einem Alternativsystem zutage getreten, das an die Stelle der gegebenen Grosso-Struktur treten könnte.

treiben zu lassen. Außerdem verpflichteten sich die Kommanditisten, jeden Wettbewerb gegenüber der gemeinsamen Gesellschaft in deren Vertriebsgebiet zu unterlassen«: Durch Beschränkung des Wettbewerbs Verstoß gegen § 1, der auch auf Wettbewerbsbeschränkungen im Gesellschaftsvertrag einer KG anwendbar ist. – Die beanstandeten Vereinbarungen wurden von den Unternehmen ersatzlos aufgehoben (Tätigkeitsbericht 1973, BT-Drucks. 7/2250, S. 104).

11 Tätigkeitsbericht 1976, BT-Drucks. 8/704, S. 86 f.

12 AaO., S. 86.

13 BT-Drucks. 8/1925, S. 76.
Gegen den Bußgeldbescheid haben alle Betroffenen und Nebenbetroffenen Einspruch eingelegt.

14 Tätigkeitsbericht 1976, BT-Drucks, 8/704, S. 86; ebenso die Stellungnahme des BKartA gegenüber dem OLG Karlsruhe im Rechtsstreit MAL./. Heinrich Bauer Verlag vom 12. April 1977 – ZR 1 – 256200 – R – 131/76.

III. Der Alleingrossist

1. *Vertriebsmodelle*

Der Alleingrossist – auf einen einfachen Nenner gebracht – ist die auf den Stamm einer vom Markt gesteuerten natürlichen Selektion gepfropfte Erfindung der Großverlage[1]. *Markt* und *ökonomische Rationalität* eines Vertriebssystems: das sind keine schlechten Eltern.

Die Herleitung aus dem Recht der Verlage, ihr Vertriebssystem optimal einzurichten, ist wettbewerbsrechtlich ohne Makel[2]. Bis in die Verhandlungen vor dem BGH am 10.10.1978 in dem noch nicht entschiedenen Rechtsstreit MAL ./. Heinrich Bauer Verlag ist klargeworden: Ein Rechtsgrund dafür, daß der Wettbewerber (wie MAL) eines Alleingrosssisten von einem Verlag mit dessen Objekten beliefert werden müsse, ist aus dem Kartellrecht nicht abzuleiten. Dabei hat diese viele Ressourcen ausschöpfende Auseinandersetzung zwischen zwei finanzstarken Verlagen (hinter MAL steht die »Rheinpfalz« in Ludwigshafen) außerdem erwiesen, daß *MAL kein Modell* ist, dem im Vergleich mit dem gegebenen Grosso-System der Vorzug wettbewerbsgerechten Zuschnitts zukäme. Zwar soll gemäß MAL-Konzept der Einzelhändler wählen können, welche Objekte er beziehen möchte: das wäre die Beseitigung (des auch vom Bundeskartellamt geschützen) Dispositionsrechts des Grossisten mit der Folge einer Einengung des Marktes auf die »Brotobjekte« und eine empfindliche Beschneidung der Pressevielfalt im Angebot des Einzelhandels; der MAL-Einzelhändler soll aber keineswegs das Recht haben, unter mehreren Grossisten zu wählen: es gäbe also nicht einmal die Möglichkeit eines Wettbewerbs zwischen mehreren Grossisten gegenüber dem MAL-Einzelhändler. Auch das *MAL-Modell* funktioniert nur unter *Ausschluß des Wettbewerbs* auf der Großhandelsstufe und wäre darum wettbewerbsrechtlich kein Fortschritt, sondern ein Rückschritt, weil es zwingend auf der Verlagsebene die Wettbewerbschanchen der weit überwiegenden Mehrzahl der Verlage verschlechtern und zugunsten der Großverlage die Stellung der »Brotobjekte« im Markt noch verbessern würde. Jedenfalls würde die Pressevielfalt dauernd Schaden leiden.

1 Der vor dem Kammergericht anhängige Rechtsstreit, ob im Einzelfall *Grenzen* von Vertriebsgebieten horizontal von Grossisten gesetzwidrig abgesprochen wurden, ändert, wie immer endgültig entschieden werden mag, nichts an dieser Feststellung.

2 Die Frage etwaiger Absprachen unter Verlagen aus Anlaß der Vergabe von Auslieferungsrechten an Grossisten liegt außerhalb dieser Darstellung.

Das Modell des Alleingrossisten hat sich auch als die wirtschaftlich zweckmäßigste Form des Pressevertriebs erwiesen. Es impliziert die *Beschränkung* des Grossisten auf ein durch die Verlage abgegrenztes Gebiet, woraus folgt, daß innerhalb dieses Gebiets der Grossist von seiten der Verlage *Gebietsschutz* genießt[3].

Im Gegensatz zum Typ des Alleingrossisten spricht man von *Kundentrennung,* wenn zwei oder mehrere Großhändler in einem Gebiet an nur jeweils einen Teil der Einzelhändler die Presseerzeugnisse aller Verlage liefern. In der Bundesrepublik wurde Kundentrennung letztmalig 1973 praktiziert[4].

Im Unterschied zur Kundentrennung und zu der die Stellung des Alleingrossisten begründenden Gebietstrennung spricht man von *Objekttrennung,* wenn innerhalb eines Gebiets alle Einzelhändler von zwei oder mehreren Großhändlern, freilich mit jeweils anderen Objekten, beliefert werden. Dieses Nebeneinandergrossieren von zwei oder mehreren Großhändlern in ein und demselben Gebiet wird gegenwärtig unter den besonderen Bedingungen verlagsabhängiger Großhandelsunternehmen[5] in *Berlin, Hamburg* und *Saarbrücken* sowie unter ebenfalls besonderen und darum nur unechte Ausnahmen darstellenden Bedingungen in *Dortmund* und *Darmstadt* parktiziert[6].

3 Die zwischen Verlag und Grossisten abzuschließenden Verträge, in denen die einschlägigen Vertriebs- und Verwendungsbindungen enthalten sind (§ 18 GWB), bedürfen ebenso wie die Preisbindung (§ 16 GWB) der Schriftform (§ 34 GWB). Die Kartellbehörde kann Verträge, die Bindungen solcher Art begründen, unter den in § 18 GWB genannten Voraussetzungen für unwirksam erklären.
Der Verlag überträgt dem Großhändler den Vertrieb mit der vertraglichen Bindung an ein bestimmtes Vertriebsgebiet, das in der Regel in eine Karte eingezeichnet ist. Die Vertriebs- und Verwendungsbindung besagt außerdem, daß die Lieferungen des Verlages ausschließlich für die Belieferung des Einzelhandels (gelegentlich mit Ausnahme des Bahnhofsbuchhandels) in dem vereinbarten Auslieferungsgebiet bestimmt sind.
Der Großhändler hat dafür Sorge zu tragen, daß die von ihm belieferten Einzelhändler ebenfalls gemäß § 34 GWB die Verpflichtung eingehen, die Verlagsobjekte nur an Endabnehmer zu verkaufen und sie weder zu verleihen noch zu vermieten noch ihren Verkauf zu behindern, sowie dem Endabnehmer weder Nachlässe zu gewähren noch Zuschläge abzunehmen.
Der Großhändler übernimmt gegenüber dem Verlag in der Regel auch die Pflicht, den Einzelhändler darauf hinzuweisen, daß ein Verstoß gegen die Verpflichtungen zu einer Liefersperre führen kann. Auf Verlangen des Verlages hat der Grossist die Bindung der Einzelhändler nachzuweisen. Detaillierte Bestimmungen dieser Art, ebenso auch über Preisbindung, Remission etc., sind in der Regel auch in den Lieferungs- und Zahlungsbedingungen der Verlage enthalten.

4 Gruner + Jahr AG & Co. (Hrsg.), Wörterbuch des Vertriebs, Art. Kundentrennung.
Diese auch als Händlertrennung bezeichnete Auslieferungsform wird (aaO.) als unwirtschaftlich bezeichnet.

5 S. oben A IV, 2 a-d.

6 Für den Vertrieb von Abonnementszeitungen hat der Bundesverband der Deutschen Zeitungsverleger (BDZV) drei Modelle für Kooperation von Verlagen entwickelt, die in dem hier gegebenen Zusammenhang insofern von Interesse sind, als sie ebenfalls mehr oder weniger den Wettbewerb im Vertrieb ausschließen (ZV+ZV 1973, S. 776); vgl. dazu Ernst-Joachim *Mestmäcker,* Medienkonzentration und Meinungsvielfalt 1978, S. 176 ff., sowie oben D I.

In kartellamtlichen Stellungnahmen findet sich mit einiger Regelmäßigkeit der Hinweis, daß »auch heute noch in insgesamt vier Ballungsgebieten der Bundesrepublik (Berlin, Hamburg, Dortmund und Saarland) das Wettbewerbsgrosso praktiziert« werde[7]. Tatsächlich gibt es jedoch auch in jenen vier Vertriebsgebieten und außerdem in Darmstadt, wo ebenfalls zwei Grossisten nebeneinander tätig sind[8], keinen Wettbewerb. An diesen fünf Plätzen herrscht eine streng durchgeführte *Objekttrennung*. Das Nebeneinander von Grossisten in Berlin, Hamburg und Saarbrücken ist das Ergebnis der vom Bundeskartellamt nachdrücklich mißbilligten[9] Expansion von Großverlagen in den Pressegroßhandel[10]. Das Nebeneinander von verlagsabhängigen Grossisten kann darum in keiner Weise exemplarisch oder gar vorbildlich sein.

In *Dortmund* stehen die Eigentumsverhältnisse der Entfaltung von Wettbewerb zwischen den dort in ein und demselben Vertriebsgebiet ansässigen Unternehmen entgegen: mit jeweils unterschiedlichen Objekten grossieren hier die Firmen Wilhelm Schmitz GmbH & Co., Buch-, Zeitschriftenhandel, Verlag sowie Rafflenbeul & Sonder Presse-Großvertrieb. Die Firma Wilhelm Schmitz GmbH & Co. gehört der Familie Dr. Rafflenbeul zu 100 Prozent. An dem Unternehmen Rafflenbeul & Sonder ist Dr. Rafflenbeul mit 50% beteiligt, die übrigen 50% befinden sich im Eigentum des Mehrheitsgesellschafters des Kölner Grosso-Unternehmens Jean Esser & Co. Das Unternehmen Rafflenbeul & Sonder vertreibt überwiegend die Presse-Produkte aus dem Hause Springer, ergänzt durch die anderer Verlage, insgesamt ca. 170 Titel. Alle übrigen Titel werden durch Wilhelm Schmitz GmbH & Co. vertrieben.

In *Darmstadt* grossieren nebeneinander die Presse-Vertriebs-Gesellschaft m.b.H., Frankfurt, und die Firma Buch- und Zeitschriften-Großvertrieb Heinrich Brümmer KG. Diese vertreibt im wesentlichen Objekte des Heinrich Bauer Verlags. Sie erreicht etwa ein Drittel des Umsatzes eines Durchschnittsgrossi-

7 Stellungnahme des BKartA in dem Rechtsstreit MAL ./. Heinrich Bauer Verlag vor dem OLG Karlsruhe vom 12. April 1977 – ZR 1 – 256200 – R – 131/76 S. 4; Bußgeldbescheid des BKartA vom 21. Juni 1977 – B 4 – 745200 – A 195/75 – an 16 betroffene Grossisten sowie weitere Nebenbetroffene, S. 12.
In der Stellungnahme gegenüber dem OLG dient jene Feststellung zur Stützung der für die rechtliche Würdigung wesentlichen Feststellung, daß »der Geschäftsverkehr zum Pressegrosso objektiv üblicherweise zugänglich« sei.

8 Die Verhältnisse in Darmstadt scheinen noch weniger bekannt zu sein als die Grosso-Struktur in den anderen vier Betriebsgebieten.

9 Tätigkeitsbericht 1972, S. 83 (s.o. D II mit Anm. 8); zuletzt in der vom dem Vertreter des BKartA abgegebenen Stellungnahme in dem Rechtsstreit MAL ./. Heinrich Bauer Verlag vor dem BGH am 10.10.1978.

10 Dazu s.o. A IV, 2.

sten. Der andere Grossist, die Presse-Vertriebs-Gesellschaft m.b.H. ist Deutschlands größtes Presse-Grosso-Unternehmen. Brümmer liefert mit den Objekten des Heinrich Bauer Verlages nur an drei Tagen in der Woche aus: eine deutlich eingeschränkte Leistung neben der Presse-Vertriebs-GmbH mit Kundenbelieferung an sieben Tagen der Woche. Brümmer ist darum nicht in der Lage, Verlegerwünschen nach einem beliebigen Erstauslieferungstag zu entsprechen, und vermag kleinere Zeitungstitel nicht zu vertreiben. Eine spürbare Konkurrenzsituation ist auch hier nicht erkennbar.
Bei strenger Objekttrennung in Dortmund und Darmstadt ebenso wie in Berlin, Hamburg und Saarbrücken ist die Zahl der belieferten Kunden erfahrungsgemäß bei dem Grossisten am größten, der die Objekte des Hauses Springer verkauft. *Wahlmöglichkeiten* für den Einzelhändler gibt es nicht, für die Verlage sind sie zumindest eingeschränkt, in Darmstadt sind sie für Zeitungsverlage gar nicht gegeben, dort auch nicht für Zeitschriften mit Erstverkaufstagen am Dienstag, Mittwoch oder Samstag.
Der Einzelhandel ist im allgemeinen mit der *Zweigleisigkeit* der Anlieferung von Presse-Erzeugnissen nicht zufrieden. Er sieht darin keinen Vorteil, muß jedoch Nachteile in Kauf nehmen: Eine tägliche Belieferung von zwei Grossisten führt zu einer etwas umfangreicheren Wareneingangskontrolle und führt zu Mehrarbeit vor allem bei der wöchentlichen Remissionsabrechnung; diese muß nach Lieferanten getrennt werden, das gilt auch für die Buchhaltung des Einzelhändlers, damit diesem eine Kontrolle der in Rechnung gestellten Beträge und der gutgeschriebenen Remittenden möglich ist.
Wettbewerbsgrossisten gibt es in der Bundesrepublik jedenfalls nicht.

3. *Zusammenschlüsse von Grossisten*

Die Zahl der Grossisten ist rückläufig. Die Ursachen dafür sind denen der Konzentration in anderen Bereichen der Wirtschaft vergleichbar[11].
Die Erwerber von Grosso-Unternehmen ware stets Grossisten, die ihre Tätigkeit in direkt angrenzenden Gebieten ausübten. Dafür waren *zwei* Gründe ausschlaggebend: Als Käufer kamen nur solche Unternehmer in Betracht, die ihr

11 Mehrere Grosso-Betriebe – u.a. in Lüneburg, Wuppertal und Gelsenkirchen – wurden aus Altersgründen abgegeben. In anderen Fällen war das Hauptmotiv für die Veräußerung die schlechte Rendite; die Unternehmen waren zum Teil sanierungsbedürftig. Einige Unternehmen wurden verkauft, weil der gebotene Leistungsstandard nur durch höhere Investitionen in Grundstücken und Gebäuden hätte gehalten werden können und die Beschaffung der Mittel ihnen kaum möglich gewesen wäre.

Know-how und ihre Zuverlässigkeit der Verlagsseite bereits unter Beweis gestellt hatten; sodann konnten benachbarte Grossisten den höheren Kaufpreis zahlen, da ihnen die Integration der erworbenen Umsätze in das eigene Unternehmen und die Ausdehnung ihrer Aktivität auf das Vertriebsgebiet des erworbenen Unternehmens am ehesten möglich war.
Bemerkenswert viele Verkäufe und Fusionen sind von seiten der Verlage gefordert, gefördert oder als wünschenswert dargestellt worden. Für die Verlage ist das Grosso-Geschehen transparent. Sie können Leistungsschwächen von Betrieben durch Vergleiche mit Vertriebsgebieten ähnlicher Struktur schnell erkennen. Durch Entzug und Neuvergabe von Bezug und Vertrieb können sie aus schwerwiegenden Gründen maßgeblich Einfluß nehmen[12].
Für Fusionen im Pressesektor gelten strengere Maßstäbe als in allen anderen Branchen. Während nach geltendem Recht die materielle Fusionskontrolle außerhalb des Bereichs der Presse erst bei einem Gesamtumsatz von DM 500 Mio. eingreift (§ 24 Abs. 8 Nr. 1), folgt aus der durch die 3. GWB-Novelle von 1976 eingeführten Vorschrift, daß Fusionen schon anzeigepflichtig sind, wenn die beteiligten Unternehmen im Zeitungs- und Zeitschriften-Verlag DM 25 Mio., im Pressevertrieb DM 33 1/3 Mio. erreichen (§ 23 Abs. 1 Satz 6 und 7 GWB)[13]. Es sind im Presse-Großhandel kaum Fälle denkbar, die dadurch nicht erfaßt würden, da die durchschnittliche Unternehmensgröße z.Z. bei über 30 Mio. DM Jahresumsatz liegt.
Das Bundeskartellamt hat einen Zusammenschluß zu untersagen, wenn zu erwarten ist, daß dadurch »eine marktbeherrschende Stellung entsteht oder verstärkt wird« (§ 24 Abs. 1). Der Alleingrossist hat in seinem Vertriebsgebiet ohne Zweifel eine marktbeherrschende Stellung; die Vergrößerung des Vertriebsgebiets bedeutet jedoch noch keineswegs eine Verstärkung der marktbeherrschenden Stellung. Das würde nur dann zutreffen, wenn der fusionierende Gros-

12 Einige Fusionen erfolgten ohne ausdrückliche Zustimmung der Verlage. Hier waren jedoch die Qualifikation der Unternehmer und die Möglichkeiten der Rationalisierung und Leistungssteigerung so eindeutig, daß zu Einwendungen durch Verlage kein Anlaß bestand.

13 Die Verfassungsmäßigkeit dieses die Presse und den Pressevertrieb belastenden Sonderrechts ist nicht unbestritten. Art. 5 Abs. 2 GG läßt Schranken der Pressefreiheit nur durch »allgemeine Gesetze« zu, wobei hiermit ausschließlich solche Gesetze gemeint sind, »die sich nicht mit der Pressefreiheit als solcher . . . einschränkend beschäftigen, sondern, an prinzipiell alle Rechtsunterworfenen gewendet, andere Gegenstände als gerade die Presse regeln, und dabei möglicherweise für alle Bindungen schaffen, denen sich auch die Subjekte der Pressefreiheit nicht unter Berufung auf diese Freiheit sollen entziehen können« (Werner *Weber*, Innere Pressefreiheit als Verfassungsproblem, Berliner Abhandlungen zum Presserecht, Heft 16, Berlin 1973, S. 47).
Daß die pressespezifischen Fusionskontrollvorschriften diesen Kriterien eines allgemeinen Gesetzes i.S. von Art. 5 Abs. 2 GG genügen, ist verschiedentlich verneint worden (z.B. Edgar *Kull*, Freie Presse und Antitrustgesetzgebung, AfP, 1974, S. 636 f.).
Jedoch haben sowohl ein von Gesetzgeber berufenes Sachverständigengremium als auch der Rechtsausschuß des Bundestages die Verfassungsmäßigkeit bejaht (vgl. BT-Drucks. 7/4768 mit Anlage).

sist dadurch seinen Verhaltensspielraum gegenüber Einzelhändlern und Verlagen spürbar erweitern würde[14]. Das ist in Anbetracht der spezifischen Vertriebs-, Verwendungs- und Preisbindungen durch die Verlage in der Regel nicht der Fall.
Vermögen die Unternehmen jedoch nachzuweisen, »daß durch den Zusammenschluß auch Verbesserungen der Wettbewerbsbedingungen eintreten und daß diese Verbesserungen die Nachteile der Marktbeherrschung überwiegen«, so entfallen jene Befugnisse der Kartellbehörde (§ 24 Abs. 1). Bei der Abwägung von Vor- und Nachteilen ist in jedem Fall davon auszugehen, daß der Wettbewerb als Rechtsgut im Dienst eines höherrangigen, durch die Verfassung ausdrücklich geschützten Rechtsgutes: der Pressefreiheit, steht[15]. Ein Beispiel dafür sind auch Sanierungsfusionen[16], insbesondere wenn ohne Fusion nicht die kontinuierliche Auslieferung von Presseerzeugnissen gewährleistet wäre.
In dem Bericht der Bundesregierung über die Erfahrungen mit der Fusionskontrolle bei Presseunternehmen[17] ist von zwei Fusionen im Bereich des Presse-Grosso die Rede: Obwohl sich in einem Fall ein führender Presse-Großhändler vergrößert habe, seien die Auswirkungen wegen der niedrigen Umsätze des erworbenen Unternehmens nur sehr gering.[18] In einem anderen Fall werde eine beabsichtigte Fusion nur zu einer durchschnittlichen Unternehmensgröße führen und bilde »ein gewisses Gegengewicht gegenüber benachbarten, wesentlich größeren Pressegroßhändlern«.
Eine besonders kritische Beurteilung durch die Bundesregierung würde ein weiteres Eindringen von Großverlagen in den Presse-Großhandel erfahren[19].
Unter diesem Gesichtspunkt ist hervorzuheben, daß in Lübeck ein notleidender Betrieb unter der Regie des Grosso-Verbandes saniert und später an neue Ei-

14 Vgl. Werner *Kleinmann* u. Rainer *Bechtold,* Kommentar zur Fusionskontrolle, Nach deutschem und EWG-Kartellrecht, Heidelberg 1977, Anm. 38 zu § 24 GWB.

15 Vgl. auch *Kleinmann* u. *Bechtold,* aaO., Anm. 48 zu § 24.

16 Kritisch demgegenüber Wolfgang *Kartte,* Kartellrecht und Presse, in Media Perspektiven 11/76, S. 522 f.

17 Entwurf des Bundeswirtschaftsministers vom 29. September 1978 – I B 6 – 22 76 22, Ziff. 27.

18 Die Firma P. Rau KG, Herne, wurde zum 1.1.1978 durch die Firma Wilhelm Schmitz, Bochum, erworben (vgl. Geschäftsbericht des Grosso-Verbandes 1978, S. 155).
Das BKartA war auf eine Anmeldung im Dezember 1976 in die Prüfung des Fusionsvorhabens gemäß § 24a Abs. 2 Satz 1 GWB eingetreten und hatte darauf im März 1977 mitgeteilt, das Verfahren sei »insbesondere angesichts der relativ kleinen Größenverhältnisse der Firma P. Rau KG ohne Untersagung abgeschlossen« worden. Nach Vollzug des Zusammenschlusses wurde dieser im Januar 1978 gemäß § 23 GWB angezeigt.

19 Die Beteiligungen von Großverlagen an fünf Pressegroßhändlern (Hamburg und Saarbrücken) seien schon vor Einführung der Fusionskontrolle zustandegekommen; inzwischen habe lediglich die Burda GmbH ihre Minderheitsbeteiligung an der Presse-Vertrieb Saar GmbH & Co KG auf 45% erhöht. »Ein weiteres Eindringen von Großverlagen in den Presse-Großhandel würde . . . das bisherige System der Alleinauslieferung in Frage stellen«.

gentümer abgegeben wurde: eine der systemerhaltenden Funktionen einer ausgeprägten Verbandssolidarität.
Dieser Vorgang, die Sanierung der Firma Franz Maurer Nachf., Lübeck, verdient eine etwas eingehendere Darstellung, da er für das Grosso und seinen Verband in mehrfacher Hinsicht kennzeichnend ist. Der Verband engagierte sich durch hohe Bürgschaftsverpflichtungen von Mitgliedern, die beliehen wurden; mit dem so gewonnenen Liquiditätszuwachs konnten alle Altverbindlichkeiten beglichen werden. Der Verbandsgeschäftsführer wurde für sechs Monate als Geschäftsführer in das Unternehmen entsandt; er reorganisierte den Betrieb und stellte nicht nur die Rentabilität wieder her, sondern gewährleistete auch die Funktionserfüllung gegenüber Verlagen und Einzelhändlern. Diese Rettung eines Unternehmens durch einen Wirtschaftsverband ist ungewöhnlich. Den Verlagen wurde das Ausfallrisiko abgenommen, es wurdc ihncn vor allem aber auch jeder Ansatz dafür genommen, mit dem Argument der Sanierung und der Funktionsgewährleistung in das sanierungsbedürftige Grosso-Unternehmen einzusteigen. Das Ziel, »Schleswig-Holstein freizuhalten von verlagsabhängigen Grossisten« wird an erster Stelle für diese Grossointerne Lösung genannt[20]. Das Unternehmen wurde schließlich zwei jungen Unternehmern anvertraut, die hinsichtlich Vorbildung und Möglichkeit der Kapitalbeschaffung zur Übernahme befähigt waren. Die Bürgen wurden im September 1973 aus ihrer Verpflichtung entlassen.
Der Vorgang demonstriert die Entschlossenheit des Grosso, solidarisch die *Funktionserfüllung* »rund um die Uhr« und flächendeckend zu gewährleisten und ein weiteres *Eindringen von Verlagen* in den Großhandel nach Kräften *abzuwehren*..
Die Institution stützt ihre schwächsten Glieder. Sie ist aber auch der Regeneration fähig, indem sie Unternehmensfremden den *Zugang* öffnet.

4. *Grosso und Verlage*

Das Rechtsverhältnis zwischen Verlagen und Grossisten ist geprägt durch eine Reihe von Besonderheiten, die anderen Branchen fremd sind: Preisbindung, spezifische Vertriebs- und Verwendungsbindungen, Bindung an ein Vertriebsgebiet und Gebietsschutz durch die Verlage, Remissionsrecht und die Wahrnehmung von logistischen Aufgaben des Typs der Marketing-orientierten Bezugsregulierung (MBR) und der Einzelhandels-Strukturanalyse (EHASTRA),

20 Geschäftsbericht 1973 des Grosso-Verbandes, S. 89 ff.

die den Verlagen eine kurzfristige Auflagensteuerung und auch andere, einsparende Rationalisierungsmaßnahmen (namentlich im Rechnungswesen) erlauben[21]; auf seiten des Grosso erfordern sie hohe Investitionen. Eine enge Kooperation von Verlagen und Grossisten zur Lösung solcher Aufgaben drängt sich als selbstverständlich auf[22].
Unter wettbewerbsrechtlichen Gesichtspunkten ist jedoch die Eigenständigkeit der Presse-Großhandelsstufe gegenüber den Verlagen ein unaufgebbares Postulat. Unter dem Regime von GWB und UWG ergeben sich darum folgende Zielsetzungen:

a) *Die Stärkung der Eigenständigkeit des Grosso*

»Die Alleinanbieterstellung stärkt die Unabhängigkeit des Grossisten auch im Verhältnis zum liefernden Verlag; sie erschwert die Einflußnahme auf die Sortimentspolitik des Großhandels«[23].
Die Großhandelsstufe ist Partner einer übermächtigen Produktionsstufe. Dieses Ungleichgewicht in der Marktstruktur ist ein wesentlicher Bestimmungsfaktor für die Anwendung der wettbewerbsrechtlichen Vorschriften. Sie muß auf die Herstellung von besser ausgewogenen Partnerverhältnissen gerichtet sein; wo das nicht möglich ist, ist das Gebot, sie nicht noch zu verschlechtern, eine wesentliche Determinante der Anwendung des GWB.
Nur die Erhaltung der Alleinauslieferungsgebiete vermag »einer Strukturverschlechterung auf der Anbieterseite vorzubeugen«, die – worüber kein Zweifel besteht – darin liegen würde, daß kleineren Verlagen und kleineren Objekten bei einer Beseitigung der Alleinauslieferung der Zugang zum Markt erschwert würde[24].
Das Bundeskartellamt hat in der Vermeidung einer »Strukturverschlechterung auf der Anbieterseite« eine Verbesserung der Wettbewerbsbedingung durch einen Zusammenschluß gesehen, die die Nachteile der Marktbeherrschung überwiegt. Es handelte sich um die Genehmigung eines Rationalisierungskartells von

21 Dazu s. o. B II und passim.
22 Sie vollzieht sich namentlich in gemeinsamen Ausschüssen für MBR, EHASTRA, Angebotsoptimierung im Einzelhandel und im Rahmen der EDV-Arbeitskreise namentlich die Förderung der Presse-Codierung.
23 Bericht der Bundesregierung über die Lage von Presse und Rundfunk in der Bundesrepublik Deutschland vom 15.5.1974, BT-Drucks. 7/2104, S. 38, linke Spalte.
24 Darauf ist unter verschiedenen Aspekten hier wiederholt hingewiesen worden.

sechs auf dem Gebiet der Kernenergie tätigen Energieversorgungsunternehmen[25].

Die *Vergleichbarkeit* dieses Sachverhalts mit der *schwachen Position des Grosso gegenüber den marktstärkeren Verlagen,* insbesondere den Großverlagen, ist offensichtlich, ebenso auch die »Monopolstellung« der EVU und der Grossisten in ihren Versorgungsgebieten.

Die wettbewerbsrechtliche Beurteilung der Grosso-Vertriebsgebiete darf deshalb nicht von deren Funktion gegenüber der marktstärkeren Verlagsebene absehen.

b) *Verhinderung weiterer Expansion von Verlagen in die Großhandelsstufe*

Die schwerwiegenden, der Pressevielfalt abträglichen Wirkungen einer solchen vertikalen Konzentration sind vorstehend unter verschiedenen Aspekten dargestellt worden[26].

Unter wettbewerbsrechtlichen Aspekten hat die Monopolkommission am Beispiel vertikaler Integrationen in anderen Branchen Gefahren solcher Strukturveränderungen hervorgehoben[27]. »Die möglichen Ausschlußwirkungen der vertikalen Integration zu Lasten Dritter«[28] können auch nicht durch Kompromißformeln korrigiert werden, indem das integrierende Unternehmen den Befürchtungen der einstufigen Wettbewerber Rechnung trägt. Versicherungen des Wohlverhaltens sind nicht ausschlaggebend. Denn »die marktverdrängenden oder wettbewerbsbehindernden Nebenwirkungen der vertikalen Integration treten dann nicht infolge des Verhaltens des marktstärkeren Wettbewerbers, sondern infolge der Marktverhältnisse ein«[29].

Unstreitig würde ein weiteres Eindringen von Großverlagen in den Presse-Großhandel auch die Forderung nach Zulassung weiterer konkurrierender Großhändler verstärken[30]. Die Großverlage würden damit selber das im we-

25 Auf dieses nach § 5 Abs. 2 und 3 GWB genehmigte Rationalisierungskartell fanden auch die Vorschriften über die Fusionskontrolle unter den gegebenen Bedingungen Anwendung. Der Zusammenschluß hat zu einer »*Stärkung der Monopolstellung*« beigetragen, »welche die Antragstellerinnen wegen der besonderen Struktur der Energiewirtschaft in ihren Versorgungsgebieten besitzen«. Sie werden aber dadurch »in die Lage versetzt, sich gegenüber den marktstärkeren Stromversorgern . . . zu behaupten« (Tätigkeitsbericht 1977, BT-Drucks. 8/1925, S. 89).

26 S. oben A. IV, 2 sowie D, III, 2 und passim.

27 Hauptgutachten 1973/1975 »Mehr Wettbewerb ist möglich«, 1976, Tz 920.

28 Dabei kann es sich namentlich um kleinere Verlage im Hinblick auf deren erschwerten Marktzutritt handeln.

29 AaO. Tz. 920.

30 Bericht der Bundesregierung über die Lage von Presse und Rundfunk in der Bundesrepublik Deutschland vom 15.5.1974, BT-Drucks. 7/2104, S. 38, linke Spalte.

sentlichen von ihnen geschaffene System der Alleinauslieferung preisgeben[31]. Denn das Bundeskartellamt könnte im Falle einer derartigen Strukturveränderung der Großhandelsstufe und würde mit großer Wahrscheinlichkeit gegenüber den Verlagen einen Belieferungsanspruch gemäß § 26 GWB zugunsten weiterer Grossisten[32] durchsetzen, und könnte diesen Belieferungsanspruch in Richtung auf einen Kontrahierungszwang zu Lasten der Verlage ausbauen.
Soweit ein Verlag erneut (wie in Hamburg und Saarbrücken) versuchen würde, durch Kauf eines Grosso-Unternehmens in die Großhandelsstufe vorzudringen, würde das Bundeskartellamt eine solche Fusion mit hoher Wahrscheinlichkeit gemäß § 24 GWB unterbinden. Das Recht schützt den Schwächeren.

c) *Die Gewährleistung eines angemessenen Funktionsrabatts*

Der Funktionsrabatt ist die Konsequenz des *Bruttopreissystems* im Bereich der Presse: sowohl die Einzelverkaufspreise wie auch die Abgabepreise des Großhandels sind von den Verlagen für die einzelnen Objekte gebunden.
Der Presse-Großhandel kann seine Abgabepreise nicht selbst seinen Kosten und der Marktlage entsprechend festsetzen, wie es bei der *Nettopreisbildung* der Hersteller in anderen Branchen der Fall ist. Da die Höhe des Funktionsrabatts entscheidend sein kann sogar für die Existenz der betreffenden Unternehmen, ist leicht einzusehen, daß »einseitige Regelungen. . . seitens der Industrie . . . den Grundsätzen einer harmonischen Interessenabwägung widersprechen«[33]. Sie sind gegebenenfalls auch wettbewerbsrechtlich unzulässig.
Der Funktionsrabatt ist das Honorar für spezifische Vertriebsfunktionen des Großhandels (und des Einzelhandels). »Die Festlegung einheitlicher Funktionsrabatte im Rahmen von Funktionsrabattvereinbarungen erscheint aber nur möglich, wenn annähernd leistungsgleiche Firmen zusammengefaßt werden können«[34]. Das trifft für das deutsche Presse-Grosso in außerordentlich hohem Maße zu.

31 Großverlage im Grosso verändern diese Handelsstufe auch qualitativ. Denn »dort, wo Großverlage selbst Grosso-Funktionen übernommen haben, zeigt sich, daß sie in dieser Art der Vertriebsorganisation vornehmlich ihre eigenen Objekte forcieren und nicht ein nachfragegerechtes Vollsortiment anbieten. Sie übernehmen also nur Teile der Funktionen des selbständigen Grossisten« (Eberhard *Nolte,* Der Großhandel als Interessenvertretung der Verlage, in: dnv 1969, S. 472.

32 Z.B. zugunsten von MAL in dem Rechtsstreit MAL ./. Heinrich Bauer Verlag.

33 Arno *Sölter,* Das Rabattkartell, Düsseldorf 1955, S. 76.

34 Erich *Batzer,* Zur Bedeutung und Problematik des Funktionsrabattes, Berlin 1962, S. 9, 13; vgl. auch E. *Batzer* u. H. *Laumer,* Die Aufgaben und Leistungen des Zeitungs- und Zeitschriftengroßhandels und ihre Auswirkungen auf die Kosten- und Spannensituation, in: dnv 1970, S. 499 ff.

aa) *Bemessungsgrundlagen*

Jedermann erkennt die Schwierigkeit, für die Bemessung der *Höhe des Funktionsrabatts* eindeutige Grundlagen zu finden. Ein klareres Berechnungssystem, das betriebswirtschaftlich begründbar und belegbar ist, wäre sehr wünschenswert (L. *Zöttl*). Eine objektive Bemessungsgrundlage wäre gegeben, wenn sich die Leistungen des Grosso einigermaßen eindeutig ermitteln ließen. Erich *Batzer* kommt aufgrund gründlicher Erhebungen des Ifo-Instituts für Wirtschaftsforschung, München, aus dem Jahre 1958 und aufgrund eigener empirischer Ermittlungen zu dem Ergebnis, daß dem außerordentlich große Schwierigkeiten entgegenstehen[35].

Es gibt gegenwärtig keine komplette Funktionsanalyse des Grosso mit der Zielsetzung, die *Wertschöpfung* durch den Großhandel zu quantifizieren; sie ist aber auch nicht unmöglich. Sie ist bisher aber anscheinend nirgends erwogen worden. *Batzer* und *Laumer* meinen, als praktikabel biete sich »nur die Lösung an, den Funktionsrabatt an den *Durchschnittskosten* des Großhandels zu orientieren«; dieser Weg sei gangbar, da es sich »um eine Branche mit hohem Rationalisierungsstand und straffer Vertriebsorganisation handelt« und deshalb »die Kosten als echtes Spiegelbild der Leistungen angesehen werden können«[36].

Die Orientierung an den Kosten hat wettbewerbsrechtlich ihre eigene Problematik und hat allgemein wenig befriedigt. Darum kann die *Marktlage* nicht ganz außer Betracht bleiben[37]. Da die Grosso-Funktion in ihrer durch Preis-, Vertriebs-, Verwendungs- und Gebietsbindung bewirkten Einschnürung auf die Marktlage der vertriebenen Objekte kaum Einfluß nehmen kann, darf dem Grosso freilich nicht ein dauernder Verlust des Verlages im Markt mit der Folge eines unter den Kosten liegenden Funktionsrabatts zugerechnet werden[38]. Andererseits besteht kein Grund, außer den Kosten des Grosso nicht auch den *Ertrag* des preisbindenden Verlags als einen Bestimmungsfaktor in die Berechnung des Funktionsrabatts einzubeziehen. Ohne Berücksichtigung des Ertrags der Verlage wäre die Bemessungsgrundlage nicht objektiv.

Dazu zwingt auch eine weitere Besonderheit des Pressemarkts: Die von dem Grosso vertriebenen Objekte werden nicht nur an den Kiosken, sondern – unmittelbar durch den Verlag, ohne Beteiligung des Grosso – auch auf dem *Anzeigenmarkt* verkauft. Da sich die Presse zu rund zwei Drittel aus Anzeigen finanziert, die Grosso-Funktion aber auch für den Verkauf von Anzeigen ebenso wie

35 E. *Batzer,* aaO., S. 43 ff.

36 AaO., S. 505.

37 Mit größerer Entschiedenheit als *Batzer* u. *Laumer* hat sich *Sölter* in seiner materialreichen Analyse dafür ausgesprochen: Ein Funktionsrabatt sei »nicht nur kostenbedingt, sondern auch marktbedingt« (aaO., S. 75 f.).

38 A. A. Arno *Sölter,* aaO., S. 75 f.

für den Verkauf am Kiosk eine unabdingbare Voraussetzung ist, muß für den Funktionsrabatt auch der Anzeigenerlös insofern einkalkuliert werden, als er sich in dem Ertrag niederschlägt, den das Objekt abwirft. Dieses ist auch deshalb geboten, weil allein der Verlag die Relation zwischen dem Aufkommen aus Anzeigen und aus dem Einzelpreis bestimmt und sie in Grenzen mit der Wirkung eines relativ niedrigen Verkaufspreises, und damit auch zu Lasten des Grosso-Funktionsrabatts, manipulieren kann. Dabei machen die Anzeigenseiten einen erheblichen Teil des Gewichts aus, das von dem Grosso disponiert und transportiert werden muß.

Das Honorar für die Grosso-Funktion muß allgemein dem *Funktionszuwachs* Rechnung tragen. Dieser Grundsatz ist vom Bundeskartellamt gebilligt[39].

Im einzelnen könnte für die verschiedenen Objekte deren *Remission* in die Berechnung des Funktionsrabatts eingehen. Die remittierte Ware verursacht nur Kosten; die effektive Nettospanne eines Objekts sinkt deshalb bei steigender Remission.

bb) *Bemerkenswerte Praxis der Verlage*

Bei Einführung neuer Objekte pflegen die Verlage mit dem Großhandel über deren Nutzen nicht zu verhandeln. Der Großhandel akzeptiert beispielsweise die Festsetzung niedriger Preise im Wettbewerb zwischen Objekten verschiedener Verlage: ein Beispiel ist die »Fernsehwoche« aus dem Hause Heinrich Bauer mit billigerem Preis als das Konkurrenzobjekt »Funk Uhr« aus dem Hause Springer. Auch in einem Verdrängungswettbewerb unter Verlagen gibt sich das Grosso trotz etwa gleicher Leistung für die konkurrierenden Objekte mit dem niedrigeren Funktionsrabatt des Niedrigpreisobjekts zufrieden.

Ähnliches gilt für Preiserhöhungen: erhöhen Verlage bei konkurrierenden Objekten die Preise zu verschiedener Zeit und werden sie unterschiedlich hoch festgesetzt, so trägt das Grosso ohne Diskussion die Folgen für den Funktionsrabatt, vorausgesetzt er hält sich in einem einigermaßen etablierten System, in dem bisher für die auflagenstarken Objekte ein Rabatt von 15,75% das Minimum war.

Die Verlage können bei Neuerscheinungen, Preisänderungen usw. mit der Bekanntgabe so lange warten, wie sie es aus Gründen der Konkurrenz und des Marketing für zweckmäßig halten. Der Grossist kennt vor Einkauf kein Ansichtsexemplar und verhandelt im Einzelfall nicht darüber, ob die Spanne

39 Aus Anlaß einer Kürzung des EH-Rabatts zugunsten des Grosso (Tätigkeitsbericht 1965, BT-Drucks. V/530, S. 55).

marktüblich ist. Preise und Termine pflegen die Verlage völlig auf die eigenen Interessen abzustellen[40].
Bei Titelverkäufen unterstellen die Verleger mit Recht, daß dem Erwerber der Grosso-Vertrieb unverändert zur Verfügung steht, so wie selbstverständlich der Vertriebsweg für alle Newcomer der Verlagsstufe offensteht[41].

cc) *Wettbewerbsrechtliche Kriterien*

1. Das Recht der Preisbindung und als dessen Bestandteil die Befugnis zur (prinzipiell im Einvernehmen mit den Grossisten zu bestimmenden) Festlegung des Funktionsrabatts ist ein *Privileg der Verlage,* das umstritten war, das der Gesetzgeber in § 16 GWB nicht ohne Zögern gewährt hat und dessen Modifikation gelegentlich auch heute diskutiert wird. Dieses Recht, sein Inhalt und seine Grenzen können nur innerhalb des gegebenen Systems der Presse und unter seinen aktuellen Bedingungen verstanden werden.
Dazu zählt die *Alimentierung* der Objekte vergleichsweise kleiner Auflagen (und in der Regel kleinerer Verlage) durch die »Brotobjekte«. Mit der Alimentierung kompensieren die Marktstarken ihre gelegentlich wettbewerbsrechtlich problematische Stellung im Markt (was nicht nur für die Großverlage gilt, sondern auch für die regional marktbeherrschenden Verlage).

2. Das Bundeskartellamt hat die Festsetzung von Funktionsrabatten durch Verlage im Hinblick auf seine Befugnisse aus *§ 17 GWB* – Aufhebung der Preisbindung – beurteilt und hat festgestellt, daß die Festsetzung zu niedriger Handelsspannen durch ein preisbindendes Unternehmen im Einzelfall eine mißbräuchliche Handhabung der Preisbindung bedeuten kann[42]. Die 4. Beschlußabteilung hat dabei im Hinblick auf eine Reihe auflagenstarker Objekte der Verlage Heinrich Bauer, Burda und Gruner + Jahr eine Spannensenkung festgestellt, hat demgegenüber jedoch nicht unberücksichtigt lassen wollen, »daß der Nettonutzen des Einzelhandels pro Exemplar und pro Ausgabe in jedem der . . . genannten Fälle gestiegen ist.« Ein *Mißbrauch der Preisbindung* würde wohl nur dann anzunehmen sein, wenn nicht nur eine Senkung der Handelsspanne, sondern auch des Nettonutzens festgestellt werden könnte.
Der aus der höheren Verkaufsauflage und aus der Preiserhöhung jeweils er-

40 Die Unterrichtung hierüber verdanke ich Herrn Alfons *Schiessl.*

41 In den letzten 20 Jahren haben viele Objekte den Verlag gewechselt. Vom Einzelhändler und vom Leser wurde das meist nicht bemerkt (Geschäftsbericht 1975 des Grosso-Verbandes, S. 70).

42 In einem Schreiben vom 19. August 1971 an einen Verband von ZZ-Einzelhändlern – B 4 – 745100 – Qx – 232/70 – unter Berufung auf den Gemeinschaftskommentar, vgl. dort jetzt 3. Aufl., § 17 RdNr. 23. Vgl. auch Tätigkeitsberichte 1965, aaO., S. 55 sowie 1967, aaO., S. 76.

rechnete Nettonutzen kann jedoch schwerlich als maßgebliches Kriterium anerkannt werden. Die Steigerung der Kosten des Handels kann den so ermittelten »Nettonutzen« illusorisch machen. Die Wirkung der Spannensenkung auf den *Rohgewinn* ist ein (schwerer zu ermittelndes) zuverlässigeres Kriterium[43].

3. Das Bundeskartellamt hat die Veränderung der Spannen zu Lasten von Einzelhändlern auch an *§ 22 GWB* gemessen[44]. Als das durch diese Vorschrift geschützte Rechtsgut wird mit Recht die »Funktionsfähigkeit des Wettbewerbs« hervorgehoben[45]. Was aber ist Schutzobjekt, falls der Wettbewerb wie auf der Grosso-Ebene fehlt? Daß § 22 hier dann zugunsten der betroffenen Unternehmen erst recht eingreifen muß, folgt aus der größeren Abhängigkeit und infolgedessen größeren Schutzbedürftigkeit der mit dem Preisbinder konfrontierten, ihm nachgelagerten Handelsstufe[46].

4. Das Bundeskartellamt hat § 26 Abs. 2 GWB in den »Körperpflegemittel«-Fällen auf eine dem Groß- und Einzelhandel gewährte Gesamthandelsspanne angewandt, die niedriger oder höchstens gleich hoch war wie die Spanne, die dem direkt belieferten Einzelhandel eingeräumt wurde. Darin sah das Amt eine unbillige Behinderung des Großhandels[47].
Auch der Grosso-Funktionsrabatt ist einer solchen Prüfung zugänglich. Eine Behinderung könnte unter den gegebenen Bedingungen des Pressevertriebssystems auch in einer wesentlichen Kürzung der Alimentierungsfunktion der »Brotobjekte« bestehen. Denn die absolute und prozentuale Margen der großen 30 bis 50 »Brotobjekte« bestimmen entscheidend den Gesamtertrag des Grosso und damit seine Möglichkeit, den Rest der Hunderte von Titeln »mitzuziehen«. Ein Großverlag hat in der zweiten Hälfte des Jahres 1978 die Tendenz erkennen lassen, die Spanne für die »Brotobjekte« in kleinen Scheibchen zu reduzieren. Wollte der Großhandel den so verminderten Ertrag durch entsprechend höhere Spannen bei den kleineren Objekten kompensieren – was in Anbetracht der ohnehin knapp bemessenen Großhandelsspanne eine zwingende Konsequenz wäre –, so würde eine solche Mehrbelastung der kleineren Objekte (die in Anbetracht der kleinen Auflage um ein Vielfaches höher sein müßte als die Span-

43 Wolfgang *Fikentscher* stellt mit Recht fest, daß »Schwierigkeiten der Ermittlung die Kartellbehörden nicht davon entbinden, nach § 17 I Ziff. 2 auch Handelsspannen zu überprüfen . . . Deutlich überhöhte oder untersetzte Spannen sind mit großer Wahrscheinlichkeit mißbräuchlich«. Geeignete Maßstäbe für die Feststellung des Mißbrauchs erwartet *Fikentscher* u.a. von Vergleichen mit ähnlichen Waren und mit Situationen vor Einführung der Bindung (Preisbindung für Markenartikel, in Wettbewerb als Aufgabe, Bad Homburg 1968, S. 272).

44 Tätigkeitsbericht 1967, aaO., S. 76.

45 Vgl. *Langen/Niederleithinger/Schmidt,* GWB, 5. Aufl. 1977, §. 22, Anm. 51.

46 Ähnliche Überlegungen greifen Platz, wo immer als Maßstab für die Feststellung von Mißbrauch der Wettbewerb oder der Als-Ob-Wettbewerb angeführt wird.

47 Tätigkeitsberichte 1970, aaO., S. 67; 1971, aaO., S. 71.

nenreduktion bei den großauflagigen Objekten) mit Sicherheit manche der Kleinen bald aus dem Markt werfen. Das wäre nicht nur medienpolitisch unerwünscht, sondern systemwidrig und unvereinbar mit den hier aufgeführten wettbewerbsrechtlichen Pflichten, durch die in erster Linie die Großverlage und erst sekundär das Grosso in Anspruch genommen werden.

5. Der Mißbrauch (nach § 17 oder § 22 Abs. 4 GWB) und die unbillige Behinderung (nach § 26 Abs. 2 GWB) setzen voraus, daß eine »*Erheblichkeitsschwelle*« überschritten wird. Dafür ist eine etwa nur den Bruchteil eines Prozents ausmachende Spannenkürzung jedoch nicht das einzige Kriterium. Die Erheblichkeit muß aus dem Gesamtkomplex der einzelnen, die Bemessungsgrundlage konstituierenden Faktoren beurteilt werden. In Anbetracht steigender Leistungsanforderungen und höherer Kosten[48] kann auch schon eine geringe Spannenkürzung erheblich sein. Dabei ist auch ein aus Leistungsanforderung und Versorgungsfunktion resultierender Investitionsaufwand des Grosso von Belang. Die prozentuale Spannenkürzung allein ist darum kein hinreichender Maßstab der Erheblichkeit.
Unter keinen Umständen darf dieses Kriterium einer »Scheibchentaktik« Vorschub leisten. Kosequent sind darum auch frühere (die in einem angemessenen Zeitraum vorausgegangenen) Änderungen der Handelsspanne und in jedem Fall auch die erkennbar werdende Kürzungstendenz – gerade hierin kann sich die Marktmacht und deren Mißbrauch durch den Preisbinder manifestieren – in Betracht zu ziehen.
Dabei darf auch nicht verkannt werden, daß jede Senkung der Spanne bei einem bedeutenden Titel andere Wettbewerber unter Zugzwang setzt. Verlage und ihre Objekte stehen in einem interdependenten Wettbewerbsverhältnis zueinander, das dichter ist als in anderen Branchen. Für die Erheblichkeit eines Mißbrauchs oder einer Behinderung ist darum jeweils die einigermaßen erkennbare Wirkung auf die gesamte Branche von Belang. Marktführer haben sich darum ihrer Eigenschaft als »Spannenführer« bewußt zu sein.

5. *Grosso und Einzelhändler*

Zeitungen und Zeitschriften – »eine Frischware besonderer Art« – gehören zu den einträglichen und beliebten Sortimenten im Einzelhandel. Wegen der ge-

48 Mögen Kostendeckung und Gewinnsicherung sonst nicht als Maßstab anerkannt sein (statt anderer BKartA – E vom 17.11.1964 »Großgebinde II« – WuW/E 867 ff., 870), kommt diesen Kriterien doch, wenn ein Wettbewerb innerhalb der gegebenen Struktur nicht besteht, erhebliche Bedeutung zu.

bundenen Preise gibt es keinen Spannenverlust durch Preiswettbewerb; das Remissionsrecht mindert das Verkaufsrisiko; die Disposition durch den Grossisten erspart Personalaufwand.
Viele Einzelhändler drängen in den Pressevertrieb[49]. Die komplexe Struktur des ZZ-Einzelhandels wird vom Grosso-Verband periodisch in einer Vollerhebung erfaßt und analysiert (EHASTRA).

a) *Das Dispositionsrecht*

Das Rückgaberecht der beiden Handelsstufen setzt auf der jeweils vorgelagerten Stufe die Befugnis voraus, die Belieferung so zu disponieren, daß die Remissionsquoten so niedrig wie möglich gehalten werden.
Das Dispositionsrecht des Grosso leitet sich ab aus dem originären Dispositionsrecht der Verlage, das ein Bestandteil ihrer Befugnis zur Preis-, Vertriebs- und Verwendungsbindung ist[50]. Das derivative Dispositionsrecht des Grosso pflegt in seinen Allgemeinen Geschäftsbedingungen fixiert und konkretisiert zu werden; es besteht jedoch unabhängig von irgendwelchen Vereinbarungen mit Einzelhändlern. Es ist unserem verfassungsrechtlich und wettbewerbsrechtlich normierten Pressesystem inhärent.
Das Dispositionsrecht steht gleichzeitig in einem unaufhebbaren Zusammenhang mit dem Remissionsrecht. Dem Risikoträger – das sind bei dem Remissionsrecht der nachgeordneten Stufen jeweils die Vorstufen – gebührt das Recht der Disposition. Es bewirkt keine unzulässige Einengung des Einzelhandels oder gar der Pressevielfalt, da auch Verlage und Großhandel selbstverständlich daran interessiert sind, daß alle Absatzchancen genutzt werden.
Hinzu kommt, daß Pressefreiheit und Pressevielfalt das Dispositionsrecht für Presseerzeugnisse so stark qualifizieren, »daß es Gemeinsamkeiten mit dem materiellen Inhalt des allgemeinen Rechts der Mengen-/Produktdisposition« – der anderen Branchen – »kaum noch gibt«. »Niemand im Handel ist berechtigt, nach eigenen politischen, moralischen, ethischen, sozialen, religiösen Gründen eine Sortimentsauswahl vorzunehmen. Ein solches Verhalten würde unser aller Vorstellung von Pressefreiheit widersprechen«[51].

49 Die Entwicklung im Lebensmittelhandel ist kennzeichnend: Waren Presseerzeugnisse dort vor zehn Jahren noch eine Seltenheit, so führen heute schon etwa 40% die Presse in ihrem Angebot. Der Anteil wächst mit steigender Betriebsgröße: rund 80% der Verbrauchermärkte bieten Presse an (Gerhard *Sondermann* in »lz Fachthema« – Zeitungen und Zeitschriften im Lebensmittelhandel – Oktober 1978, S. 1, 5); der »Verkauf von Zeitungen und Zeitschriften ist problemlos und rentabel« in: Der Neue Weg, 3/1977.

50 §§ 16 und 17 GWB; dazu s.o. D III, 4.

51 Geschäftsbericht 1975 des Grosso-Verbandes, S. 71. Die durch den Jugendmedienschutz gezogenen Grenzen der Dispositionsfreiheit bleiben dadurch unberührt; s.o. C IV.

Die allgemeine Anerkennung des Presse-Dispositionsrechts, auch durch das Bundeskartellamt[52], steht außer Frage.

b) *Das Remissionsrecht*

Zusammengefaßt besagt es das Recht des Einzelhandels und des Großhandels, unverkauft gebliebene Exemplare nach Ablauf der Angebotszeit gegen volle Wiedererstattung des Einkaufspreises zurückzugeben: der Einzelhandel an den Großhandel; Großhandel, Bahnhofsbuchhandel und Werbender Buch- und Zeitschriftenhandel an den Verlag.

Das Produktrisiko verbleibt dadurch bei den Verlagen. »Die Verlage mindern ihr Remissionsrisiko entweder durch die Vereinbarung von *Richtremissionssätzen,* die vom Handel nicht überschritten werden sollen, oder aber durch starke Einlußnahme auf die Mengendisposition des Handels«[53].

Das Grosso remittiert die aus dem Einzelhandel zurückgeflossenen Exemplare sowie einen eventuell verbliebenen Lagerrest. Die Vertrauensremission – Abrechnung durch den Verlag ohne weitere Kontrolle – ist nicht zulässig für Presseerzeugnisse, die der Kontrolle der Informationsgemeinschaft zur Feststellung der Verbreitung von Werbeträgern (IVW) unterliegen[54]. Nur wenige sind davon ausgenommen.

Der Einzelhandel remittiert die unverkauften Presseerzeugnisse in Ganzstücken oder durch Rückgabe von Titelseiten oder von Abrissen der Titelseite, aus denen Name und Nummer des Objekts zu erkennen sind.

Zwischen Großhandel und Verlagen ist die *Körperlose Remission* üblich, »bei der die Remissionsgutschrift aufgrund eines vom Großhandel eingereichten Warenflußprotokolls erfolgt. Die zu remittierenden Presseerzeugnisse werden vom Grossisten direkt der Vernichtung zugeführt. . . . Das Verfahren setzt eine integrierte Datenverarbeitung voraus«, die einen lückenlosen und kontrollierbaren Nachweis jeder Warenbewegung beim Großhandel ermöglicht[55].

c) *Newcomer im Einzelhandel*

Der Einzelhandel drängt in den ZZ-Vertrieb[56]. Der Großhändler hätte grundsätzlich keine Lieferpflicht, wäre er nicht Alleingrossist in seinem Vertriebsge-

52 Vgl. namentlich Tätigkeitsbericht 1976, aaO., S. 87. Darauf wurde wiederholt verwiesen.
53 Gruner + Jahr, Wörterbuch des Vertriebs, 1976, Art. Remissionsrecht.
54 Die Verlage melden der IVW vierteljährlich u.a. auch die Remittenden.
55 AaO., Art. Körperlose Remission. Die einschlägigen Richtlinien sind mit der IVW abgestimmt.
56 S. oben D III, 5, Einleitung.

biet. Es ist *eine wohltätige Wirkung des Gebietsmonopols,* dem Grosso Lieferpflichten aufzubürden (§ 26 GWB), weshalb die Gebietsmonopole der Freiheit und Vielfalt der Presse förderlich sind.

Natürlich ist die Lieferpflicht des Grosso nicht grenzenlos. Ihre Abgrenzung löst hier das Newcomer-Problem. Ausschlaggebend sind dabei die Gegebenheiten des Einzelfalles; Landeskartellbehörden und Grosso haben damit einige Erfahrungen gesammelt. Einige Grundsätze und Kriterien lassen sich dazu anführen. Im Branchenvergleich einzigartig ist die Belieferung von Kunden unterhalb der Ertragsschwelle. Mit 64% seiner Kunden arbeitet das Grosso unrentabel[57]. Diese Funktion wird durch den Funktionsrabatt, insbesondere für »Brotobjekte«, mitfinanziert. Die Grossisten sind dennoch gehalten, zwischen dem Rechtsgut der Überallerhältlichkeit der Presse und dem Prinzip der Wirtschaftlichkeit abzuwägen, woran sich bei der Beurteilung von Einzelfällen auch die Kartellbehörden zu orientieren haben. Mit einer *Senkung des Funktionsrabatts* reduzieren sich insofern die Lieferverpflichtungen des Grosso, womit die u.U. *systemverändernde Wirkung einer Verfügung über den Funktionsrabatt* auch in diesem Zusammenhang offensichtlich wird.

Der Als-Ob-Wettbewerb ist kein geeigneter Maßstab für das Verhalten der Grossisten. Der Wettbewerbsgrossist könnte sich von der unrentablen Belieferung von Einzelhändlern ohne weiteres befreien. Jener Maßstab hätte, was von einzelnen Landeskartellbehörden anscheinend nicht bedacht worden ist, angesichts der hohen Zahl ohne Ertrag oder mit Verlust belieferter Einzelhändler geradezu desastreuse Folgen für die Ubiquität der Presse.

Renditeerwägungen des Alleingrossisten können ebensowenig allein ausschlaggebend sein. Auch das Argument, die Belieferung eines EH-Newcomer werde nur eine Umsatzverlagerung zur Folge haben, ist für sich allein genommen unerheblich. Der Grossist kann seinen Kunden keinen Bestandsschutz gegen Newcomer geben. Eine Zementierung der Vertriebsstruktur auf der Einzelhandelsebene wäre unzulässig.

Zu den berechtigten *betriebswirtschaftlichen* Kriterien des Großhändlers zählen jedoch Faktoren wie der voraussichtliche Umsatz im Verhältnis zur Versorgungslage, die voraussichtliche Remittendenbelastung, Bereitschaft und Fähigkeit des Newcomer, ein angemessenes Vollsortiment zu führen, die Geschäftsausstattung, die Zahlungsmoral und ähnliches.

Unter dem Gesichtspunkt der *Versorgung* wird ein Grossist einen Newcomer beispielsweise abweisen können, wenn dieser vorzugsweise nur die problemlosen »Schnelldreher« beziehen wollte und damit einer benachbarten Verkaufs-

57 Hans *Mende,* Presse-Grosso, Skizze eines unbekannten Marktes, Frankfurt 1978, S. 17; s. auch oben A I, 1; C II, 2.

stelle mit Vollsortiment die Pflege ertragsschwacher oder unrentabler Objekte erschweren würde[58].

In diesem Zusammenhang verdient die Ordnung der Groß- und Einzelhandelsstruktur in der *Schweiz* unsere Aufmerksamkeit. Die Art der dort vereinbarten Regelungen ist auf die Bundesrepublik freilich nicht übertragbar: der in der Schweiz zugelassenen Kartellierung steht hier das Kartelle prinzipiell ausschließende GWB entgegen. Andererseits besteht, was stärker ins Gewicht fällt, Übereinstimmung in der Auslegung des Grundrechts der Presse- und Informationsfreiheit[59].

Zwischen den zwei Grosso-Unternehmensgruppen der Schweiz[60] besteht ein Generalabkommen, in dem *Mindestdistanzen* festgelegt sind, die von Neueröffnungen zu bestehenden Verkaufsstellen einzuhalten sind[61]. Der Bericht der Kommission bewertet die Bestimmung hinsichtlich der Minimaldistanzen als »gesamtwirtschaftlich positiv«[62].

Anlaß zu dem in Anm.[61] genannten Bericht der Kartellkommission hatte eine Beschwerde der Cooperative d'achat et de distribution des négociants en tabacs et journaux in Genf gegeben, auf deren Klage die I. Zivilabteilung des Schweizerischen Bundesgerichts für den Zeitungsvertrieb, gestützt auf den Bericht der Kartellkommission, bemerkenswerte Grundsätze formulierte[63].

58 Vgl. Heinz *Schlingmeyer,* Die Belieferung des Einzelhandels mit Zeitungen und Zeitschriften unter Berücksichtigung des § 26 Abs. 2 GWB, in: dnv 1969, S. 1016.

59 Ein Urteil vom 4. Oktober 1978 der Staatsrechtlichen Kammer des Bundesgerichtes zugunsten eines Zürcher Telefonbulletins – »Telefonziitig« – belegt das mit aller Deutlichkeit (vgl. Bericht in der NZZ vom 17.11.1978).

60 *Schmidt-Agence* und *Azed,* beide Basel, haben sich 1968 zu der *Distral Holding* zusammengeschlossen; die *Kiosk AG* ist von der *Presse-Finanz AG* (vormals Naville Holding) übernommen worden. Daneben besteht als Außenseiterin die *Melisa SA,* Lugano, die vor allem italienische Presse und einige Tessiner Tageszeitungen in der italienischsprachigen Schweiz verteilt.

61 »Bei gleicher Passantenlage und Erfassung gleicher Verkehrsströme« gelten die folgenden Gehdistanzen:
a) Weniger als 100 Meter in den ausgesprochenen Einkaufszentren der Städte über 20 000 Einwohner;
b) weniger als 200 Meter in Städten, die weniger als 20 000 Einwohner zählen, und in Ortschaften mit städtischem Charakter . . .
c) weniger als 250 Meter in Ortschaften mit ländlichem Charakter . . .
Vgl. Bericht der Schweizerischen Kartellkommission »Die Wettbewerbsverhältnisse beim Zeitungs- und Zeitschriftenvertrieb, Veröffentlichungen der Schweizerischen Kartellkommission«, 1971, S. 138 f.

62 AaO., S. 154. – An die Stelle des z.Z. des Berichts der Kartellkommission geltenden Generalabkommens ist ein neuer Vertrag getreten, der die Bestimmung über die festgelegten Mindestdistanzen enthält. Er wurde der Kartellkommission vorgelegt und von ihr nicht beanstandet.

63 Das Urteil wies die Klage der Coopérative ab, die darauf gerichtet war, u.a. von den Grossisten *Schmidt-Agence* und *Naville* mit den von ihnen in der Schweiz vertriebenen französischen Zeitungen und Zeitschriften beliefert zu werden.
Die Coopérative besteht nicht mehr. Sie ging nach dem verlorenen Prozeß in Konkurs.
Hinsichtlich des Klagebegehrens drängt sich ein Vergleich mit dem Antrag der *MAL* in ihrem Rechtsstreit mit dem Heinrich Bauer Verlag auf (s.o. C IV 1).

Das Gericht billigt die Linie der Grossisten: »Nicht auf unvernünftige Art und Weise die Anzahl der Verkaufsstellen vermehren zu wollen«. Unter Berücksichtigung des öffentlichen Interesses an einer schnellen und rationellen Verteilung der Presse gelangt das Gericht zu der Feststellung, daß die den schweizerischen Grossisten »zustehende exklusive Stellung in ihrem Vertriebsnetz . . . die Förderung einer im Gesamtinteresse erwünschten Struktur bezweckt«. Der Verleger hat allen Grund, an einem Vertriebssystem festzuhalten, welches das Verkaufsrisiko seiner Erzeugnisse höchstmöglich reduziert[64].
Die Schweizerische Kartellkommission hat auch Erwägungen darüber angestellt, welche Folgen eine Aufhebung des Generalabkommens haben würde, und gelangt mit sorgfältiger Begründung zu dem Ergebnis, daß »sowohl die Verleger als auch die Konsumenten in Mitleidenschaft geraten« würden[65].

6. *Das Presse-Grosso ist Teil der demokratischen Infrastruktur von Staat und Gesellschaft*

Das Grosso versorgt mit der für den demokratischen Prozeß unabdingbaren Ware Presse, und diese Funktion ist vergleichbar mit der in § 103 GWB privilegierten Versorgung mit Elektrität, Gas und Wasser. Im Vordergrund steht der Servicecharakter dieser Versorgung und der Grosso-Funktion. Die in § 103 geschützten Versorgungsunternehmen und das Grosso versorgen mit Gütern, die Elementarbedürfnisse befriedigen. Gemeinsam ist beiden Verteilersystemen auch ihre uneingeschränkte Präsenz.
Die in § 103 GWB geschützten Rechtsgüter: Serviceleistung, die unverzichtbaren Produkte, Präsenz allüberall, finden wir auch im Pressevertrieb. Sie verdienen dort ebenso Schutz, obgleich das Grosso einer dem § 103 GWB vergleichbaren legislativen Schutznorm entbehrt.

64 vgl. namentlich Ziff. III 3, e), 4 a) sowie 5 des in französischer Sprache ergangenen Urteils.

65 AaO., S. 157.
Einigen Beanstandungen der Kommission (S. 158) hat das geltende Abkommen Rechnung getragen. Dieses sieht u.a. vor, daß in triftigen Fällen ein selbständiger Kioskinhaber die Möglichkeit hat, den Grossisten (die Agentur) zu wechseln. In diesem Fall hat jedoch der Grossist, dem sich der Einzelhändler zuwendet und der ihn beliefert, dem abgebenden Grossisten eine Entschädigung zu zahlen, was den *Wettbewerb unter den Grosssiten um die Belieferung von Einzelhändlern ausschließt.* Die Kartellkommission hatte über diesen Inhalt des geplanten neuen Abkommens bereits berichtet (aaO., S. 140).
Die Unterrichtung über die gegenwärtige Struktur des Presse-Grosso in der Schweiz verdanke ich dem Direktor und Delegierten des Verwaltungsrates der Schmidt-Agence AG und der Azed AG, Herrn Hermann *Wolfangel*.

Bei dem Vergleich mit den öffentlichen Versorgungsunternehmen dürfen jedoch wesentliche Unterschiede nicht außer Betracht bleiben; sie lassen einige wettbewerbsrechtlich bedeutsame Elemente der Grosso-Position hervortreten:

Anders als in der Versorgung mit Elektrizität, Gas und Wasser herrscht im Presse-Großhandel *völlige Markttransparenz*. Die Geschäftspartner der Grossisten können sich leicht vergewissern, ob die Leistungen eines Grossisten nicht hinter denen anderer Grossisten zurückstehen. Darüber wacht der Grosso-Verband, und darüber wachen die Großverlage mit Argusaugen[66].
Und anders als in der Versorgung mit Elektrizität und Gas versorgt das Grosso privatwirtschaftlich, mittelständisch und dezentralisiert. Wettbewerb, auch wenn etwa auf Grenzräume beiderseits der Demarkationslinien von Vertriebsgebieten beschränkt[67], würde schwerlich zu einer weiteren Dezentralisierung der Versorgungsstruktur führen, sondern eher zu größerer Konzentration: z.B. Okkupation von Verteilungsgebieten durch angrenzende Alleingrossisten[68].
Die Alleingrossisten stehen im Schatten einer unvergleichlichen Abhängigkeit von den Großverlagen, was bei Anwendung der einschlägigen Gesetzesnormen nicht außer Betracht bleiben darf. Die Stärkung der Eigenständigkeit des Presse-Großhandels auf der Basis von Alleinvertriebsgebieten ist wettbewerbspolitisch und wettbewerbsrechtlich erwünscht.
Allein das Gebietsmonopol vermag die *Neutralität* des Grosso einigermaßen wirksam zu sichern. Sowenig dadurch eine Machtbalance zwischen den Marktpartnern begründet wird, so vermag es doch wettbewerbsbeschränkende Strategien marktmächtiger Verlage wirksam zu neutralisieren, indem es den Marktzugang für marktschwache Verlag offen hält.
Dabei darf freilich nicht übersehen werden, daß auch auf der Großhandelsstufe der Zugang für *Newcomer* offengehalten werden muß. Das zu gewährleisten könnte Funktion von *Wettbewerbsregeln* gemäß § 28 GWB sein und ist die Aufgabe der Kartellämter[69].

66 Ihnen und den Einzelhändlern ist auch der Vergleich mit den wenigen Grossisten mit Objekttrennung möglich, namentlich mit denen in Berlin, Hamburg und Saarbrücken, deren Potential wegen der vertikalen Konzentration mit Großverlagen nicht gering zu veranschlagen ist. Ein Vergleich lehrt jedoch, daß deren Leistungen die des Grosso insgesamt nicht übertreffen.

67 Was anscheinend eine im BKartA gepflegte Vorstellung ist.

68 Auch wenn ein solcher Grossist durch Gebietsstruktur und verkehrsrechnische Bedingungen gezwungen sein würde, verschiedene Zentren für die Versorgung von Teilgebieten einzurichten oder aufrechtzuerhalten.

69 Das Newcomer-Problem auf der Großhandelsstufe entzieht sich der unreflektierten Anwendung üblicher Maßstäbe. Es gibt technisch begründete Zugangsschwellen: nicht nur das Know-how, sondern vor allem die Notwendigkeit, sogleich mit der vollen Leistung anzutreten.
Die Zugang zu Unternehmertätigkeiten im Grosso ist beispielsweise in Lübeck durch Veräußerung an unternehmensfremde junge Unternehmer, in anderen Fällen auch durch Kapitalbeteiligung Leitender Angestellter eröffnet worden.

Dabei darf jedoch nicht außer acht bleiben, daß der Sicherung des *Marktzugangs auf der Verlagsebene* die weitaus größere Bedeutung zukommt: sowohl unter wettbewerbsrechtlichen wie unter verfassungsrechtlichen Gesichtspunkten. Branchenstruktur und Produktbeschaffenheit, namentlich der für die Lancierung neuer Objekte erforderliche Finanzbedarf, wirken sich für Newcomer auf der Verlagsebene als wettbewerbspolitisch unerwünschte Hindernisse aus, die wettbewerbsrechtlich schwer auszuräumen sind, die jedoch durch die Gewähr der Neutralität des Vertriebs auf der Großhandelsstufe einigermaßen kompensiert werden können. Die wirtschaftliche Basis dieser Neutralität ist das *Alleinvertriebsgebiet.* Es ist in jedem Fall in höherem Maße marktkonform als es eine theoretisch denkbare Statuierung der Neutralitätspflicht durch den Gesetzgeber sein würde.
Wegen der Alleinstellung in seinem Vertriebsgebiet ist jeder Grossist Normadressat des GWB. Die Alleinstellung ist wettbewerbspolitisch angreifbar. Aber sie ist die einzige, normativ durch nichts zu ersetzende Voraussetzung dafür, daß jeder Grossist im Fall von Verstößen gegen die Funktionspflichten den Sanktionen des GWB unterworfen ist[70]. Es ist wie eine List der Idee: die Stellung des Alleingrossisten in seinem Vertriebsgebiet ist der Freiheit und Vielfalt der Presse förderlich.

70 Vgl. dazu oben A III, 2; D III, 5 und passim.

Abkürzungen

aaO	am angegebenen Ort
AfP	Archiv für Presserecht
A.f.W.	Ausschuß für Wirtschaft
ArchPr	Archiv presserechtlicher Entscheidungen
BGBl.	Bundesgesetzblatt
BB	Der Betriebsberater
BGH	Bundesgerichtshof
BKartA	Bundeskartellamt
BKO	Bezugsregulierungs-Verfahren für kleine Objekte
BT-Drucks.	Bundestags-Drucksache
BVerfG	Bundesverfassungsgericht
ders.	derselbe
Diss.	Dissertation
dnv	der neue vertrieb
EH	Einzelhandel, Einzelhändler
EHASTRA	Einzelhandelsstrukturanalyse
GjS	Gesetz über die Verbreitung jugendgefährdender Schriften
GRUR	Gewerblicher Rechtsschutz und Urheberrecht
GWB	Gesetz gegen Wettbewerbsbeschränkungen
Hrsg.	Herausgeber
hrsg.v.	herausgegeben von
JZ	Juristenzeitung
KR	Körperlose Remission
MAL	Kurzbezeichnung für MAL-Einkaufs- und Vertriebsgesellschaft GmbH & Co.
MBR	Marketing-orientierte Bezugsregulierung
N.D.	National Distributors
NJW	Neue Juristische Wochenschrift
N.M.P.P.	Nouvelles Messageries de la Presse Parisienne
o.J.	ohne Jahresangabe
OLG	Oberlandesgericht
o.O.	ohne Ortsangabe
o.V.	ohne Verfasserangabe
SCT	Standard Code Translation (System zur verschlüsselten kurzfristen Übermittlung von Verkaufsergebnissen über Datentelegramm an Verlage).
TB	Tätigkeitsbericht
vgl.	vergleiche
WBZ	Werbender Buch- und Zeitschriftenhandel
WuW	Wirtschaft und Wettbewerb
WuW/E	WuW-Entscheidungssammlung
ZRP	Zeitschrift für Rechtspolitik
»ZV+ZV«	»Zeitungs-Verlag und Zeitschriften-Verlag«
ZZ-Grosso	Zeitungs- und Zeitschriftengroßhandel

Schrifttum

Ackermann, Hans: Die Funktionen des Absatzgroßhandels im Zeitalter der wirtschaftlichen Konzentration, Rechts- und staatswiss. Diss. Freiburg i.Br. 1952

Albrecht, Friedrich W.: Möglichkeiten und Probleme beim Vertrieb der ausländischen Presse in Deutschland, in: dnv (der neue vertrieb) 1974, S. 17 ff.

Arndt, Adolf: Der Fall »Blinkfüer« in: NJW 1964, S. 23 f.

Batzer, E./ H. *Laumer:* Die Aufgaben und Leistungen des Zeitungs- und Zeitschriftengroßhandels und ihre Auswirkungen auf die Kosten- und Spannensituation, in: dnv (der neue vertrieb) 1970, S. 498 ff und 524 ff.

Baur, Jürgen F.: Überlegungen zu einer erweiterten Verbindlichkeit von Wettbewerbsregeln, in: Bericht, Referate und Diskussionsbeiträge, Wettbewerbskongreß München 1977 (18.–20.4.1977), hrsg. v. Bayer. Staatsministerium für Wirtschaft und Verkehr, o.o., o.J., S. 273 ff.

Bechtold, Rainer: Anmerkung zum Urteil des OLG Karlsruhe vom 25.5.1977, in: BB 1977, S. 1114 f.

Berthon, Emile: La distribution des quotidiens, in: la presse quotidienne. Les Cahiers Francais Nr. 178/Okt.–Dez. 1976, S. 30 ff.

Beyer, Wilhelm R.: Anmerkung zu dem Urteil des OLG München vom 26.2.1959, NJW 1959, S. 943 (= WuW/E OLG 286 »Zeitschriftengroßhandel«)

Biedenkopf, Kurt H.: Zum politischen Boykott, in: JZ 1965, S. 553 ff.

Bundeskartellamt: Bericht des Bundeskartellamtes über seine Tätigkeit im Jahre 1976 sowie über die Lage und Entwicklung auf seinem Aufgabengebiet (§ 50 GWB) vom 4.7.1977, BT-Drucks. 8/704

Bundesregierung: Bericht über die Lage von Presse und Rundfunk in der Bundesrepublik Deutschland (1974) vom 15.5.1974, hrsg. v. Presse- und Informationsamt der Bundesregierung, BT-Drucks. 7/2104

Bundestagsausschuß für Wirtschaft: Bericht und Antrag des A.f.W. (9 Ausschuß) zu dem von der Bundesregierung eingebrachten Entwurf eines Dritten Gesetzes zur Änderung des Gesetzes gegen Wettbewerbsbeschränkungen vom 19.2.1976, BT-Drucks. 7/4768

Dagtoglou, Prodromos: Die Parteipresse, Berliner Abhandlungen zum Presserecht 6, Berlin 1967

Dohmer, Jochen: Mehr Marketing für Zeitschriften, in: »Die Absatzwirtschaft« 1966, S. 1094 ff.

Dreppenstedt, Enno: Arbeitskreis EDV: Weitere Rationalisierungsschritte, in: »ZV+ZV« 1974, S. 1364 ff.

ders.: Das Verfahren der körperlosen Remission, in: »ZV+ZV« 1972, S. 1288 ff.

ders.: Der Absatz von Zeitungen und Zeitschriften (I), in: dnv (der neue vertrieb) 1968, S. 1088 ff.

ders.: Der Absatz von Zeitungen und Zeitschriften (II), in: dnv (der neue vertrieb) 1969, S. 18 ff.

ders.: Der Zeitungs- und Zeitschriftenmarkt (Schriften zur Buchmarkt-Forschung 15) Hamburg 1969

ders.: Die Harmonisierung des Geschäftsverkehrs zwischen Handel und Verlagen geht weiter (Anm. z. Jahresbericht des Arbeitskreises EDV der VDZ-Fachgruppe »Allgemeine Zeitschriften«) in: dnv (der neue vertrieb) 1971, S. 542

ders.: Mehr Transparenz im Pressemarkt in: »ZV+ZV« 1969, S. 2078 f.

ders.: Verlage und Handel vor neuen Aufgaben – Zukunftsorientierte Rationalisierung im Geschäftsverkehr, in: ZV+ZV« 1970, S. 1886

ders.: Verlage und Handel harmonisieren den Geschäftsverkehr in: »ZV+ZV« 1971, S. 1296

Dreppenstedt, Enno/Lothar *Scheuer*: Gemeinsame Vertriebsaufgaben von morgen, in: dnv (der neue vertrieb) 1975, S. 4 ff.

Eberling, Wolf E.: Illustres Marketing für illustrierte Unterhaltung in: »Die Absatzwirtschaft« Heft 4/1969

Ehrensberger, Klaus: Grundlagen der integrierten Verkaufsoptimierung, in: dnv (der neue vertrieb) 1972, S. 610 ff.

Forsthoff, Ernst: Der Verfassungsschutz der Zeitungspresse, Planungsstudien 3, Frankfurt a.M./Berlin 1969

Geubels, Alfons: Abweichende Stellungnahme zum Schlußbericht der Pressekommission (gen. »Günther-Kommission«), BT-Drucks. V/3122 (Bonn, 3.7.1968), S. 53 f.
Glotz, Peter/Wolfgang R. *Langenbucher*: Monopol und Kommunikation, in: Publizistik 1968, S. 137 ff.
Gries, Gerhard: Wettbewerbsregeln – ungenutzte Chance? in: Bericht, Referate und Diskussionsbeiträge, Wettbewerbskongreß München 1977 (18.–20.4.1977), hrsg.v. Bayer. Staatsministerium für Wirtschaft und Verkehr, o.O., o.J., S. 257 ff.
Groß, Ingrid: Die Institution Presse, Berliner Abhandlungen zum Presserecht 12, Berlin 1971
Groß, Rolf: Das neue Pressefusionskontrollgesetz, in: NJW 1976, S. 1386 f.

Henke, Joachim: Das ZZ-Grosso als Garant für Vertriebsneutralität und Angebots-Vielfalt (Auszug aus dem Geschäftsbericht des Verbandes), in: dnv (der neue vertrieb) 1969, S. 702 ff.
Hildebrandt, Hans Ulrich: Die Anwendung der §§ 22 und 26 Abs 2 GWB auf das Pressewesen, Jur. Diss. Hamburg 1973
Hönn, Günther: Wettbewerbsregeln und die Wirksamkeit eines leistungsgerechten Wettbewerbs, in: GRUR 1977, S. 141 ff.

Kaiser, Joseph H.: Aufrechterhaltung eines bewährten Systems, in: dnv (der neue vertrieb) 1976, S. 16 ff.
ders.: Fusionskontrolle oder Fusionsverbot? Die Vermutungstatbestände des Entwurfs der IV. GWB-Novelle, in: WuW 1978, S. 1 ff.
ders.: Medienrechtliche Aspekte des Pressevertriebs, in: dnv (der neue vertrieb) 1975, S. 20 ff.
*ders.:*Presseplanung, Planungsstudien 1, Frankfurt a.M. 1972
Kartte, Wolfgang: Kartellrecht und Presse in: Media Perspektiven 1976, S. 517 ff.
ders.: Selektive Absatzpolitik und Diskriminierungsverbot, in: Bericht, Referate und Diskussionsbeiträge, Wettbewerbskongreß München 1977 (18.–20.4.1977), hrsg. v. Bayer. Staatsministerium für Wirtschaft, o.O., o.J., S. 91 ff.
Keppel, Manfred: Unsere Studienreise in die USA, in: dnv (der neue vertrieb) 1971, S. 831 ff.
Kleinmann, Werner/Rainer *Bechtold:* Kommentar zur Fusionskontrolle. Nach deutschem und EWG-Kartellrecht, Heidelberg 1977
Kommission zur Untersuchung der Gefährdung der wirtschaftlichen Existenz von Presseunternehmen und der Folgen der Konzentration für die Meinungsfreiheit in der Bundesrepublik – Presse-Kommission – (»Günther-Kommission«) Schlußbericht vom 3.7.1968, BT-Drucks. V/3122
Kommission zur Untersuchung der Wettbewerbsgleichheit von Presse, Funk/Fernsehen und Film (»Michel-Kommission«), Bericht vom 25.9.1967, BT-Drucks. V/2120
Könemann, Dieter: Fundamente und Zukunftssicherung, in: dnv (der neue vertrieb) 1970, S. 68 f.
Kripahle, Gerhard: Das Ziel: Gemeinsame optimale Nutzung der EDV, in: dnv (der neue vertrieb) 1971, S. 420 ff.
ders.: Verlagslob für das Grosso, in: dnv (der neue vertrieb) 1971, S. 402 ff.
ders.: Verlagslob für das Grosso in: dnv (der neue vertrieb) 1969, S. 1172
Kroitzsch, Hermann: Wirtschaftspolitische Entscheidungen durch Wettbewerbsregeln oder durch die UWG-Rechtsprechung? in: BB 1977, S. 220 ff.
Kull, Edgar: Freie Presse und Antitrustgesetzgebung, in: AfP 1974, S. 634 ff.
Kuner, Wolfdieter: Das Rechtsverhältnis zwischen Verleger und Grossist in: dnv (der neue vertrieb) 1967, S. 878 ff.
ders.: Grosso-Probleme in kartellrechtlicher Sicht, in: dnv (der neue vertrieb) 1969, S. 736 ff.
ders.: Kartellrechtliche Probleme im Verhältnis Grossist und Einzelhändler, in: dnv (der neue vertrieb) 1969, S. 736 ff.

Löffler, Martin: Unterliegen Grossisten den Verlagen gegenüber einer Kontrahierungspflicht? in: dnv (der neue vertrieb) 1971, S. 1122 ff.
ders., Presserecht I, Allgemeines Presserecht, 2. Aufl. München 1969

Mehlhorn, Hans: Die jüngste, aber erfolgreichste Vertriebssparte, in: dnv (der neue vertrieb) 1971, S. 494 ff.
ders.: Die Rechtsnatur des Vertragsverhältnisses Verlag-Grossist, in: dnv (der neue vertrieb) 1967, S. 760 f.
ders.: Aus der Geschichte des Grosso-Verbandes, in: dnv (der neue vertrieb) 1976 S. 6 ff.
Meier, Gert: Die Allgemeinverbindlichkeitserklärung von Wettbewerbsregeln – ein Fortschritt? in: ZRP 1977, S. 105 ff.
Mende, Hans: Marketing-Aspekte der EH-Strukturanalyse, in: dnv (der neue vertrieb) 1970
Mende, Hans: Presse-Grosso, Skizze eines unbekannten Marktes, merkur texte 6, Frankfurt a.M. 1978
ders.: Theorie und Praxis der automatischen Bezugsregulierung in: dnv (der neue vertrieb) 1970, S. 1166
Menke-Glückert, Peter: Der Medienmarkt im Umbruch, Ein aktueller Leitfaden, Planungsstudien 13, Frankfurt a.M. 1978
Merkel, Rudolf: Allgemeinverbindlichkeitserklärung von Wettbeewerbsregeln der Wirtschaftsverbände. Einwände und Gegenvorschlag in: BB 1977, S. 473 ff.
ders.: Zum Schutz des Leistungswettbewerbs: Eine Zwischenbilanz, in: BB 1977, S. 1176 ff.
Mestmäcker, Ernst-Joachim: Verlagskonzentration und Meinungsvielfalt im Pressewesen (unveröffentlichtes) Rechtsgutachten für den Bundesminister des Innern, o.O., o.J. (1977)
Meyn, Hermann: Massenmedien in der Bundesrepublik Deutschland, Zur Politik und Zeitgeschichte 24/25, erg. Neuaufl. Berlin 1970
Möstl, Reinhard: Der Absatz von Zeitungen und Zeitschriften als Kommunikationsmittlerleistung, WiSo Diss. Erlangen-Nürnberg 1974
Müller, Hans Dieter: Die periodische EH-Strukturanalyse – ein wertvolles Instrument der Unternehmensführung, in: dnv (der neue vertrieb) 1971, S. 825 ff.
ders.: Wie kann die EHASTRA ein echtes Marketing-Instrument werden? in: dnv (der neue vertrieb) 1972, S. 460 ff.
ders.: Wirtschaftlicher Vertrieb durch Einzelhandelsstrukturanalyse in: »ZV+ZV« 1970, S. 1890
Mundhenke, Reinhard: Der Verlagskaufmann, Frankfurt a.M. 1977

Nolte, Eberhard: Amerikanische Vertriebsuhren gehen anders, in: dnv (der neue vertrieb) 1971, S. 586
ders.: Der Großhandel als Interessenvertreter der Verlage, in: dnv (der neue vertrieb) 1969, S. 471 ff.

Oehler, Hartmut: Wettbewerbsregeln als Instrument der Wettbewerbspolitik, Marburg 1968
Osel, Werner: Beim Zeitungsgroßhandel ist das anders, aus Handelsblatt vom 14.9.1970 abgedruckt in: Geschäftsbericht 1971 des Verbandes Deutscher Buch-, Zeitungs- und Zeitschriften-Grossisten e.V., Köln 1971, S. 64 ff.
ders.: Das ZZ-Grosso ist ein Großhandel eigener Art in: dnv (der neue vertrieb) 1970, S. 942
Ostheimer, Klaus: Zeitschriftenvertrieb – gesteuert durch EDV in: »ZV+ZV« 1970, S. 1898
o. V.: Daten zur Mediensituation in der Bundesrepublik (Brosch. hrsg. v. d. Zeitschr. Media Perspektiven), Frankfurt a.M. 1977
o. V.: Definitionen zum Wesen des Zeitungs- und Zeitschriften-Großhandels, in: »ZV+ZV« 1965, S. 2654
o. V.: Die Tagespresse in Frankreich/Die Agence-france-presse, Informationsblätter der französischen Botschaft Nr. 174/ März 1977
o. V.: Dokumentation der EDV-Kommission im Verband Deutscher Buch-, Zeitungs- und Zeitschriften-Grossisten e.V. über die Einsatzmöglichkeiten der elektronischen Datenverarbeitung in Grosso-Firmen, Köln, September 1970
o. V.: Eine Milliarde Remittenden – Optimal? in: dnv (der neue vertrieb) 1975, S. 38 ff.
o. V.: Gedanken zur EDV-Kooperation im ZZ-Grosso, in: dnv (der neue vertrieb) 1971, S. 386
o. V.: Gestaltung von Abgabepreisen und Handelsspannen durch die Verlage (Arbeitsergebnisse und Überlegungen der betriebswirtschaftlichen Kommission) in: dnv (der neue vertrieb) 1970, S. 560 ff.
o. V.: Großverlage und Grossisten. Trend zur vertikalen Pressekonzentration hält an, in: Media Perspektiven 1972, S. 317 ff.
o. V.: Keine Abhängigkeit der Grossisten von den Verlegern, in: »ZV+ZV« 1969, S. 1788

o. V.: Keine Herrschaft von Verlagen über die Grossisten (Grossisten-Verband antwortet auf SZ-Artikel), in: dnv (der neue vertrieb) 1969, S. 188
o. V.: Konkurrenz keine Garantie für Programmqualität, in: Media Perspektiven 1977, S. 700 ff.
o. V.: Kürzung der Handelsspannen beim Bauer-Verlag (Stellungnahme des Grossisten-Verbandes), in: dnv (der neue vertrieb) 1969, S. 844
o. V.: MAL – was Besseres?, in: dnv (der neue vertrieb) 1975, S. 5 ff.
o. V.: Marketing im Pressevertrieb, in: dnv (der neue vertrieb) 1975, S. 10 ff.
o. V.: Marketing-Orientierte Bezugsregulierung (hrsg. v. Arbeitskreis MBR der EDV-Kommission des Verbandes Deutscher Buch-, Zeitungs- und Zeitschriften-Grossisten e.V.) Köln 1973
o. V.: Massenkommunikation 1964-1974. Trendanalyse zur Nutzung und Rolle der tagesaktuellen Medien (I), in: Media Perspektiven 1975, S. 199 ff.
o. V.: Massenkommunikation 1964 – 1974 (Schluß). Zusammenfassung der wichtigsten Ergebnisse in: Media Perspektiven 1975, S. 457 ff.
o. V.: Massenmedien, Außerordentlicher Parteitag der SPD 1971 (hrsg. vom Vorstand der SPD. Abteilung Öffentlichkeitsarbeit), Bonn 1971
o. V.: Optische Remissionserfassung in: dnv (der neue vertrieb) 1975, S. 40 ff.
o. V.: Presse und Presse-Vertrieb in der Bundesrepublik, in: dnv (der neue vertrieb) 1964, S. 280 ff.
o. V.: Tageszeitungen sind Nachrichtenmedien. Ergebnisse einer US-weiten Zeitungsanalyse, in: Media Perspektiven 1978, S. 20 ff.
o. V.: Sonderleistungen des Grosso sichern den Verkaufserfolg (Die Grossisten berichten), in: dnv (der neue vertrieb) 1969, S. 775 ff.
o. V.: Üblich und bewährt: Gebietsbezogene Alleinauslieferung, in: dnv (der neue vertrieb) 1975, S. 12 ff.
o. V.: Verlagslob für das Grosso, in: dnv (der neue vertrieb) 1969, S. 1172 f.
o. V.: Wiesbadener Leitlinien liberaler Medienpolitik, beschlossen auf dem 24. Ordentlichen Bundesparteitag 1973 der F.D.P. in Wiesbaden, (hrsg. von der Bundesgeschäftsstelle der F.D.P.), Bonn, o.J.
o. V.: Zum Thema: Freiheitliche Medienpolitik, (hrsg. von der CDU-Bundesgeschäftsstelle unter Nr. 5593), Bonn 1976

Raiser, Günther: Kontrahierungszwang und Pressevertrieb. Anmerkung zum Urteil des LG Mannheim vom 13.2.1976, in: AfP 1976, S. 69 f.
Rebe, Bernd: Die Träger der Pressefreiheit nach dem Grundgesetz. Berliner Abhandlungen zum Presserecht 7, Berlin 1969
Rehbinder, Manfred: Schweizerisches Presserecht, Bern 1975
Richter, Karl-Heinz: Das neue IGRO-Programm für den Zeitungs- und Zeitschriften-Großhandel, in: »ZV+ZV« 1971, S. 646 f.
ders.: EDV-System-Kooperation – heute und morgen, in: »Das IGRO-Programm-System« dnv (der neue vertrieb) 1971, S. 99 ff.
Ricker, Reinhart: Kommunikationspolitisch relevante Urteile des Bundesverfassungsgerichts seit 1967, in: Publizistik 1976, S. 411 ff.
Ries, Thomas: Die Entwicklung der Konzeption für ein branchenbezogenes computergestütztes Vertriebs-Informationssystem, TU, Fak. f. Allgem. Wiss. Diss. München 1972
Rittner, Fritz: Rechtsgutachten über kartellrechtliche Fragen des Vertriebs von Zeitungen und Zeitschriften durch den Großhandel, Universität Bonn, 1959
Rohls, Jan: Der Begriff der Presse in der deutschen Gesetzbebung seit 1814, Jur. Diss. Frankfurt a.M. 1969
Ronneberger, Franz/Reinhard *Möstl*: Vertriebsprobleme der Presse. Gutachten im Auftrag der Bundesregierung 1973

Salzmann, Karl-Heinz: Das Tor in die 70er Jahre ist aufgestoßen (Datendialog zwischen Verlag und Vertriebsfirmen ab 1970 auf internationaler Basis möglich), in: dnv (der neue vertrieb) 1969, S. 1115 ff.
ders.: Die Bedeutung einer ausreichenden Handelsspanne für das Grosso, in: dnv (der neue vertrieb) 1969, S. 1134
ders.: Der Großhandel als Partner der Verlage, in: »ZV+ZV« 1971, S. 1886 ff.

ders.: Grosso-Ambitionen von Verlagen, in: dnv (der neue vertrieb) 1970, S. 1025.
ders.: Für die Zukunft gerüstet (Das Grosso hat nicht nur Verteilerfunktion, es betreibt Absatzförderung im weitesten Sinne), in: dnv (der neue vertrieb) 1970, S. 32 f.
ders.: Neue Aufgaben der Grossisten, in: dnv (der neue vertrieb) 1969, S. 566 ff.
ders.: Standort und Perspektive, in: »ZV+ZV« 1974, S. 1366 ff.
ders.: Tatsächlich besteht Vertriebsfreiheit, in: »ZV+ZV« 1968, S. 1080 ff.
ders.: Umstellung der Grossobetriebe auf EDV-Anlagen in: »ZV+ZV« 1970, S. 1913
Salzmann, Karl Heinz: Unser Ziel: ein klares Ja zum Grosso, in: dnv (der neue vertrieb) 1971, S. 30
ders.: Unverrückbares Ziel: das verlagsneutrale, selbständige ZZ-Grosso, in: dnv (der neue vertrieb) 1972, S. 394 ff.
ders.: Vertriebsweg – Verlag-Grosso-Einzelhandel, in: »ZV+ZV« 1971, S. 2444 ff.
ders.: 1950 – 1970 / Zwanzig Jahre Grossistenverband, in: dnv (der neue vertrieb) 1970, S. 668 ff.
Schiebel, Wilhelm: Die Schwierigkeiten liegen im Detail, in: dnv (der neue vertrieb 1975) S. 32 ff.
Schiegl, Hansjörg: Bezugsregulierung bei Saison und Trend in: dnv (der neue vertrieb 1975, S. 14 ff.
Schlingmeyer, Heinz: Die Belieferung des Einzelhandels mit Zeitungen und Zeitschriften unter Berücksichtigung des § 26 II GWB in: dnv (der neue vertrieb) 1969, S. 1013 ff. und 1019 f.
Schmahl, W.: Kartellrechtliche Fragen des Pressevertriebs (I), in: dnv (der neue vertrieb) 1969, S. 81 ff.
ders.: Kartellrechtliche Fragen des Pressevertriebs (II), in: dnv (der neue vertrieb) 1969, S. 112
ders.: Kontrahierungszwang und Pressevertrieb. Anmerkung zum Urteil des LG Mannheim vom 13.2.1976, in: AfP 1976, S. 67 ff.
Schwartz, Jürgen: Übermittlung von Bezugsveränderungen durch internationalen Datenverarbeitungs-Code, in: dnv (der neue vertrieb) 1969, S. 878 ff.
Schweizerische Kartellkommission (Hrsg.): Les conditions de concurrence en matière de distribution des journeaux et périodiques, Bericht der Schweizerischen Kartellkommission vom 7.7.1971, in: Veröffentlichungen der Schweizerischen Kartellkommission Bd. 6 (1971), S. 159 ff.
Sengelmann, Jewgenija: Auch im Vertrieb will das Kartellamt mitbestimmen in: dnv (der neue vertrieb) 1968, S. 899 f.
Sondermann, Gerhard: Der Pressevertrieb im Rahmen der medienpolitischen Diskussion in der Bundesrepublik Deutschland, Gutachten im Auftrag der Bundesregierung (Maschinenschr.) Hamburg 1973
Stammler, Dieter: Die Presse als soziale und verfassungsrechtliche Institution, Schriften zum Öffentlichen Recht 145, Berlin 1971
Stöver, Klaus H.: Vertriebssysteme im EWG-Raum, in: Neue Entwicklungen im EWG-Kartellrecht. VI Kartellrechtsforum, Brüssel 1975. Referate und Diskussionen (hrsg. von der Studienvereinigung Kartellrecht e.V.), Köln usw. 1977
Strothe Alfred: Im Zeichen politischer Kämpfe – Arbeitstagung mit dem Großhandel in Bad Schachen, in: »nachrichten« (hrsg. v.d. Axel Springer Verlag AG, Berlin) Nr. 122/123 (Sept./Okt. 1977), S. 13 ff.

Thorhauer, Dieter: Das System des Presse-Großhandels und sein Beitrag zur freien Meinungsbildung, merkur texte 1, 1976.
Tietmeyer, Hans: Kleine und mittlere Unternehmen im wirtschaftlichen Strukturwandel, in: Bericht, Referate und Diskussionsbeiträge, Wettbewerbskongreß München 1977 (18.–20.4.1977), hrsg. v. Bayer. Staatsministerium für Wirtschaft, o. O., o.J. S. 35 ff.
Triebenstein, Olaf: Die volkswirtschaftliche Bedeutung des Zeitungs- und Zeitschriften-Großhandels in der BRD 1969, Gutachten des Schweizerischen Institus für Gewerbliche Wirtschaft an der Hochschule St. Gallen für den Verband Deutscher Buch-, Zeitungs- und Zeitschriften-Grossisten e.V. in Köln, St. Gallen 1969
ders.: Marginalien zu einem Buch über den Zeitungs- und Zeitschriftenmarkt, in: dnv (der neue vertrieb) 1970, S. 520 ff.

Ulmer, Peter: Leistungsfremde Wettbewerbspraktiken marktstarker Unternehmen – Neuorientierung des Diskriminierungsverbots und der Instrumente des UWG in: Bericht, Referate und Diskussionsbeiträge, Wettbewerbskongreß München 1977 (18,–20.4.1977), hrsg. v. Bayer. Staatsministerium für Wirtschaft und Verkehr, o.O., o.J., S. 187 ff.

Verband Deutscher Buch-, Zeitungs- und Zeitschriften-Grossisten e.V. (Hrsg.)
Geschäftsbericht 1969
Geschäftsbericht 1970
Geschäftsbericht 1971
Geschäftsbericht 1972
Geschäftsbericht 1973
Geschäftsbericht 1975
Geschäftsbericht 1976

Walde, Hans Gerhard: Aufstellung und Eintragung der Wettbewerbsregeln in das Register für Wettbewerbsregeln und ihre Rechtsfolgen, Jur. Diss. Köln 1963

Wegner, Elmar: Zeitungsverlag und Zeitungsvertrieb, Diplomarbeit, Universität München, Herbst 1955

Wentzel, Fritz: Schnelligkeit ist immer Trumpf, in: Hundert Jahre Ullstein 1877 – 1977 (in vier Bänden: hrsg. v.W. Joachim *Freyburg* und Hans *Wallenbert)* Frankfurt a. M./Berlin 1977, Bd. 3, S. 43 ff

Wolf, Heinz: Wettbewerbsregeln. Zweck und System nach dem Gesetz gegen Wettbewerbsbeschränkungen, Jur. Diss. Freiburg i. Br. 1972

Zech, Fritz: Zeitschriftenvertrieb – gesteuert durch EDV, in: »ZV+ZV« 1970, S. 1898

Sachverzeichnis